内部审计工作法系列

内部审计

穿透实务核心，
进阶数智应用，
精益审计管理

工作指南

郭长水　纪新伟／主编

人民邮电出版社

北　京

图书在版编目（CIP）数据

内部审计工作指南：穿透实务核心，进阶数智应用，精益审计管理 / 郭长水，纪新伟主编. -- 北京：人民邮电出版社，2022.9
（内部审计工作法系列）
ISBN 978-7-115-59374-0

Ⅰ．①内… Ⅱ．①郭… ②纪… Ⅲ．①内部审计—指南 Ⅳ．①F239.45-62

中国版本图书馆CIP数据核字(2022)第097660号

内 容 提 要

本书首先从内部审计基础及其主要业务类型讲起，让读者对内部审计这一职业有框架性的认识。然后逐一讲解了内部审计程序，包括年度审计计划的制订、项目审计方案的制订、项目审计方案的实施，审计报告的编制，审计结果运用与后续审计等，让读者明白内部审计的实施思路、策略与具体实战，并从操作角度讲解了内部审计信息系统的应用，以帮助读者学会借助工具来提升效率。最后，为拓宽读者视角，讲解了内部审计部门的管理，升华了内审工作的知识体系。

本书内容翔实、层次清晰、重点明确，涵盖了内部审计核心工作的方方面面，通过对关键流程要点以条目式的方式进行言简意赅地讲解，以及对重要审计文书列举了可供复制的模板，让读者更易学到核心要点。

本书可作为企业、政府部门、会计师事务所中从事内部审计、财会工作的人员的案头工具书，也可作为财经类师生案例教学的参考资料。

- ◆ 主　编　郭长水　纪新伟
  责任编辑　刘　姿
  责任印制　周昇亮
- ◆ 人民邮电出版社出版发行　北京市丰台区成寿寺路 11 号
  邮编　100164　电子邮件　315@ptpress.com.cn
  网址　https://www.ptpress.com.cn
  北京天宇星印刷厂印刷
- ◆ 开本：700×1000　1/16
  印张：25.25　　　　　　　2022 年 9 月第 1 版
  字数：362 千字　　　　　　2025 年 4 月北京第 10 次印刷

定价：108.00 元

读者服务热线：(010)81055296　印装质量热线：(010)81055316
反盗版热线：(010)81055315

内部审计工作法系列丛书
编委会

总　序

　　近日，作为第一读者阅读了人民邮电出版社即将出版的"内部审计工作法系列"丛书送审稿后，我很兴奋。这套丛书共五本，有理论，有方法，还有案例分享，特别是《内部审计思维与沟通》一书，紧紧抓住了内部审计的两大基本技能并进行深入阐述，达到了很好的效果。在审计实务方面，本套丛书将内部审计区分为"增值型"与"合规型"两大类别，较好地反映了内部审计在企业和行政事业单位的工作实际；《内部审计情景案例》一书以案释纪、以案说理，给人留下深刻的印象；《内部审计工作指南》一书条理清晰、重点明确，涵盖了内部审计全流程的核心工作。

　　本套丛书的作者皆是来自内部审计一线的理论与实务工作者，他们在书中认真分析、借鉴和总结了当前国内外内部审计先进的理念和方法，他们勤于思考、思维开阔、洞察力强，衷心希望他们和这套丛书都可以为我国内部审计事业的发展添砖加瓦。

第十一届全国政协副主席

审计署原审计长

中国内部审计协会名誉会长

2022.5.28

图 1 李金华副主席与本套丛书作者代表

2017 年 11 月，在全国内部审计"双先"表彰大会期间的合影，
左起：荣欣、林云忠、李金华、杨芸芸

图 2 李金华副主席、李如祥副会长与本套丛书作者代表

2018 年 9 月，在中国内部审计协会第七届理事会第一次会议时的合影，
左起：荣欣、李如祥、李金华、林云忠、周平

推荐序一

　　内部审计是建立于组织内部、服务于管理部门的一种独立的检查、监督和评价的活动，是为了适应和满足一个组织的内生动力与内在需要而产生的职业，因其具有"术业有专攻"的专业胜任能力要求，所以更彰显出其在组织管理中所不可替代的地位。正因为如此，在现代组织管理理论中，内部审计作为组织治理的四大基石之一（董事会、高级管理层、外部审计、内部审计），被誉为是"对管理者的再管理，对监督者的再监督"的职业。

　　随着中国经济快速发展，中央高层越来越重视内部审计工作。2018 年，中央审计委员会第一次会议上指出"审计是党和国家监督体系的重要组成部分。……要加强对内部审计工作的指导和监督，调动内部审计和社会审计的力量，增强审计监督合力"。可以说，内部审计作为我国审计监督体系中重要的组成部分，迎来了加快发展的"春天"。未来十年，也将迎来我国内部审计前所未有的发展机遇期。

　　实务的发展需要理论的支持，理论的价值需要实务去印证，内部审计实务图书的高质量建设在内部审计人才培养中具有重要地位。正是基于对这一价值观的认识和对审计行业的高度使命驱动，袁小勇、林云忠等一批具有深厚理论功底和丰富实践经验的专家学者，集思广益、默默耕耘、精雕细琢、系统探索，编写了这套"内部审计工作法系列"丛书。

　　本套丛书从综合结构与编写思路上来看，既有审计基础理论的阐述与创新

（《内部审计工作指南》《内部审计思维与沟通》）；也有审计实务的指导（《合规型内部审计》《增值型内部审计》）；还有审计案例的分析与探讨（《内部审计情景案例》），可以说是一套设计思路清晰、逻辑结构合理、内容务实完整、层次递进互补的"内部审计工作法"体系。

在具体内容上，本套丛书的作者均是从事审计理论研究与实务工作的资深专家，深知审计实务中的重点、热点、痛点与难点。因此，在写作过程中，作者们能够以《国际内部审计实务框架》和《中国内部审计准则》为基础、作依据，以党和国家对内部审计工作的新要求为标准、作指引，力求实现理论与实务相结合。

我作为本套丛书的第一读者，深感荣幸，也相信本套丛书会给读者日常工作带来启发与收获，给理论探讨提供思路与指导，感谢作者与编写者们的辛苦劳动与智慧付出，希望作者、编者与读者一道，立足本职工作，深耕专业领域，在健全内控、揭示舞弊、提示风险、评估价值、提升效益、保障利益相关人权益等方面做出自己应尽的努力，为中国内部审计的发展做出自己应有的贡献。

中国内部审计协会副会长

雅戈尔集团监事会主席

李如祥

2022 年 5 月 7 日于宁波

推荐序二

从全球视角看,内部审计理论产生于 20 世纪 40 年代初。1942 年,随着维克托·Z. 布林克 (Victor Z. Brink) 的著作《内部审计——性质、职能和程序方法》的出版,内部审计理论得以面世。80 年来,内部审计职业在快速发展,内部审计理论研究也在不断升温,而系列研究成果陆续问世、理论体系日渐成熟,也指导着内部审计实践发展。我国内部审计起步于 20 世纪 80 年代初,伴随国家审计事业的发展,其功能、作用也在不断提升,社会各界对内部审计的需求更是非常迫切。毋庸置疑,21 世纪以来,我国内部审计事业进入了高速发展的快车道,以增加价值为目标的现代管理审计蓬勃发展。今天,中国特色社会主义进入新时代,我国的经济社会环境也发生了巨大的变化,环境的变化对审计理论研究和实践体系创新提出了新要求。

宁波市内部审计协会副会长林云忠,教育部审计学课程思政教学名师(2021 年)、首都经济贸易大学会计学院案例研究中心主任袁小勇等一批专家学者基于深厚的理论功底和丰富的实践经验,编写了这套"内部审计工作法系列"丛书,书名分别是《内部审计工作指南》《内部审计思维与沟通》《合规型内部审计》《增值型内部审计》《内部审计情景案例》,我能先睹为快,欣喜无比。

这套丛书是在新时代内部审计面临高质量发展的大时代背景下编写的,在继承、发展传统内部审计理论的基础上,以习近平新时代中国特色社会主义思想为指引，彰显了中国特色社会主义内部审计理论的精髓和特色，具有创新性和前瞻性。这套丛书的内容体例完整，既有基础理论的发展与创新，也有实践的应用与指导。

在《内部审计工作指南》中，作者从内部审计发展、演变的脉络出发，应用内部审计理论、管理学理论等相关学科知识，阐述了现代内部审计业务的内涵和外延，展开了对财政财务收支审计、经济活动审计、内部控制审计、风险管理审计等核心内容的论述，并以上述业务为基础，深入探讨了内部审计程序和方法、进阶数智应用的路径及内部审计部门的管理。

在《内部审计思维与沟通》中，作者从审计主体出发，运用案例分析法，就审计思维的内涵、内部审计思维体系的构成、审计思维在内部审计工作中的运用等相关内容进行了阐述，这是在一般审计流程描述基础上的一次飞跃和升华。

在《合规型内部审计》中，作者从国内外内部审计理论和实践的比较分析入手，结合我国的审计实践案例，运用委托代理理论等相关学科知识，界定了合规性审计与合规型内部审计的概念和发展逻辑，进一步探讨了开展合规型内部审计中审计业务的方法，使内部审计业务在合规性审计视域下的理论和应用更加丰富。

在《增值型内部审计》中，作者从"什么是增值型内部审计"这一问题出发，清晰地界定了增值型内部审计的概念，这本身就是一个理论创新。众所周知，增值型内部审计的概念是 IIA 在 2001 年发布的《国际内部审计专业实务框架》（IPPF）中第一次提出的，之后，国内外专家学者开始了对"什么是内部审计价值""内部审计怎么帮助组织增加价值"等一系列问题的探讨，实务界也开始了对增值型内部审计的实践探索，但到目前为止，对增值型内部审计概念尚未有一个统一的解释和定义，这本书在这些方面却给出了独到的观点和解读，并与《合规型内部审计》相互印证，使《增值型内部审计》框架清晰可辨。

在《内部审计情景案例》中，作者以不同组织类型的内部审计实践为原型，基于丰富的培训经验，来契合读者的学习需求，用讲故事的方式再现内部审计实务情景，使内部审计业务更加形象、真实。

这套丛书的内容相互支撑、互为印证，体现了很好的内在逻辑。同时，每本书都有理论分析和应用案例，能够自成体系，紧扣主题；丛书在写作方法方面也有所创新，采用了问题导向、逻辑分析加应用指引的方式，有助于读者学习和理解，引人入胜；丛书契合中国国情和内部审计环境，有厚度、有内涵；丛书的作者都有长期参加内部审计、主管内部审计工作的丰富经验，对内部审计充满了热爱，他们将理论修养、实践经验和内部审计情感全部带入这套丛书中，使这套丛书更具情怀。

相信这套丛书会给读者一个全新的感受，会使读者受到很好启迪的同时收获丰富的知识。感谢作者们的努力，向各位作者致敬！

中国内部审计协会准则专业委员会副主任委员

南京财经大学副校长

时 现

2022 年 4 月 7 日于南京

推荐序三

经济越发展，审计越重要。随着中国经济的快速发展，国家越来越重视内部审计工作。2019 年 10 月发布的《中共中央关于坚持和完善中国特色社会主义制度推进国家治理体系和治理能力现代化若干重大问题的决定》对坚持和完善党和国家监督体系进行了部署，审计监督作为党和国家监督体系的有机组成部分，是推进国家治理体系和治理能力现代化的重要力量。内部审计作为我国审计监督体系的重要组成部分，被寄予了越来越多的期待，这也为内部审计机构和内部审计人员在组织机构中占据新的位置提供了极好的机遇。

因此，内部审计对于人才的需求量越来越大，越来越多的年轻人投身于内部审计的工作之中。但是目前国内开设内部审计课程的高校却寥寥无几，且内部审计作为一门实践性较强的学科，对工作人员的综合素质和工作能力有着较高的要求，无论是刚刚进入内部审计行业的年轻人，还是具有一定工作经验的内部审计工作者，在内部审计实务工作方面都需要一定的指导和点拨。目前已出版的内部审计图书品种少、缺乏体系性的策划，在内容的完整性和实用性方面均有所缺失，因此需要一批理论与实务经验丰富、对内部审计工作有深刻理解和认识的权威专家作为创作者，打造一套贴近实务、知识体系完整的内部审计实务工作学习读物，在弥补市场空白、树立行业标杆的同时，为广大的内部审计工作人员提供科学的指导，推动我国内部审计的人才培养，为我国内部审计的行业发展做出贡献。在此背景下，以袁小勇、林云忠为代表的一批具有丰富实践经验和理论功底的专家学者，勇于担当，通过大量的实践调研和线上线下的会议来征求意见，深耕细作、努力探索，编写了这套"内部审计工作法系列"丛书。

本套丛书有以下几个特点。

一是内容体系完整、层次递进互补。丛书共五册，既有内部审计理论（《内部审计工作指南》《内部审计思维与沟通》），又有内部审计工作实务（《合规型内部审计》《增值型内部审计》），还有内部审计案例分析研讨（《内部审计情景案例》），是一套逻辑结构完整、层次递进互补的内部审计工作法系列丛书。

二是重视审计思想、突出核心能力。2015 年 CBOK 对全球内部审计从业人员进行的三次调查表明，思维与沟通是内部审计师必须具备的两项核心能力，越来越受到审计职业人士的重视。《内部审计思维与沟通》对这两项核心能力进行了全面、系统的阐述，抓住了内部审计人才建设的核心，有助于内部审计工作者建立内部审计思维，提高审计推理与沟通技能，增进对内部审计工作的理解。

三是捕捉时代热点、紧抓实务要点。《合规型内部审计》是国内外经济环境变化速度快，合规性审查越来越趋于常态化、严厉化的一种产物，在目前内部审计图书市场中它属于创新性的产品，难能可贵。《增值型内部审计》是从 21 世纪内部审计发展的新理念、新要求出发，对现代内部审计职能进行重新定位后的一种全面阐述。本书内容包含增值型内部审计的开展方式与主要方法，增值型内部审计在采购环节、生产环节、销售环节、基建环节等方面的具体应用，内容非常丰富。

四是以案说理，引起读者思索。《内部审计情景案例》以情景案例的形式，通过情景认知、情景导入、情景演示、专家点评等元素，让读者置身于某个具体的审计情景之中——以自己作为案例中的主角，主动参与案例的分析与思考，从而增强自己在学习与工作中的思考能力，也能为内部审计实务工作者提供借鉴。

本套丛书既适用于各类审计实务工作者、纪检监察人员阅读、研究，也可以作为高等学校财会审计类专业大学生、研究生的参考教材，还可作为从事内部审计研究者的参考读物。

借此机会，谨向付出了艰辛劳动的全体作者及出版社的编辑人员致以崇高的敬意，向为丛书创作提供支持与帮助的各界人士表示衷心的感谢。

复旦大学管理学院教授

李若山

2022 年 5 月 11 日于上海

丛书前言

　　进入 21 世纪以来，内部审计在推动组织治理、风险管理和实现战略目标等方面所发挥的重大价值越来越引起世界范围内的高度重视。内部审计师作为一个与经济紧密交织的全球性职业，正在展示其卓越的领导力、灵活性和相关性。在中国，随着经济的稳定发展，越来越多的年轻人加入内部审计的队伍，为防范组织风险的最后一道防线助力。面对新形势，内部审计理论研究者和实务工作者必须突破传统的职能定位和工作思路，重新审视内部审计在组织治理中的地位及所肩负的新使命和新要求，并结合内部审计工作实际，调整内部审计工作视角，以新姿态、新举措、新作为，促进内部审计工作高质量发展。为了系统地帮助与指导审计实务工作者更好地开展内部审计工作，在中国内部审计协会的支持与鼓励下，人民邮电出版社联合内部审计一线工作的专家、教授和全国内部审计先进工作者，组成了"内部审计工作法系列"丛书编委会。

　　编委会在线上、线下经过充分的会议讨论，通过调研、征求部分国有企业和民营企业中内部审计实务工作者的建议，将内部审计按工作的重心分为两大类：合规型内部审计与增值型内部审计，前者主要在行政事业单位运用较多，后者主要在企业单位运用较多。考虑到审计思维与沟通这两大基本技能在内部审计工作中的重要性，以及内部审计实务工作者对案例分析研究的需求，编委会决定本套丛书确定为以下五部图书：《内部审计工作指南》《内部审计思维与沟通》《合规型内部审计》《增值型内部审计》《内部审计情景案例》。这五本书的逻辑关系如图3所示。

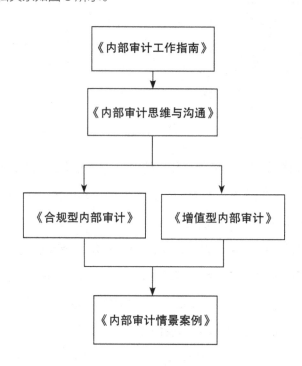

图3　"内部审计工作法系列"丛书的逻辑关系

《内部审计工作指南》作为本套丛书第一部，相当于内部审计的基本原理。本书紧紧围绕中国内部审计准则和审计署关于内部审计的规定，以及党和国家对内部审计工作的新要求来撰写，内容涉及内部审计的职能与使命、内部审计核心业务类型、审计计划制订、审计方案实施、审计报告、审计结果运用与后续审计等。

《内部审计思维与沟通》作为本套丛书第二部，是对内部审计两大基本技能的系统阐述。本书紧紧围绕审计思维与沟通这两个重要主题，帮助内部审计工作者建立内部审计思维、提高审计推理能力，通过分享内部审计沟通技巧，增进读者对内部审计工作的理解。

《合规型内部审计》作为本套丛书第三部，第一次系统地对合规型内部审计进行全方位的探讨。本书从理论、方法、案例三个维度对组织违法违纪违规、领导干部失职渎职、员工舞弊、内控失效等典型的合规性问题进行深入系统的分析，帮助读者阔眼界、明规律、理思路、懂策略、识大体。

《增值型内部审计》作为本套丛书第四部，以全国内部审计先进单位——方太集团这一民营企业为原型，第一次把增值型内部审计理念、具体场景与企业组织管理的特征有机地结合在一起，从采购、生产、销售、基建等环节具体讲述内部审计是如何发挥增值作用的，让读者能够得到更好的审计实践体验。

《内部审计情景案例》作为本套丛书第五部，以情景案例的形式，通过情景认知、情景导入、情景演示、专家点评等元素，让读者置身于某个具体的审计情景之中——以自己作为案例中的主角，主动参与内部审计案例的分析与思考，从而增强自己在学习与工作中的思考能力，也为行政事业单位和企业的内部审计实务工作提供借鉴。

在写作人员的组成上，编委会重视理论与实务相结合。在理论方面，选择具有较深理论功底的专家学者，如陈宋生，中国内部审计协会准则专业委员会副主任，北京理工大学博士生导师；郭长水，高级审计师，上海海事大学审计处处长；徐荣华，中国注册会计师，国际注册内部审计师，宁波大学商学院副教授；荣欣，全国内部审计先进工作者，万里学院监察部部长。在实务方面，选择经验非常丰富的实务专家，如纪新伟，全国会计领军人才，中国兵器工业集团北方国际合作股份有限公司财务金融部主任；周平，宁波方太厨具有限公司审计部（2014—2016 年度全国内部审计先进单位）部长；葛绍丰，高级审计师，浙江省内部审计实务专家；陈泽，北京用友审计软件有限公司总裁。本丛书还有多位审计理论与实务经验丰富的全国内部审计先进工作者参与，如刘红生博士，2017—2019 年全国内部审计先进工作者，宁波市内部审计协会副秘书长，宁波鄞州农村商业银行审计部总经理；杨芸芸，2014—2016 年度全国内部审计先进工作者，宁海县高级审计师。

在写作过程中，编委会深入北京、宁波、温州等地进行实地考察，与部分全国内部审计工作先进单位和先进工作者进行座谈，掌握内部审计需求与发展状况的一手材料。

在写作风格上，本套丛书力求在内部审计理论的阐述上深入浅出，在审计案例分析中详尽细致，并依据各章特点设置"思考与探索""案例讨论延伸""审计名人名言"等内容，有助于读者全面提升内部审计思维能力与实务处理能力。

本套丛书是关于内部审计实务探讨方面的一种新尝试，尤其是《内部审计思维与沟通》《合规型内部审计》《增值型内部审计》《内部审计情景案例》这四本书的选题角度都十分新颖，有一定的写作难度，对作者来说也是一种挑战。因此，我们期待本套丛书能够得到读者的喜爱，也欢迎读者对于书中不足之处进行批评指正。

袁小勇　林云忠

2022 年 3 月

本书前言

目前，审计监督已经成为党和国家监督体系的重要内容，越来越受到党和国家的高度重视。内部审计作为我国审计监督体系的重要组成部分，迎来了快速发展的"春天"！

中共中央办公厅、国务院办公厅印发了《**关于完善审计制度若干重大问题的框架意见**》及《**关于实行审计全覆盖的实施意见**》等相关配套文件，在《**关于实行审计全覆盖的实施意见**》的"六、加强审计资源统筹整合"指出，"……加强内部审计工作，充分发挥内部审计作用……"。2018 年 5 月 23 日，中央审计委员会第一次会议上指出，"改革审计管理体制，组建中央审计委员会，是加强党对审计工作领导的重大举措。要落实党中央对审计工作的部署要求，加强全国审计工作统筹，优化审计资源配置，做到应审尽审、凡审必严、严肃问责，努力构建集中统一、全面覆盖、权威高效的审计监督体系，更好发挥审计在党和国家监督体系中的重要作用"。还指出，"加强对内部审计工作的指导和监督，调动内部审计和社会审计的力量，增强审计监督合力"。

为贯彻党和国家对审计工作的重大决策，加强对内部审计工作的指导和监督，中华人民共和国审计署于 2003 年 3 月颁布第 4 号令《**审计署关于内部审计工作的规定**》（2003 年 5 月施行，已被 11 号令废止）；2018 年 1 月，审计署颁布第 11 号令《**审计署关于内部审计工作的规**

定》（2018 年 3 月施行）。它们为内部审计工作的长远发展，强化内部审计法治建设提供制度保障。审计署第 11 号令第五条指出"内部审计机构和内部审计人员从事内部审计工作，应当严格遵守有关法律法规、本规定和内部审计职业规范……"，而中国内部审计协会近二十年来发布的中国内部审计基本准则、职业道德规范、具体准则（23 个）和实务指南（3 个），就已经形成了基于内部审计准则规范的，比较系统、完整的框架体系，为内部审计工作的规范化、法治化，进一步提升内部审计工作质量，提供重要支撑。

随着中国内部审计准则规范体系的逐步完善，提高内部审计工作质量和水平，必须大力提升内部审计人员业务素质。为此，要强化内部审计人员的系统、完整、有效的专业培训，提高内部审计培训效果，编写出更多的针对性强、实务特征明显的内部审计培训教材。

为此，来自理论与实务部门的相关专家、教授积极组成编写组来参与编写本书，他们分别是：

上海海事大学审计处处长、高级审计师，郭长水；

全国会计领军人才、中国兵器工业集团北方国际合作股份有限公司财务金融部主任，纪新伟；

中国内部审计协会准则专业委员会副主任、北京理工大学博士生导师，陈宋生；

民生证券投资银行项目经理，袁梦月；

北京用友审计软件有限公司总裁，陈泽等。

本编写组经长时间策划、资料准备、调查研究，以立足内部审计实务具体实际及有效解决内部审计实务存在的问题为目标编写本书，强调充分发挥内部审计的监督、评价、建议等职能。本书在讲清内容的同时，尽可能结合实务案例，以便于大家学习和理解，有助于大家上手操作。

本书由郭长水、纪新伟作为主编，陈宋生、袁梦月、陈泽作为副主编进行编写。本书按照内部审计工作安排章节，全书共分九章，各章节的内容和编写人为如下：第 1 章 "内部审计基础" 由陈宋生编写；第 2 章 "内部审计的核心业务类型"，由郭长水编写；第 3 章 "年度审计计划的制订" 由袁梦月编写；第 4 章 "项目审计方案的制订" 由郭长水编写；第 5 章 "项目审计方案的实施" 由袁梦月编写；第 6 章 "审计报告" 与第 7 章 "审计结果运用与后续审计" 由纪新伟编写；第 8 章 "内部审计信息化应用" 由张翔宇、何嘉敏、柏星伊编写；第 9 章 "内部审计部门的管理" 由郭长水编写。该书最后由本书主编郭长水、纪新伟总撰定稿。

因北京理工大学博士生导师陈宋生教授在该书筹划过程中作了大量协调沟通工作，对其做出的特别贡献，在此衷心感谢！

本书适用于大学本科生、审计实务人员及希望了解内部审计的其他人员，尤其是大量案例的引入，有利于无审计实务经验的大学生或非专业人员的审计入门学习。希望本书能够帮助大家在内部审计理论与实践方面，得到较快提升！

由于专业水平和写作能力有限，书中若有不妥之处，恳请大家批评指正，并请大家随时联系我们。

本书编写组

2021 年 8 月

目　录

第2章　内部审计的核心业务类型

**第
5
章**

项目审计方案的实施

第8章 内部审计信息化应用

第
9
章

内部审计部门的管理

第一章

内部审计基础

内部审计的定位应该是"管理＋效益"。

——李金华

1.1 我国内部审计的产生与发展

我国历经两千多年的封建社会，在一定程度上抑制了资本主义在我国的发展，致使我国现代内部审计的产生时间相对较晚。中华人民共和国成立以来，特别是改革开放以来，我国内部审计获得长足发展，内部审计工作的作用和效果日益显著。我国内部审计自产生至今，从时间上可以分为古代内部审计和现代内部审计两个阶段。

从古至今看内部审计

1. 古代内部审计

内部审计源于奴隶社会，当人类步入奴隶社会以后，私有制开始出现，财产的所有权和经营管理权出现分离。于是，财产所有者往往会委派自己信任的人作为第三者进行经济监督，从而产生了古代的内部审计。[①]

在古代罗马、古希腊、我国古代，内部审计组织及活动均有记载。其中，在古代罗马，人们采用"听证账目"的方式来检查负责财务的官员有无欺诈、舞弊行为，即检查人听取不同人员对同一事项记录的口头汇报，审计的英文就来源于拉丁文"听账人"。大约公元前 510 年，古罗马庄园奴隶主通常委派"亲信或管家"监督管理庄园的代理人，奴隶主和代理人

---

① 周蕊. 西方内部审计发展史及其对我国的启示 [J]. 现代商贸工业，2017（27）:132-133.

之间由此产生"委托受托责任关系"。此举被视为内部审计萌芽，但此时的"亲信或管家"并非专职"内部审计"，只是身兼该职责。[①]

再如《周礼》记载，西周时期，周王朝设有"司会"官职。"司会"可以从日成、月要、岁月三个方面勾考王室的财政收支，保管书契、版图及其副本，实际是行使会计稽核和控制的权利，可谓原始意义上的内部审计。[②]

2. 我国现代内部审计的雏形

1949 年新中国成立后，一大批大型工业、交通等方面的生产单位迅速建立起来，并且其内部实行了管理责任和权利的纵向与横向分解机制，为这些单位内部审计的产生创造了主要的内部条件。但由于当时采用苏联管理模式，即将内部审计的一部分职责分散到计划、财务等部门，由这些部门结合其本职业务一并实施，只有极少数生产单位和银行系统设有权力不大的内部审计机构，银行称之为"财务稽核"，负责对单位内部的财务收支和经营活动进行审查和评估。此时的内部审计主要以财务审计为主，以保护资产安全为目标，对单位内部的生产、经营中的财务收支进行差错防弊。

1978 年，中国共产党召开第十一届三中全会，这成为我国经济发展的转折点。企业逐渐由生产型转向生产经营型，开始注重经营管理和经济核算，这为我国内部审计发展创造了契机。海洋工业系统、航空工业系统率先开展企业内部审计。

四个阶段诠释现代内部审计的发展历程

我国现代内部审计的发展历程可以分为四个阶段，即起步阶段、前期发展阶段、转型阶段和新发展阶段，具体如图 1-1 所示。

---

① 周蕊. 西方内部审计发展史及其对我国的启示 [J]. 现代商贸工业，2017（27）:132-133.
② 刘云. 浅析《周礼》中的朴素审计思想 [J]. 审计月刊，2004（01）:13-14.

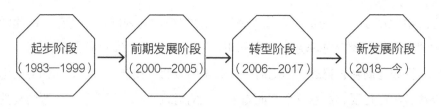

图 1-1 我国现代内部审计的发展历程

1. 起步阶段（1983—1999）

1982 年修订的《**中华人民共和国宪法**》，确立在我国实行独立的审计监督制度。1983 年 8 月，国务院发布《**国务院批转审计署关于开展审计工作几个问题的请示的通知**》（国发〔1983〕130 号），其中规定："建立和健全部门、单位的内部审计，是搞好国家审计监督工作的基础。对下属单位实行集中统一领导或下属单位较多的主管部门，以及大中型企业事业组织，可根据工作需要，建立内部审计机构，或配备审计人员，实行内部审计监督。"同年 9 月 15 日，中华人民共和国审计署正式成立，在国务院领导下，主管全国审计工作。这标志内部审计工作开始走向正规化、法治化。

1985 年 8 月，国务院颁布《**国务院关于审计工作的暂行规定**》，要求"国务院和县级以上地方各级人民政府各部门、大中型企事业单位应当建立内部审计监督制度，根据审计业务需要，分别设立审计机构和审计人员，在本部门、本单位主要负责人领导下，负责本部门、本单位的财务收支及其经济效益的审计，审计业务受同级国家审计机关或上一级主管部门审计机构的指导，并向其报告工作"。

同年 12 月，审计署颁布《**审计署关于内部审计工作的若干规定**》，指出内部审计是部门、单位加强财政财务监督的重要手段，是国家审计体系的组成部分，国家行政机关、国营企业事业组织应建立内部审计监督制度。同时，明确了内部审计机构的主要任务、职权和工作的主要程序等。

1987 年 4 月，中国内部审计学会成立。同年 11 月，中国内部审计学会加入国际内部审计师协会（Institute of Internal Auditors，IIA），成为 IIA 的国家分会。中国内部审计学会成立以来，确定了加强内部审计宣传、开展内部审计理论研究和学术活动、协助有关单位培训内部审计人员以及参加国际内部审计学术组织等任务，有力地推动了我国内部审计事业的发展。

1988 年 11 月，国务院发布《**中华人民共和国审计条例**》，对内部审计的机构设置、人员职责、工作范围和领导关系作出了明确规定。

1994 年 8 月颁布的《**中华人民共和国审计法**》（以下简称《**审计法**》），进一步明确了内部审计机构的设置要求及其与审计机关的关系。

1995 年 7 月，审计署发布《**审计署关于内部审计工作的规定**》，这是为了落实《**审计法**》关于内部审计工作要求所作出的规定。

2. 前期发展阶段（2000—2005）

2000 年 1 月，中国内部审计学会第四次会员代表大会通过新章程并选举理事会，树立了我国内部审计发展新的里程碑。

2002 年 5 月，中国内部审计学会更名为中国内部审计协会（CIIA，China Institute of Internal Audit），这是我国内部审计走向职业化的开端。CIIA 自成立以来，颁布我国第一套内部审计准则，引进国际注册内部审计师考试制度；创办《**中国内部审计**》杂志，组织编写多部内部审计相关的专著和教材；成立内部审计研究机构——内部审计发展研究中心，并启动课题研究工作，利用专家研究成果，推动了我国内部审计理论和实务的发展。

2003 年 3 月审计署再次修订发布《**审计署关于内部审计工作的规定**》（中华人民共和国审计署令第 4 号）。

此阶段，随着内部审计事业的发展，内部审计客体已从最初的财务审计转变为财务审计和经营活动审计并重。

3. 转型阶段（2006—2017）

2006 年 CIIA 提出内部审计转型的要求，对内部审计的理念、职能、目标、内容、方式和手段实行改革。2006 年新修订的《**审计法**》第二十九条采用描述法（不再采取列举法），规定"依法属于审计机关审计监督对象的单位，应当按照国家有关规定建立健全内部审计制度"，进一步扩大了内部审计机构的设置要求。2006 年 11 月，CIIA 与 IIA 签署《**内部审计质量评估协议**》。

2013 年 CIIA 发布新修订的《**中国内部审计准则**》，我国内部审计准则体系进一步完善和成熟，并逐步与国际准则接轨。

2014 年 CIIA 修订颁布《**内部审计质量评估办法**》，在我国启动内部审计质量评估工作。

2016 年 11 月，根据《**中共中央办公厅 国务院办公厅关于印发〈行业协会商会与行政机关脱钩总体方案〉的通知**》要求，CIIA 与审计署脱钩，改制为社会团体。其后，部分地方协会也逐步启动脱钩工作。

此阶段内部审计从传统的财务审计和经营活动审计，转向以评价并改善业务活动、风险管理、控制效果为主的现代管理审计，关注在审计工作中利用计算机和网络技术，注重过程，强调内部审计为组织增值、改善治理和管理的目标。

4. 新发展阶段（2018—今）

2018 年 1 月，审计署先后出台两个重要文件，即中华人民共和国审计署令第 11 号（以下简称"审计署令第 11 号"）和《**审计署关于加强内部审计工作业务指导和监督的意见**》，文件的出台为内部审计工作在新时代激发新动能、取得新成效，提供了重要的制度保障。同年 5 月 23 日，中央审计委员会第一次会议上强调，加强对内部审计工作的指导和监督，调动内部审计和社会审计的力量，进一步增强审计监督合力，提升审计监督效能。这是中央对内部审计工作的新指示和要求，在我国内部审计发展史上具有里程碑意义。同年 9 月 11 日，全国内部审计工作座谈会在北京召开，审计署时任审计长胡泽君强调，要提高政治站位，深刻认识新时代加强内部审计工作的重要意义；要充分认识到加强内部审计工作是推进国家治理体系和治理能力现代化、实现审计全覆盖、推动实现经济高质量发展的需要。同年 9 月底，审计署新成立内部审计指导监督司，内部审计事业迎来新的发展机遇。新时期，内部审计在领导体制、机构设置、从业要求、职责权限和结果运用等方面，将发生巨大变化。

2021 年 10 月 23 日，第十三届全国人大常委会第三十一次会议通过了**《全国人民代表大会常务委员会关于修改〈中华人民共和国审计法〉的决定》**，将第二十九条改为第三十二条，修改为"被审计单位应当加强对内部审计工作的领导，按照国家有关规定建立健全内部审计制度。审计机关应当加强对被审计单位的内部审计工作进行业务指导和监督"。

内部审计准则的建设

近几年来，在审计署指导下，CIIA 一直致力于内部审计准则的建设工作，陆续制定实施了一系列内部审计准则，这对提升企业内部审计人员的执业质量、促进企业内部审计专业化发展，以及服务于市场经济建设，都起到了积极作用。内部审计准则作为衡量与保障内部审计人员工作质量的权威标准，经过行业内的研究探讨和主管机构的批准、发布，是内部审计人员应共同遵守的准则和依据，已得到社会各界的广泛认同。

2012 年开始，随着我国经济社会发展，各类组织对内部审计的重视程度日益提高，内部审计迎来新的发展机遇和挑战，对内部审计准则提出了新的要求。

2013 年 8 月至 9 月，CIIA 对原准则进行了全面、系统的修订，发布了新版的中国内部审计准则，根据**《审计法》**及其实施条例，以及其他有关法律、法规和规章，制定了基本准则和职业道德规范；根据**《内部审计基本准则》**制定了 20 个内部审计具体准则，为新时期的内部审计工作提供科学、规范的指引。

《第 1101 号——内部审计基本准则》的主要目的为规范内部审计工作、保证内部审计质量、明确内部审计机构和内部审计人员的责任。其介绍了内部审计的定义和适用对象，主要内容包括总则、一般准则、作业准则、报告准则、内部管理准则等。**《第 1201 号——内部审计人员职业道德规范》**是为了规范内部审计人员的职业行为、维护内部审计职业声誉，根据《**审计法**》及其实施条例，以及其他有关法律、法规和规章制定的。其指出，**内部审计人员职业道德**是内部审计人员在开展内部审计工作中应当具有的职业品德、应当遵守的职业纪律和应当承担的职业责任的总称。该文件提到内部审计人员在**从事内部审计活动**时，应当保持诚信正直，遵循客观性原则，保持并提升专业胜任能力，遵循保密原则；应当遵守该规范，认真履行职责，不得损害国家利益、组织利益和内部审计职业声誉。

2016 年 1 月，CIIA 发布《**第 2308 号内部审计具体准则——审计档案工作**》的具体准则，这是为了对内部审计具体准则进一步完善。同年，还发布了《**第 2205 号内部审计具体准则——经济责任审计**》，该准则已于 2021 年 1 月修订发布实施。

2018 年 1 月 12 日，中华人民共和国审计署颁布《**审计署关于内部审计工作的规定**》，对内部审计的机构和人员管理、职责权限和程序、审计结果运用、对内部审计工作的指导和监督、责任追究等方面，进行了系统的规定。这项规定的发布有利于加强内部审计工作、充分发挥内部审计作用，开启了新时代内部审计工作的新征程。

这些准则的建立，使我国审计准则体系完整化，使内部审计关系规范化，使贯彻审计法律法规得到保证。建立健全内部审计准则体系，是社会主义市场经济的需求，是内部审计事业发展的需求，是我国审计理论系统化、层次化的需求。对内部审计人员的行为、职业道德提出明确要求，将使内部审计程序、内部审计报告更规范，内部审计工作质量更高，内部审计所作出的审计决定和审计建议更具有权威性，将使内部审计成为单位管理的重要环节，从而保证内部审计事业的健康发展。

内部审计准则建设的成就

经过近几年的努力，内部审计准则建设取得巨大成就，其对行业的作用主要体现在以下几个方面。

1. 基本上建立起准则体系

截至 2021 年 10 月底，发布的准则、指南中目前有效的有 28 个项目，其中既有基本原则，又有具体要求和操作指南，内容覆盖内部审计及相关业务的各个方面。内部审计准则不仅适应了我国内部审计的工作需要，还在很大程度上与国际内部审计准则实现了协调，基本建立起我国内部审计准则体系。

2. 提高了单位内部的管理水平

《审计法》以及相关准则，为内部审计权威性奠定了法律基础。内部审计准则的出台，有利于加强单位内部控制，增强社会公众对单位和组织的信心；有利于严格审计程序，识别、评估和应对重大错报风险；有利于明确内部审计责任，实施有效的质量控制。

3. 推进了行业管理工作

内部审计准则的陆续施行，在内部审计行业的管理和监督等方面发挥了重要作用，推进了行业管理工作的进一步发展，具体表现在以下方面。

①引进先进的审计理念和方法。

②提升内部审计人员的专业技能。

③明确业务监管标准。

④提升整个行业的执业质量。

1.2 内部审计的职能与使命

什么是内部审计

1. 内部审计的定义

为规范内部审计工作，保证内部审计质量，明确内部审计机构和内部审计人员的责任，CIIA 根据《审计法》及其实施条例的精神，在 2013 年 8 月 26 日发布《第 1101 号——内部审计基本准则》。准则将内部审计定义为一种独立、客观的确认和咨询活动，它通过运用系统、规范的方法，审查和评价组织的业务活动、内部控制和风险管理的适当性和有效性，以促进组织完善治理、增加价值和实现目标。

2018 年发布的审计署令第 11 号——《审计署关于内部审计工作的规定》中所称内部审计，是指对本单位及所属单位财政财务收支、经济活动、内部控制、风险管理实施独立、客观的监督、评价和建议，以促进单位完善治理、实现目标的活动。与中华人民共和国审计署令第 4 号文件对其的定义相较，此定义增加了"建议"职能，将目标定位为"促进单位完善治理、实现目标"。

2. 内部审计的性质

《审计署关于内部审计工作的规定》第五条规定："内部审计机构和内部审计人员从事内部审计工作，应当严格遵守有关法律法规、本规定和内部审计职业规范，忠于职守，做到独立、客观、公正、保密。内部审计机构和内部审计人员不得参与可能影响独立、客观履行审计职责的工作。"在保持独立性和客观性的基础上，权威性也存在于内部审计工作中，前者是实施内部审计前的基础，后者是实施内部审计后的保障。

（1）独立性

我国现行的《**审计法**》第五条明确规定："审计机关依照法律规定独立行使审计监督权，不受其他行政机关、社会团体和个人的干涉。"CIIA发布的《**第 1101 号——内部审计基本准则**》第六条规定："内部审计机构和内部审计人员应当保持独立性和客观性，不得负责被审计单位的业务活动、内部控制和风险管理的决策与执行。"可见，保持内部审计独立性是公认的内部审计基本条件，它对内部审计工作的正常开展，以及维护内部审计结论的公正性和客观性有着举足轻重的作用。

与"监督导向型"内部审计相适应，传统内部审计的独立性一般表述为：内部审计机构及其人员应独立于被审活动之外、独立行使审计职权，不受管理层和其他职能部门及个人的干涉。与"服务导向型"内部审计相适应，现代内部审计的独立性是：内部审计机构应具有充分的组织地位以使其完成审计职责；内部审计负责人向组织最高决策层负责并报告工作；内部审计人员可以自由地、不受干涉地决定审计范围、实施审计工作和交流审计结果。内部审计独立性对实施好内部审计工作是必不可少的。

（2）客观性

内部审计的客观性是指在实施内部审计时，内部审计人员所持的态度和方法是客观的、公正的。它是保证内部审计权威性的必要条件。

内部审计人员的职业道德素质、专业胜任能力，以及内部审计活动中是否存在利益冲突等情况，都会影响内部审计客观性。内部审计人员在进行审计活动前，应主动对接下来的工作进行评估，以确保客观性。客观性需要内部审计人员具有一定的专业技能、良好的沟通能力和丰富的审计经验，即在分析、判定、审核、验证各项审计业务过程中，必须以客观事实为基础，实事求是，不主观臆断，歪曲事实。就内部审计的本质特征来说，客观性是指内部审计人员工作的出发点必须公正，没有偏见。只有内部审计人员保证客观性，审计工作才能到达预期效果。

（3）权威性

内部审计权威性是基于内部审计工作的独立性、客观性，人们接受或采纳内部审计结论或建议，并采取相关行动，从而使得内部审计具有权威、受人尊重的特性。对于内部审计制度效果来说，权威性比独立性、客观性具有更加重要的作用。没有权威性，内部审计的结论或建议就难以推动针对性行动。

一般来说，内部审计的最终结果是审计结论和审计建议，对于审计结论和审计建议，人们可能会持不同的态度。

第一种态度，对审计结论和审计建议冷处理，实质上视其不存在。

第二种态度，表面接受了审计结论和审计建议，实际上不采取切实的行动。

第三种态度，很重视审计结论和审计建议，并切实采取相应的行动。

上述不同的态度，只有持第三种态度时，内部审计的审计结论和审计建议才能得到接受或采纳，内部审计才具有权威性。简言之，内部审计权威性是指审计结论和审计建议得到相关方的接受或采纳，并采取相应行动，包括两个维度。

①接受或采纳，也就是发自内心地同意内部审计的结论和建议。

②行动，也就是接受或采纳内部审计的结论或建议，并采取针对性的行动。

上述两个维度，行动比接受或采纳更重要。

3. 内部审计的保障机制

内部审计的主要职能是经济监督和经济评价，通过监督和评价活动，在为单位增加价值和提高经济效率、实现组织目标的过程中，发挥内部制约、防护、评价、参谋等建设性作用。

内部审计要实现其职能，发挥其作用，主要通过两种机制来保障内部审计性质的完整。

（1）内部审计的领导机制

《审计署关于内部审计工作的规定》规定，内部审计机构或履行内部审计职责的内设机构应当在单位党组织、董事会（或者主要负责人）直接领导下开展内部审计工作。单位党组织、董事会（或者主要负责人）要定期听取内部审计工作汇报，加强对内部审计工作规划、年度审计计划、审计质量控制、问题整改和队伍建设等重要事项的管理。

（2）内部审计人员约束和保护机制

内部审计人员应严格遵守有关法律法规和内部审计职业规范，忠于职守，做到独立、客观、公正、保密，不得参与可能影响独立、客观履行审计职责的工作；在内部审计人员遭受打击、报复、陷害时，单位党组织、董事会（或者主要负责人）应当及时采取保护措施，并对相关责任人员进行处理，涉嫌犯罪的，移送司法机关依法追究刑事责任。

三个定义读懂内部审计

2003 年 3 月颁布的中华人民共和国审计署令第 4 号——**《审计署关于内部审计工作的规定》**第二条规定："内部审计是独立监督和评价本单位及所属单位财政收支、财务收支、经济活动的真实、合法和效益的行为，以促进加强经济管理和实现经济目标。"按照定义，当时内部审计的工作内容是财政财务收支、经济活动，工作职能是监督、评价，价值目标是促进加强经济管理和实现经济目标。

目前，根据经济社会事业发展的客观需要和内部审计工作的现实可能，内部审计工作领域获得较全面的拓展。**《国际内部审计专业实务框架》**（2017 年版）提出"内部审计的使命"，即以风险为基础，提供客观的确认、建议和洞见，增加和保护组织价值；提出"内部审计定义"，即内部审计是一种独立、客观的确认和咨询活动，旨在增加价值和改善组织的运营。它通过应用系统的、规范的方法，评价并改善风险管理、控制和治理过程的效果，帮助组织实现其目标。

2018年1月公布、3月施行的《审计署关于内部审计工作的规定》（审计署令第11号）第三条规定："本规定所称内部审计，是指对本单位及所属单位财政财务收支、经济活动、内部控制、风险管理实施独立、客观的监督、评价和建议，以促进单位完善治理、实现目标的活动。"

对"内部审计"概念三个不同表述的分析。

① 《国际内部审计专业实务框架》（2017年版）中的"内部审计的使命"和"内部审计定义"从内部审计的职能（确认、建议和洞见）出发，在技术路径上特别强调了"在风险基础上"，指出工作内容是"改善风险管理、控制和治理过程的效果"，认为内部审计的价值目标是"增加和保护组织价值""帮助组织实现其目标"。

② 从审计署两次发布的《审计署关于内部审计工作的规定》来看，两次都按照内部审计工作内容、内部审计职能、内部审计价值目标的逻辑顺序来阐述内部审计的定义，但是没有强调"技术路径"。

综合比较审计署规定的"内部审计"的两个定义，发现以下差异。

从审计职能看，2018年在2003年"监督、评价"等职能的基础上，多了"建议"职能；从审计工作内容看，2018年在2003年"财政财务收支、经济活动"等审计内容的基础上进行了扩充，增加了"内部控制、风险管理"等内容；从价值目标看，2003年是"以促进加强经济管理和实现经济目标"，2018年则由"促进加强经济管理"变成"促进单位完善治理"，"实现经济目标"变为"实现目标"，内部审计价值目标的内涵和领域有了较大幅度的扩充和增加。以上内部审计定义的主要内容的比较见表1-1。

表 1-1　三个内部审计定义主要内容的比较

时　间	发布部门	发布文件名称	内部审计职能	内部审计内容	价值目标
2003 年 3 月	审计署	中华人民共和国审计署令第 4 号	监督和评价	财政收支、财务收支、经济活动	促进加强经济管理和实现经济目标
2017 年 1 月	国际内部审计师协会	《国际内部审计专业实务框架》	确认、建议和洞见	风险管理、控制和治理过程	增加和保护组织价值，帮助组织实现目标
2018 年 3 月	审计署	中华人民共和国审计署令第 11 号	监督、评价和建议	财政财务收支、经济活动、内部控制、风险管理	促进单位完善治理、实现目标

内部审计的职能

内部审计立足于审计理论本源和现代企业制度基本理论，把监督和服务作为审计工作的出发点和落脚点，不断创新内部审计组织机制，突出审计重点，提升审计价值。

新时代我国内部审计职能定位的基本外延，主要包括以下内容。

1. 监督检查

监督检查职能作为内部审计的基础和首要职能，已成为一项日常性和基础性职能。内部审计在执行监督检查职能时，根据国家有关法律法规和政策文件规定，通过对单位经济活动及其经营管理制度的监督检查，关注重大投资、重点工程、高风险业务、薪酬管理、招投标等工作是否规范，财务收支管理是否合规，会计信息是否真实可靠，从而监督检查单位战略部署落实情况，监督检查单位发展，如债务风险、资产运行效率等方面的风险和隐患，及时发现和揭示单位在经营管理中存在的问题，揭露违法乱纪行为，对深化改革和降本增效发挥重要作用。内部审计还应强化对权力集中、资金密集、资源富集、资产聚集等部门的监督，将重大决策、大额资金运用、"三公经费"等内容纳入内部审计范围，全面实现权力行使的有效约束。

2. 系统管控

内部审计嵌于单位管理内部，是内部控制体系中的重要环节，系统管控职能是内部审计发展中形成的重要职能。在现代企业制度的基本框架中，公司治理通过股东大会、董事会、监事会、经理层相互制衡实现有效运作。强化内部控制制度建设，是目前大型单位内部审计监督的重点。内部审计要加大对单位内部控制制度执行的专项审计力度，充分发挥内部审计在内部控制中的系统管控作用，不断加强和完善单位内部控制制度，督促抓好重大风险以及新业务风险管控，发现单位管理运行中的漏洞和薄弱环节，促进健全风险防控体系，维护资本安全，实现资产保值增值，保障单位持续健康发展。

3. 评价鉴证

评价鉴证是内部审计履行职责和发挥作用的重要手段。内部审计不仅要关注企业经营的合法性，还要关注企业资产运行绩效和经营中存在的风险，将财务审计、绩效评价和责任评估有机结合，客观评价企业负责人的业绩和经济责任。在此基础上，内部审计应客观评价企业科学发展与战略引领是否有效，客观评价企业发展过程中的自主创新能力、资源配置能力、风险防范能力与核心竞争力，客观评价企业实现经济效益情况。

对于其他组织或单位，内部审计应发挥评价鉴证作用，通过内部测试等各项工作，评价组织或单位对国家法律法规和党中央国务院经济社会发展政策的执行情况，评价经济责任履行情况，评价违规问题所反映的制度缺陷和管理漏洞，以充分发挥内部审计在完善组织治理、提升合规运营能力和提高经营水平等方面的重要作用。

4. 咨询服务

内部审计既关注单位经济行为的合法性、合规性，也关注其合理性、有效性，研究解决问题的办法，提出意见与建议，为改进管理、完善制度提供真实有效的信息和决策依据。在审计过程中，内部审计应强化服务单位发展的意识，进一步推进内部审计成果在业绩考核、薪酬分配、干部管理等方面的运用，及时发现和反映单位运营发展中存在的问题；把对审计情况的综合分析与信息反馈作为服务领导决策的切入点，从制度和机制上为单位发展提出建设性意见，帮助单位避免和挽回经济损失，实现资本保值增值，促进单位科学发展。

内部审计的使命

随着经济改革和管理创新的深入，内部审计的作用日益显现，企业和其他组织对内部审计的要求正在从传统的纠错防弊，向整体上提高管理水平和提升风险防范能力方面转变。如前所述，2018 年召开的中央审计委员会第一次会议提出，要加强对内部审计工作的指导和监督，调动内部审计和社会审计的力量。这不仅说明内部审计工作的重要性，而且要求发挥内部审计更大作用，我国内部审计迎来了前所未有的发展机遇。面对新形势，内部审计部门必须突破传统的职能定位和工作思路，重新审视自己在单位管理中的地位及所肩负的使命，内部审计理论研究者和实务工作者应深入研究和全面领悟内部审计的使命，积极探索内部审计使命的实现途径，这样才能为决策层做好服务，发挥内部审计的更大作用。

1. 坚持党对内部审计的全面领导

2018 年 9 月，全国内部审计工作座谈会在北京召开，审计署时任审计长胡泽君发表讲话。她在讲话中强调，要提高政治站位，深刻认识新时代加强内部审计工作的重要意义。各级审计机关、内审机构和协会要深入学习贯彻习近平总书记在中央审计委员会第一次会议上的重要讲话精神，站在党和国家事业全局的高度，准确把握内部审计工作的职责定位，推动内部审计工作在新时代有新发展。要充分地认识到，加强内部审计工作是推进国家治理体系和治理能力现代化，实现审计全覆盖，推动实现经济高质量发展的需要。

我国国有企业的党组织是其政治核心。

国有企业重大决策，特别是"三重一大"等事项，必须先由党组织研究，提出意见建议，再由董事会、未设董事会的经理班子作出决定。坚持党对内部审计的全面领导，国有企业党组织成立审计委员会，由党组织书记担任审计委员会主任，党组织全面领导内部审计工作，保证和落实国有企业党组织在内部审计工作中的主导作用。

国有企业内部审计机构和人员在企业党组织领导下，实现审计干部、机构编制、审计业务全面管理，构建新的内部审计监督体系，促进内部审计发挥综合监督的功能，推进内部审计工作全覆盖，提高内部审计的地位和权威。

其他单位的内部审计工作也以各种有效方式强化党的领导。2020年5月1日施行的《**教育系统内部审计工作规定**》（中华人民共和国教育部令第47号，以下简称教育部第47号令）第八条规定："单位可以根据工作需要成立审计委员会，加强党对审计工作的领导，负责部署内部审计工作，审议年度审计工作报告，研究制定内部审计改革方案、重大政策和发展战略，审议决策内部审计重大事项等。"这是针对教育系统的规定。国有企业以外的其他单位应积极推进党组织对内部审计工作的全面领导，及时成立本单位党组织领导的审计委员会，认真查处党和国家重大决策部署不落实、落实不到位等问题，并对相关责任人进行问责，促进党和国家重大决策部署在本单位的有效落实。

2. 遵守国家法律、法规、规章制度

2018年3月施行的《**审计署关于内部审计工作的规定**》（审计署令第11号）赋予了内部审计的新使命。对于内部审计的职责范围，新使命

在"财政财务收支、经济活动"的基础上，增加了"内部控制、风险管理"，对内部审计提出了贯彻落实党和国家重大决策部署跟踪审计、企业发展规划和发展战略审计、"三重一大"决策程序审计、企业年度业务计划执行情况审计、企业涉及的履行自然资源资产管理和生态环境保护责任的审计、境外审计等新任务。

关于内部审计的组织管理，审计署令第 11 号要求国有企业和国有控股企业建立**总审计师制度**，总审计师在企业党组织、董事会领导下具体管理内部审计工作。对于国有企业和国有控股企业以外的其他单位如何执行总审计师制度，没有统一规定。其中，教育部第 47 号令第九条规定："单位可以根据工作需要建立总审计师制度。总审计师协助主要负责人管理内部审计工作。"

两者相比，前者属于强制性规定，后者属于非强制性规定。尽管制度强制性有差异，国有企业和国有控股企业以外的其他单位（如教育系统单位），可以将建立总审计师制度作为执行和探索的依据，有利于提升内部审计的地位和权威性，促进内部审计事业发展。

加强内部审计工作是落实党和国家重大决策部署的重要内容之一，是实现内部审计转型升级的需要。**国有企业和国有控股企业以外的其他单位**，应把推动党和国家重大决策部署的有效落实放在首位，这是在内部审计工作中体现和加强党的领导的重要举措。对于**内部审计机构和内部审计人员**而言，要坚守党和国家对内部审计工作的职责定位，深入把握和不断总结内部审计工作的规律和经验，改革内部审计组织领导体制和审计模式，把握大局、明辨方向、找准路子、扎实工作，推动内部审计工作高质量发展。

3. 加强科技在内部审计中的运用

在现代科学技术飞速发展的时代，科学技术深刻影响着内部审计行业。如果离开数字化技术和方法，将无法提高内部审计工作效率。内部审计机构和内部审计人员应加强对科技的运用，采用大数据技术了解被审计单位情况，利用互联网了解内部控制的有效性，建立智能化的内部审计工作流程，采用区块链技术控制内部审计质量，坚持科技强审，向互联网要信息，向大数据要资源，向智能化要效率，用高科技推动内部审计工作现代化。内部审计重要发展方向之一就是要细分工作职能，挑选适合的人实施相应的事。

4. 提高内部审计人员素质

建设一支政治素质过硬、业务素质精湛的内部审计队伍，对于保障新时代内部审计完成新使命、取得成效而言尤为重要。

一方面，内部审计人员要深入学习贯彻习近平新时代中国特色社会主义思想，坚定理想信念，精通内部审计业务，拥有过硬的工作作风，廉洁奉公，强化担当意识，勇于改革创新，提升内部审计工作效能。

另一方面，内部审计机构和内部审计人员要强化提高自身素质的紧迫感、荣誉感，坚持客观公正审计，努力建设高标准、高素质、专业化的内部审计队伍，为践行内部审计新使命提供人力资源保障。

1.3
内部审计机构与人员

内部审计机构的设置原则

1. 独立性原则

独立性是审计人员在审计中所具有的客观公正、不偏不倚的心态和言行。它包括形式上的独立性和精神上的独立性，两者缺一不可。独立性是内部审计的基本特征，设立内部审计机构必须符合审计独立性的要求。

各单位、组织中的内部审计机构，都必须保持其组织上和业务上的独立性。不能把内部审计机构附设在财务部门或其他职能部门中，否则，就会使内部审计机构丧失独立性，使审计人员难以客观公正地进行审计。

2. 专职高效原则

所谓专职，是指内部审计部门及人员应该是专门从事审计工作的机构和人员，置身于具体业务活动之外。不管是直接参与管理工作，还是对管理工作提出意见或建议，都影响审计独立性。

所谓高效，是指内部审计机构的设置应该精简，因事纳人。专职高效原则是设置内部审计机构的基本要求。

3. 权威性原则

权威性是具有使人信服的力量和威望，让人对结果不产生怀疑的状态。

权威性来源于审计的独立性和客观公正，以及审计过程中的尽职尽责、科学高效。只有具有一定的地位和权威，才能顺利开展内部审计工作。

审计署在《**审计署关于内部审计工作的规定**》中就内部审计的职责和权限作出明确规定，并强调内部审计权威性。内部审计机构自身也要通过审计成果的科学性、有效性来增强其权威性。

多层级内部审计机构的管理方式

1. 内部审计机构管理的目的

中国内部审计协会于 2013 年 8 月发布的《**第 2301 号内部审计具体准则——内部审计机构的管理**》规定，内部审计机构管理是指内部审计机构对内部审计人员和内部审计活动实施的计划、组织、领导、控制和协调工作。

内部审计机构管理主要包括下列目的。

①实现内部审计目标。

②促使内部审计资源得到充分和有效的利用。

③提高内部审计质量，更好地履行内部审计职责。

④促使内部审计活动符合内部审计准则的要求。

内部审计机构的设置应遵守前述原则，并结合部门、单位的组织管理体系等具体情况进行。一般而言，内部审计机构应当建立合理、有效的组织结构，多层级的内部审计机构可以实行分级管理或者集中管理。

2. 分级管理方式

所谓分级管理方式，是指按照部门、单位的组织级次设置内部审计机构，一级组织相应设置一级内部审计机构。部门、单位本级的内部审计机构对下属各内部审计机构进行统一指导，下属内部审计机构独立行使职权。

《**审计署关于内部审计工作的规定**》（审计署令第 11 号）第十五条规定："下属单位、分支机构较多或者实行系统垂直管理的单位，其内部审计机构应当对全系统的内部审计工作进行指导和监督。系统内各单位的内部审计结果和发现的重大违纪违法问题线索，在向本单位党组织、董事会（或者主要负责人）报告的同时，应当及时向上一级单位的内部审计机构报告。"

分级管理方式可使内部审计人员熟悉各自单位的环境和情况，使审计有较强的针对性和及时性；但会使内部审计机构过于庞大，导致内部审计人员受到所在单位负责人的一定约束，独立性相对较差。

3. 集中管理方式

所谓集中管理方式，是指在本部门、本单位最高层次设置内部审计机构，在下属层次不设置内部审计机构，由专门派出的审计人员对下属单位进行审计。

《第 2301 号内部审计具体准则——内部审计机构的管理》第七条规定："实行集中管理的内部审计机构可以对下级组织实行内部审计派驻制或者委派制。"在这种管理方式下，派出人员对下属单位具有较高的权威，其独立性也较高，但这种方式要求加强审计的计划性，在了解下属单位实际情况后再开展工作。

实际上，分级管理与集中管理也不是截然分开的，内部审计机构的设置方式可根据单位特点灵活选择。

如一些**特大型企业**，或是下属单位众多的部门，就宜采用分级管理的方式；如有必要，也可在部门内对一些较小的下属机构实行集中管理。一些规模不大的**企业事业单位**可根据需要，或者设置内部审计机构，或者不设内部审计机构而配备专职人员；一些专题审计项目，还可聘请临时性的审计人员进行审计。

内部审计机构的职责与权限

1. 内部审计机构的职责

内部审计机构应在公司董事会（审计委员会）或单位最高管理层的领

导下，做好对单位内部审计人员和内部审计活动实施的计划、组织、领导、控制和协调工作，保证内部审计机构管理的有效性。

内部审计机构或者履行内部审计职责的内设机构应当按照国家有关规定和本单位的要求，履行下列职责。

①对本单位及所属单位贯彻落实国家重大政策措施情况进行审计。

②对本单位及所属单位发展规划、战略决策、重大措施以及年度业务计划执行情况进行审计。

③对本单位及所属单位财政财务收支进行审计。

④对本单位及所属单位固定资产投资项目进行审计。

⑤对本单位及所属单位的自然资源资产管理和生态环境保护责任的履行情况进行审计。

⑥对本单位及所属单位的境外机构、境外资产和境外经济活动进行审计。

⑦对本单位及所属单位经济管理和效益情况进行审计。

⑧对本单位及所属单位内部控制及风险管理情况进行审计。

⑨对本单位内部管理的领导人员履行经济责任情况进行审计。

⑩协助本单位主要负责人督促落实审计发现问题的整改工作。

⑪对本单位所属单位的内部审计工作进行指导、监督和管理。

⑫国家有关规定和本单位要求办理的其他事项。

2. 内部审计机构的权限

内部审计机构或者履行内部审计职责的内设机构应有下列权限。

①要求被审计单位按时报送发展规划、战略决策、重大措施、内部控制、风险管理、财政财务收支等有关资料（含相关电子数据，下同），以及必要的计算机技术文档。

②参加单位有关会议，召开与审计事项有关的会议。

③参与研究制订有关的规章制度，提出制订内部审计规章制度的建议。

④检查有关财政财务收支、经济活动、内部控制、风险管理的资料、

文件和现场勘察实物。

⑤检查有关计算机系统及其电子数据和资料。

⑥就审计事项中的有关问题，向有关单位和个人开展调查和询问，取得相关证明材料。

⑦对正在进行的严重违法违规、严重损失浪费行为及时向单位主要负责人报告，经同意作出临时制止决定。

⑧对可能转移、隐匿、篡改、毁弃会计凭证、会计账簿、会计报表以及与经济活动有关的资料，经批准，有权予以暂时封存。

⑨提出纠正、处理违法违规行为的意见和改进管理、提高绩效的建议。

⑩对违法违规和造成损失浪费的被审计单位和人员，给予通报批评或者提出追究责任的建议。

⑪对严格遵守财经法规、经济效益显著、贡献突出的被审计单位和个人，可以向单位党组织、董事会（或者主要负责人）提出表彰建议。

内部审计人员的岗位职责

1. 内部审计人员的定义

内部审计人员是指在部门、单位内部审计机构从事审计事务的人员，以及在部门、单位内设置的专职从事审计事务的人员。

《审计署关于内部审计工作的规定》（审计署令第 11 号）第七条规定："内部审计人员应当具备从事审计工作所需要的专业能力。单位应当严格内部审计人员录用标准，支持和保障内部审计机构通过多种途径开展继续教育，提高内部审计人员的职业胜任能力。内部审计机构负责人应当具备审计、会计、经济、法律或者管理等工作背景。"

《第 2301 号内部审计具体准则——内部审计机构的管理》准则提出，内部审计机构应当根据内部审计目标和管理需要，加强人力资源管理，保证人力资源利用的充分性和有效性，主要包括下列内容：内部审计人员聘用；内部审计人员培训；内部审计人员的工作任务安排；内部审计人员专业胜任能力分析；内部审计人员的业绩考核与激励机制；其他有关事项。

内部审计人员管理应注意以下几方面。

①**审计机构**应根据内部审计工作目标和管理需要，加强人力资源管理，确保人力资源的充分性和有效性。

②**内部审计人员**应当具备审计岗位所必需的会计、审计、工程、法律、管理、金融等专业知识和业务能力。

③**内部审计机构**负责建立内部激励约束机制，对内部审计人员的工作进行监督、考核，评价其工作业绩。

④**单位**应当保障内部审计机构和内部审计人员依法依规独立履行职责，任何单位和个人不得对内部审计人员进行打击报复。

2. 内部审计岗位及职责

内部审计机构负责人应根据内部审计人员知识结构及专业能力，制订内部审计人员的聘用方案、培训计划和工作任务安排，分别设置**审计主管和审计助理**等岗位进行内部审计工作。内部审计组织结构见图 1-2。

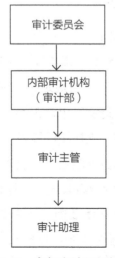

图 1-2　内部审计组织结构

（1）**审计主管的岗位职责**

审计主管的岗位职责主要包括以下几点。

①按照国家审计法规、单位财会和审计制度的有关规定，负责拟定单位具体审计实施细则。

②规划并进行审计，确认会计记录的真实性及是否符合会计准则要求。

③建立对资产和资金使用的监控机制及其他财务监控机制，发现违规现象时，及时采取预警措施。

④组织对单位重大经营活动、重大项目、重大经济合同的审计活动。

⑤审阅财务报告及工作底稿，确认其实质性、准确性和完整性。

⑥全面审查各区域对授权制度和作业流程的执行情况。

⑦对内部审计人员进行财务、审计等专业方面的培训。

⑧组织专项审计和财务收支审计等。

⑨与外部审计人员等建立并保持紧密关系。

（2）**审计助理的岗位职责**

审计助理的岗位职责包括以下几点。

①协助审计主管对单位进行独立审计活动。

②负责对所有涉及的审计事项，编写内部审计报告，提出处理意见和建议。

③负责做好有关审计资料的收集、整理、建档工作，按规定保守秘密和保护当事人合法权益。

④确定审计程序细则，准备符合准则要求的项目审计报告。

⑤协助审计主管开展审计和风险评估工作。

⑥获得充分的审计证据，支持审计发现和审计建议。

⑦服从组织领导，认真完成项目审计的各项取证查证工作和交办的其他工作。

⑧针对被审计单位存在的问题，向审计主管如实反映，并对照有关法律法规提出处理意见。

内部审计人员多样的角色定位

1. 内部审计人员的定位

（1）监督员

内部审计人员的监督有两层含义。

①内部审计人员代表单位决策层对本单位经济活动进行监督，看其是否有效落实单位经营（运营）方针政策。内部审计人员的经济监督活动，不仅是查错防弊，还包括针对发现的问题，提出及时的、具有建设性的建议，促使单位改善经营管理，及时制止经济监督过程中发现的违规违纪现象，维护国家和单位的利益。

②内部审计对单位经济活动进行监督，这就要求内部审计人员在审计工作中，要树立良好的职业道德形象，遵循实事求是、客观公正、依法审计的原则，充分发挥"经济警察"的作用。

（2）宣传员

长期以来，部分单位经营管理者对内部审计的职能和作用认识不足、重视不够，甚至随意干涉内部审计工作，使内部审计人员无职无权。针对上述现状，内部审计人员要积极向单位领导汇报，与其沟通，要让他们充分了解内部审计工作，真正意识到内部审计工作对本单位发展的必要性和重要性；要加大内部审计的宣传力度，通过各种形式广泛宣传《**审计法**》等法律法规的精神，广泛宣传国家的方针政策、企业有关内部控制制度的内容以及经济领域的最新动态，扩大内部审计的影响。

（3）协调员

内部审计人员要做好与外部审计的协调，即内部审计人员与会计师事务所、国家审计机构有关人员在审计工作中要积极沟通与合作，确保提高审计效率、降低审计成本、共享审计成果。

内部审计人员还要加强与本单位各职能部门之间的联系，让各职能部门认识到内部审计的目的并不只是揭露问题，更重要的是纠正和解决问题。

内部审计人员还要协调好与政府有关监督部门（如财政、审计、税务、工商、纪检、监察等部门）的关系，改善一些地方存在的重复监督、标准不一、监督不到位、措施不得力等情况，增强监督合力。

（4）信息员

现代内部审计要求内部审计人员为管理者提供及时、翔实的各种信息。内部审计人员要"眼观六路，耳听八方"，紧跟时代步伐，关注国际、国内及同行业经济领域最新动态，搜集有关信息并及时、准确反馈给管理者，为管理者经济政策的制订提供可靠的经济信息。内部审计人员要密切关注变化莫测的国际、国内市场以及国家政策的制定及修改，整理出与本单位息息相关的生产经营信息，及时提供给单位管理者，并提出符合实际情况的合理建议。

（5）示范员

内部审计人员要想让内部审计工作引起管理者的注意，让单位管理者重视内部审计，只能把工作做得完善，用事实让管理者看到其重要性。这就对内部审计的职能和作用提出了更高要求。内部审计人员要适应时代需要，不管是做还是想，都要具有前瞻性，走在其他经济职能部门的前面；不管是单位规章制度的制定与执行，还是单位经济活动的各个环节，都要参与，并提供合理性建议，起到模范带头作用。

（6）服务员

首先，内部审计人员应当努力完成单位领导交办的审计任务，为单位在加强管理、提高效益、建立良好的经济秩序方面发挥作用，要站在单位高度提出问题、分析问题、判断问题和解决问题，对于领导关心的问题，找出切合实际的解决办法。其次，内部审计在业务上受上级主管部门和当地审计厅（局）的领导，内部审计人员要及时完成国家审计机关交办的各项任务，更好地履行自身职责。

2. 内部审计人员的职业道德

内部审计人员履行职责时，应当严格遵守中国内部审计准则及 CIIA

制定的《第 1201 号——内部审计人员职业道德规范》。内部审计人员应当具备职业品德、遵守职业纪律、承担职业责任，不得损害国家利益、组织利益和内部审计职业声誉。

①内部审计人员在从事内部审计活动时，应当保持诚信正直。

②内部审计人员应当遵循客观性原则，不偏不倚地作出审计职业判断。

③内部审计人员应当保持并提升专业胜任能力，按照规定参加后续教育。

④内部审计人员应当遵循保密原则，按照规定使用其在履行职责时所获取的信息。

⑤内部审计人员违反相关规范要求的，组织应当批评教育，也可以视情节给予一定的处分。

1.4 本章思考和探索

①某公司的高管层自行聘请外部专家对本公司财务收支情况进行审计，并向其报告审计情况，这是外部审计还是内部审计？

②某单位领导要求内部审计人员参与本单位的采购货物、工程、服务的招投标工作，参与合同签订，这合适吗？为什么？

③设立满足组织需要的内部审计机构的原则和依据是什么？

④在现有的内部审计组织模式下，内部审计机构负责人怎样才能提高内部审计独立性？

⑤从管理学角度，内部审计在单位治理中应当发挥怎样的作用？

⑥某单位内部审计人员发现采购部门存在影响效率的行为，直接参与采购部门的改进行动，并加以监督，这种做法妥当吗？为什么？

第 2 章

内部审计的核心业务类型

为组织增加价值是内部审计工作的出发点也是落脚点。

——易仁萍

2.1 认识内部审计业务类型

如何理解内部审计业务类型

1. 业务

据《**国际内部审计专业实务框架**》（国际内部审计师协会于 2017 年 1 月修订）提供的对"业务"的解释，"业务是具体的内部审计项目、任务或检查活动，如内部审计、内部控制自我评估、复核、舞弊调查或咨询等"[①]。一项业务可能包括多项任务或活动，用以实现一组特定的相关目标。

结合上述表述，我们将"业务"的含义归纳为以下几点。

①业务是一项本行业（本职）工作，也是一个系列过程。

②一个以上组织通过信息交换过程，实现业务目标。

③业务过程是按照某一共同目标实施的。

2. 类型

据《**辞海**》解释，"类型"是"具有相同特征的事物所形成的种类"[②]。

上述对"类型"的定义，我们可以总结出以下几点。

---

① 中审网校.《国际内部审计专业实务框架》精要解读［M］.北京：中国财政经济出版社，2017：37.

② 夏征农，陈至立.辞海第 6 版［M］.上海：上海辞书出版社，2010：2290.

①类型是来源于对具体的、特殊的事物个体的归纳总结。

②归纳总结是按照一定的分类标准、尺度进行的。

③按照一定标准或尺度总结的共同点，必须在一定的角度或程度上能够代表归纳总结范围内的众多具体的、特殊的个体。

3. 内部审计业务类型

"业务类型" 是指根据各行业中需要处理业务的不同所进行的种类划分。按照业务的不同内涵，可以进行不同划分。对于制造业经济组织来说，按照业务类型的划分，大致有供应、生产、销售、核算等业务。

对于不同审计主体来说，审计业务的含义不同。对于国家审计、内部审计来说，审计业务就是审计工作；对于社会审计来说，审计业务既有审计工作的基本含义，也有商业渠道的意思，起着沟通审计需求方和审计服务提供方的作用。

具体审计业务包括政策落实跟踪审计、财政审计、金融审计、企业审计、政府投资项目审计、民生审计、资源环境审计、经济责任审计和涉外审计等。

"内部审计业务类型" 就是对内部审计业务按照一定的标准和尺度进行的划分或分类。能否科学、有效地开展内部审计业务分类，对内部审计工作能否健康发展和有效推进至关重要。内部审计是我国社会主义审计体系的重要组成部分，它的作用和效果如何，在相当大的程度上影响我国审计监督体系的整体效果。

用三种类别分清内部审计业务

深入开展对内部审计业务的研究，对内部审计业务进行科学分类，划分内部审计业务类型需基于以下原则。

从内部审计的现有定义出发。 从国际内部审计师协会对"内部审计的使命"的描述和审计署令第 11 号对"内部审计"的定义来看，它们把内部审计的工作内容、职能作用、价值目标全面阐述清楚，是一个科学、有效的分类标准。按照上述定义，可以将内部审计按照内部审计工作内容、内部审计工作的职能、内部审计工作的价值目标等三个标准进行分类。

分类标准要统一。 任何的分类，要标准一致，把研究对象囊括进来，不能有遗漏，不能造成分类标准混乱，不然就可能导致逻辑上的认识错误。

1. 内部审计业务的基本分类——按工作内容分类

按照内部审计业务的工作内容分类，内部审计工作可分为财政财务收支审计、经济活动审计、内部控制审计、风险管理审计等四种类型。本章2.2—2.11节按照按内部审计工作内容分类标准划分的内部审计工作展开阐述，具体对应关系见表2-1。

表2-1　内部审计工作内容与本章节号的对应关系

内部审计工作内容	具体内容	节号
财政财务收支审计	财政财务收支审计	2.2
经济活动审计	经济责任审计	2.3
	绩效审计	2.4
	经营活动审计	2.5
	建设项目审计	2.6
	贯彻落实国家重大政策措施、单位（组织）发展规划计划和战略决策执行审计	2.7
	自然资源资产管理和生态环境保护责任审计	2.8
内部控制审计	内部控制审计	2.9
风险管理审计	信息系统审计	2.10
	财经法纪审计	2.11

2. 内部审计业务的其他分类——按工作职能分类

在1.2节中，内部审计职能归纳为监督检查、系统管控、评价鉴证、咨询服务四大职能。为使职能表述与内部审计定义相关联，下面把内部审计职能归纳为监督、评价、建议，所以，内部审计工作分为体现监督职能的内部审计工作、体现评价职能的内部审计工作和体现建议职能的内部审计工作等三种类型。

（1）监督职能

监督职能是指内部审计机构和人员对被审计对象财政财务收支、经济活动、内部控制、风险管理的真实性、合法性和合理性进行独立、客观的审核、检查、督促。

《国际内部审计专业实务框架》（2017 年版）对此用了"确认"一词。[①]"确认"是指"明确辨认"，带有"辨认""审核"的含义，其着重强调的是对事物进行"肯定"时所发生的过程，而不是对事物的直接"承认"或"肯定"，与"确定"强调结果的意义完全不同。从以上含义可以看出，"确认"一词带有审核之意，与"监督"一词有相近之处，但不是完全一样的。"监督"一词不仅有审核之意，而且有检查、督促之意，带有明显的强制性、权威性，它在我国内部审计职能中是首要职能。

（2）评价职能

评价职能是指内部审计机构和人员通过专门方法，对单位内部计划规划的科学性、可行性以及合理性，经济活动的进度以及执行情况，内部控制的健全性以及风险管理水平的高低等方面，进行独立、客观的评定。

（3）建议职能

建议职能是指内部审计机构和人员针对审计发现的情况或问题，提出有针对性的改进意见或建议，为组织管理层纠正发现问题、堵塞管理漏洞提供决策参考。

《国际内部审计专业实务框架》（2017 年版）对此用了"洞见"一词。[②]"洞见"是指"很清楚地见到"，也就是说，通过内部审计的"洞

---

① 中审网校.《国际内部审计专业实务框架》精要解读［M］.北京：中国财政经济出版社，2017：1-5.

② 中审网校.《国际内部审计专业实务框架》精要解读［M］.北京：中国财政经济出版社，2017：1.

见"活动，对组织存在的隐患或风险及时揭示，提出意见，以降低组织运行风险。

上述三项职能中，监督职能、评价职能是内部审计的基本职能，是前提，是基础，建议职能是对内部审计基本职能的拓展，是内部审计提高服务水平的重要载体。内部审计目前所开展的许多工作都属于审计监督的形式，离开了监督职能，内部审计工作无从谈起。但是，只履行监督职能、评价职能，不履行建议职能，内部审计工作难以全面履行工作职责，职业发展空间将越来越狭窄。

3. 内部审计业务的其他分类——按工作的价值目标分类

根据审计署令第 11 号——《审计署关于内部审计工作的规定》第三条规定，内部审计工作的价值目标有促进单位完善治理、实现目标两个方面。《国际内部审计专业实务框架》中的"内部审计的使命"和"内部审计定义"指出，内部审计的价值目标是"增加和保护组织价值""帮助组织实现其目标"。综合以上表述，按照内部审计的价值目标，内部审计业务可以分为促进单位完善治理、实现目标、增加价值三个方面。

从严格意义上看，促进单位完善治理、实现目标都可以理解为增加价值，但在这里，我们要把增加价值理解为内部审计参与或加入非监督性工作（属于监督性质的相关工作除外），给组织提供有价值的服务。

基于内部审计的价值目标，我们也可以将内部审计分为增值型内部审计和合规型内部审计。其中，内部审计对法律、法规、政策规定的遵循性监督性工作，属于合规型内部审计的范畴，除此之外，都应属于增值型内部审计的范畴。本书按内部审计业务的基本分类来组织设计，因此，有关增值型内部审计和合规型内部审计不再多述。

用三种分类构建内部审计体系

由于内部审计具备监督、评价和建议（洞见）等三大职能，所以，财政财务收支、经济活动审计、内部控制审计、风险管理审计等四种形式的审计工作，不仅能实现促进单位完善治理、实现目标的价值目标，也能够进一步增强内部审计履职能力，从而有效作用于内部审计工作对象，它们之间相互融合，共同构成内部审计的完整体系。

　　内部审计工作通过检查和评价职能的履行，获得财务状况和经营活动的相关信息，在对这些信息进行分析、处理的基础上为管理层提供咨询服务，从而实现服务于单位的目标。

　　<u>内部审计的监督、评价、建议三项职能是一个有机整体，相互联系，不可分割。</u>有的内部审计工作是三项职能的全部体现，也有的内部审计工作主要体现一项职能或两项职能。比如，经济活动审计工作就应当是监督、评价、建议三项职能的全部体现，既有履职责任的监督、评价，也有对存在问题的改进建议；一般的财政财务收支审计则更多地体现监督、建议职能，较少体现评价职能；内部控制审计一般以评价职能为主导，兼有建议职能；风险管理审计一般由监督职能主导，兼有建议职能。

　　上述三种分类，按照工作职能分类是基础，按照工作内容分类是载体，按照工作的价值目标分类是最终追求目标。三种分类相互支持、相互融合，构成内部审计的完整体系，见图 2-1。

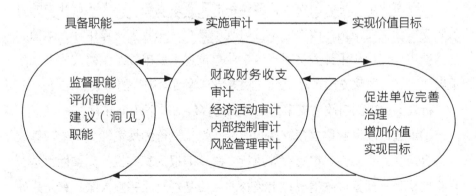

图 2-1　三种分类逻辑关系

2.2 / 财政财务收支审计

　　财政财务收支审计是内部审计机构和审计人员对被审计单位财政财务收支的真实性、合法合规性、使用绩效进行独立、客观的审核，旨在纠正错误、防止舞弊，维护财经法纪，保护公共资财，促进被审计单位加强财政财务收支管理和经营管理，不断提高经济效益。财政财务收支审计包括财政收支审计、财务收支审计。

财政收支审计

　　行政事业单位是我国财政管理体系的重要组成部分，内部审计中的财政收支审计主要是指行政事业单位财政预算执行和收支决算审计，即独立的内部审计机构和审计人员对行政事业单位及下属单位组织财政收入、分配财政资金、财政支出预算执行、收支决算等活动进行的审查和监督。

　　行政事业单位财政收支审计的主要内容包括以下几个方面。

　　①审查行政事业单位预算编制的合法性，执行的规范性。审查预算收入的合法性、真实性。审查预算执行、决算编报的真实性、完整性，是否真实地反映了预算拨款情况；上级补助经费是否及时完整入账，有无账外设账、隐瞒转移资金的问题。

　　②审查承担管理职责的行业主管部门（含行政单位和部分事业单位），以及在事业单位内部存在多层次的财政隶属管理关系的事业单位之

间，在转拨财政资金过程中行为的合法性、及时性和有效性。

③审查支出的合法性、真实性、效益性。检查财政预算拨款和上级补助经费支出是否按财政批复的部门预算用途和标准使用资金，专项资金是否专款专用。

④审查行政性收费及收取罚没款的合法性、完整性、及时性。行政性收费、罚款依据和标准是否合法，是否实行了收缴、罚缴、票款分离，是否及时上缴国库、纳入财政预算等问题。

⑤审查行政事业单位资产、负债、净资产是否真实存在，已经存在的资产负债是否归属本单位，以及本单位使用存量资产的效益性，有无资产浪费行为等。

财务收支审计

财务收支审计是指独立的内部审计机构实施或组织实施的对单位（组织）的资产、负债、净资产（所有者权益）和年度财务收支结余（年度损益）的真实性、合法合规性、效益性进行审查。由于单位（组织）的财务状况、经营成果和现金流量通常以财务报表为媒介集中反映，因而财务收支审计时常又表现为财务报表审计，即对单位（组织）一定时期内的财务状况和经营成果进行综合性的审查并作出客观评价。目前，企业财务收支年报审计都是法定审计。

《中华人民共和国公司法》第一百六十四条规定："公司应当在每一会计年度终了时编制财务会计报告，并依法经会计师事务所审计。"非公司企业在年检中也必须提交审计报告。截至 2021 年，全国多地对高校等事业单位开展了财务收支年报审计。聘请外部审计机构开展的财务收支年报审计，对被审计单位自身来说是外部审计，而聘请外部审计机构对单位内部的所属单位开展的财务收支年报审计，是属于内部审计性质的受托审计。

另外，高校等事业单位大多有数量不一的所属企业，通常采取事业单位主管部门统一组织，依照相关程序选取符合资质的社会中介机构的形式，对所属企业开展财务年报审计。除此之外，针对专项资金的财务收支审计、科研经费收支审计等，都属于财务收支审计的范畴。

2.3 / 经济活动审计——经济责任审计

经济活动审计是独立的内部审计机构和人员对被审计单位经济活动中涉及的经济责任、经济效益、资金绩效、经营活动、贯彻落实重大规划政策计划措施执行、自然资源资产管理和生态环境保护责任等所开展的监督、评价、咨询建议等一系列活动的总称。它主要包括经济责任审计，绩效审计，经营活动审计，建设项目审计，贯彻落实国家重大政策措施、单位（组织）发展规划计划和战略决策执行审计，自然资源资产管理和生态环境保护责任审计等。本书用六节（2.3—2.8）阐述经济活动审计的相关内容。

什么是经济责任审计

1. 经济责任、经济责任审计的理论基础

经济责任又称"受托责任"，是指由于财产所有权与管理权的分离，财产所有者（委托人）将财产的经营管理权委托给受托人，而形成的受托责任人应负有妥善管理委托人交付的资财，并把履行结果向委托人报告的责任。它是一切审计工作的起点，审计因经济责任的产生而产生，也因经济责任的发展而发展。

在经济责任审计中，委托人把大量的公共资产、公共权力和其他相关公共资源委托给各级领导干部，他们接受委托后肩负着妥善管理相关资源，并定期报告上述资源管理情况的责任。其报告的情况真实与否需要监

督机构进行审查，这就是经济责任审计的法理基础。

任何"事"都是"人"的行为的结果，没有"人"也就没有"事"，有"事"必定有相应的"人"。任何责任都是具体的、明确的，应有具体的责任承担者，其表现形式是自然人。要完成好经济责任审计，就要以领导干部肩负的经济责任为目标开展评价，审计评价对象应当而且只能是自然人。

要实现经济责任审计目标，将经济责任审计对象定位于自然人，并将财政财务收支的监督与对人的监督有机结合起来，通过"审计既对事又对人""审计中由事及人""审计最后落脚到人"等系列措施来达到对"人"的全面评价。

对领导干部开展经济责任审计，是国家审计机关和内部审计机构的重要工作职责。

2. 经济责任、经济责任审计的定义

《第 2205 号内部审计具体准则——经济责任审计》（中内协发〔2021〕6 号）第二条规定："经济责任，是指领导干部在本单位任职期间，对其管辖范围内贯彻执行党和国家经济方针政策、决策部署，推动本单位事业发展，管理公共资金、国有资产、国有资源，防控经济风险等有关经济活动应当履行的职责。"第三条规定："经济责任审计，是指内部审计机构、内部审计人员对本单位所管理的领导干部在任职期间的经济责任履行情况的监督、评价和建议活动。"

由于经济责任审计对象涉及范围的不同，内部审计从事的经济责任审计包括系统（行业）管理领导干部经济责任审计和单位内部管理领导干部经济责任审计。其中，系统（行业）管理领导干部经济责任审计是系统（行业）对其管理（或受托管理）的领导干部开展（接受授权开展）的经济责任审计，对于系统（行业）来说，是内部审计，但对单位来说，是外部审计；单位内部管理领导干部经济责任审计在内部审计开展的经济责任审计中，应当居于主导地位。

单位内部管理领导干部经济责任审计的实务重点

1. 由其基本属性知悉实务重点

深入分析单位内部管理领导干部经济责任审计的基本内容，可以得出单位内部管理领导干部经济责任审计内容应当具有以下基本属性，下述基本属性决定了审计人员在实务工作中应当有所侧重。

（1）内在性

由于单位内部管理领导干部经济责任审计针对的对象是一个单位内部的下设机构、部门、单位，一般不是独立的法人单位，工作呈现出明显的内向性特点。据此，审计人员应当采取不同于独立法人单位负责人经济责任审计的审计工作方式方法，来实施单位内部管理领导干部经济责任审计活动。

（2）差异性

由于单位内部管理领导干部所任职的部门、机构千差万别，单位内部管理领导干部经济责任审计的审计客体体现出明显的不同特质，审计工作内容和工作侧重点也应有所不同。

（3）目标性

在财务管理中，根据组织内部分支机构、内设机构的职能定位、资源配置和效益考核目标的不同，存在成本控制中心、利润中心、投资中心等三种不同控制目标；非企业单位虽然不是自收自支的经营单位，但使用同样的管理思维对不同的分支机构、部门进行管理。根据单位内部部门、机构在单位所担任的不同职能、角色，审计人员要确定不同的审计工作侧重点，实行控制目标监控。

2. 单位内部管理领导干部经济责任审计的主要内容

从审计的基本内容看，单位内部管理的领导干部（人员）任期经济责任审计与党政主要领导干部经济责任审计和企业领导人员经济责任审计一样，都应关注被审计领导干部（人员）所在单位（部门）落实国家重大决策措施情况、事业（经营）发展情况、贯彻遵守国家法律法规以及上级有关政策规定的情况、重大经济经营决策情况、财政财务收支及资产管理情况、单位内部控制情况、被审计领导干部（人员）遵守有关廉政规定情况等主要内容。

根据《**第 2205 号内部审计具体准则——经济责任审计**》第十四条规定，经济责任审计内容一般包括以下 14 个方面的内容。

①贯彻执行党和国家经济方针政策和决策部署，推动单位可持续发展情况。

②发展战略的制定、执行和效果情况。

③治理结构的建立、健全和运行情况。

④管理制度的健全和完善，特别是内部控制和风险管理制度的制定和执行情况，以及对下属单位的监管情况。

⑤有关目标责任制完成情况。

⑥重大经济事项决策程序的执行情况及其效果。

⑦重要经济项目的投资、建设、管理及效益情况。

⑧财政、财务收支的真实、合法和效益情况。

⑨资产的管理及保值增值情况。

⑩自然资源资产管理和生态环境保护责任的履行情况。

⑪境外机构、境外资产和境外经济活动的真实、合法和效益情况。

⑫在经济活动中落实有关党风廉政建设责任和遵守廉洁从业规定情况。

⑬以往审计发现问题的整改情况。

⑭其他需要审计的内容。

3. 不同类型的单位内部管理领导干部经济责任审计的评价工作重点

图 2-2 为单位内部部门类型。

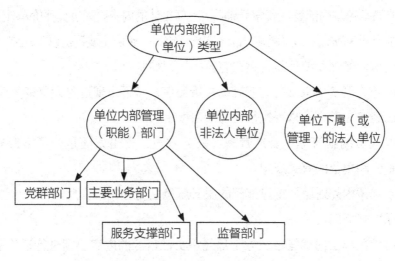

图 2-2　单位内部部门类型

（1）单位内部管理（职能）部门

①党群部门。

在按照单位内部管理领导干部经济责任审计的内容要素进行评价的基础上，审计人员应主要评价以下几点。

a. 部门职能是否正常履行。

b. 部门内部控制是否出现重大纰漏或隐患。

c. 部门工作是否取得预期效果等。

②主要业务部门。

在按照单位内部管理领导干部经济责任审计的内容要素进行评价基础上，对单位内部主要业务部门领导干部经济责任审计，审计人员应主要评价以下几点。

a. 主要业务流程是否建立有效的控制制度或工作机制。

b. 重大经济决策是否有明确的决策程序，是否出现重大决策失误。

c. 经费（资金）是否执行明确的审批手续。

d. 审计期间是否取得理想工作绩效、社会效益等。

③服务支撑部门。

在按照单位内部管理领导干部经济责任审计的内容要素进行评价基础上，对单位内部服务支撑部门领导干部经济责任审计是否应主要评价以下几点。

a.资源管理和使用是否建立有效的流程控制。

b.重大经济决策是否有明确的决策程序，是否出现过重大决策失误。

c.经费（资金）是否执行明确的审批手续。

d.人员编制管理、资产管理、财务收入、支出方面是否严格遵守国家、地方和单位的有关规定。

e.单位内外对服务支撑部门的服务质量是否存在不良反映等。

④监督部门。

在按照单位内部管理领导干部经济责任审计的内容要素进行评价的基础上，对单位内部监督部门领导干部经济责任审计，审计人员应主要评价以下几点。

a.单位范围内有效运行制度的覆盖率。

b.单位是否发生重大违纪。

c.监督部门促进单位有关部门、机构整改情况等。

（2）单位内部非法人单位

在按照单位内部管理领导干部经济责任审计的内容要素进行评价的基础上，对单位内部非法人单位领导干部经济责任审计，审计人员应主要评价以下几点。

①贯彻执行党和国家经济方针政策和决策部署，推动单位可持续发展情况。

②领导干部在任期内是否实现预期发展（管理）目标。

③非法人单位是否遵守国家的法律法规和有关制度规定。

④非法人单位是否建立有效的运行工作机制。

⑤经费（资金）使用是否取得预期工作绩效、经济效益或社会效益的实现情况等。

（3）单位下属（或管理）的法人单位

单位下属（或管理）的法人单位领导干部尽管也属于单位内部管理的

领导干部，但是它具有独立的法人资格，所以，对他们进行经济责任审计时，审计人员应当按照党政领导干部和企业领导人员经济责任审计的基本内容要素，进行较全面的经济责任审计评价，主要包括以下方面。

①贯彻执行党和国家经济方针政策和决策部署，推动单位可持续发展情况。

②主管单位下达经营管理指标或签订协议的完成情况。

③是否严格执行国家法律法规政策和主管单位规定。

④重大决策是否严格遵守规定程序（超过规定审批权限的重大决策行为是否报请主管单位批准），决策是否发生重大失误。

⑤治理结构的建立、健全和运行情况。

⑥会计工作和会计资料是否真实、完整，财务收支是否规范。

⑦国有资产是否安全、完整和保值增值。

⑧经费（资金）是否取得预定的使用绩效、经济效益或社会效益。

⑨内部管理是否存在有效的管理制度或运行工作机制。

⑩领导干部个人是否严格遵守廉政规定。

系统（行业）管理领导干部经济责任审计的实务重点

1. 系统（行业）管理的领导干部

与单位内部管理领导干部经济责任审计相比，系统（行业）管理领导干部经济责任审计具体分析如下。系统（行业）管理的领导干部主要包括以下方面。

①实行垂直管理的系统（行业）管理的下属单位的主要负责人。

②政府行业主管部门（如教育、卫生、科技、文化、体育等）管理的直属单位、下属单位等相关单位的主要负责人。

③企业单位的直属单位、下属单位或控股单位的主要负责人。

④系统（行业）本级直接管理的中层领导干部。

上述前三项中有一部分领导干部，本应归属国家审计机关审计管辖，通过规定程序长时间授权系统（行业）进行审计管理，系统（行业）管理通常包括这部分领导干部。以上领导干部均包含主持单位工作一年以上副职干部。

2. 前三项系统（行业）管理领导干部经济责任审计的工作重点

由于这部分系统（行业）管理的单位大多是相对独立运行的机构或组织，大多具有独立法人资格，有独立的人事权、财务管理权等，单独设置财务账套。对其开展的经济责任审计，对系统（行业）来说是内部审计，但对单位（组织）来说具有外部审计的明显特征，与单位内部管理领导干部经济责任审计中的对单位下属（或管理）的法人单位开展的经济责任审计基本相同。

所以，前三项系统（行业）管理领导干部经济责任审计应重点关注以下内容。

①贯彻执行党和国家经济方针政策和决策部署推动单位可持续发展情况。

②主管单位下达经营管理指标或签订协议的完成情况。

③严格执行国家法律法规政策和主管单位规定情况。

④重大决策是否严格遵守规定程序（超过规定审批权限的重大决策行为是否报请主管单位批准），决策是否发生重大失误。

⑤单位治理结构的建立、健全和运行情况。

⑥会计工作和会计资料是否真实、完整，财务收支是否规范。

⑦国有资产是否安全、完整和保值增值。

3. 系统（行业）本级管理领导干部经济责任审计的工作重点

系统（行业）本级管理领导干部虽是单位内部管理的领导干部，但他们工作任务的重点很可能不是系统（行业）本级，而是整个系统（行业），对其经济责任审计除例行的内容外，应重点把握：

①加强本领域监管的制度体系建设情况；

②整个系统（行业）的管理、指导、监督职责履行情况，了解和督促上级和本系统（行业）政策文件精神在系统（行业）内部的执行情况；

③系统（行业）所在领域与其他领域的沟通协调情况，有无制度冲突、流程受阻、官僚主义作风严重等情况；

④属于系统（行业）本级管理的领导干部所在部门（单位）职权范围内的资金、项目的决策、安排和使用绩效等情况。

经济责任审计组织工作的实务重点

根据《第2205号内部审计具体准则——经济责任审计》的相关规定，内部审计人员应把握以下几点。

①经济责任审计应当根据干部监督管理需要和审计资源等实际情况有计划地进行，对审计对象实行分类管理，科学制订年度审计计划，推进领导干部履行经济责任情况审计全覆盖。经济责任审计可以在领导干部任职期间进行，也可以在领导干部离任后进行，以任职期间审计为主。

②经济责任审计一般由内部审计机构商同级组织人事部门，或者根据组织人事部门的书面建议，拟定经济责任审计项目安排，纳入年度审计计划，报本单位党组织、董事会（或者主要负责人）批准后组织实施。

③经济责任年度审计计划确定后，一般不得随意调整。确需调整的，应当按照管理程序，报本单位党组织、董事会（或者主要负责人）批准后实施。

④各单位可以结合实际情况，建立健全经济责任审计工作组织协调机制，成立相应的经济责任审计工作协调机构（以下简称"协调机构"）。协调机构在本单位党组织、董事会（或者主要负责人）的领导下开展工作。协调机构一般由内部审计、纪检监察、组织人事及其他相关监督管理职能部门组成。协调机构下设办公室，负责日常工作，办公室设在内部审计机构，办公室主任由内部审计机构负责人担任。

⑤单位内同一部门、同一所属单位的两名以上领导干部的经济责任审计，可以同步组织实施，分别认定责任。

经济责任审计是一种复合型的审计，与财政财务收支审计、绩效审计、内部控制审计、建设项目审计等其他审计类型，既有区别，又有联系。要做好内部经济责任审计，必须做好与其他审计类型的结合，做好成果共享，以更好地提高效率、节约资源。

经济责任审计的程序和方法

1.经济责任审计程序

经济责任审计可分为审计准备、审计实施、审计报告和后续审计四个阶段，经济责任审计程序见图 2-3。

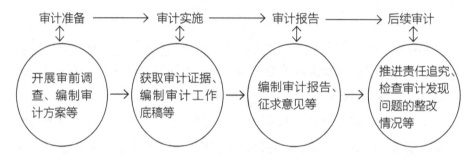

图 2-3　经济责任审计程序

（1）审计准备阶段

主要工作包括：组成审计组、开展审前调查、编制审计方案和下达审计通知书；将审计通知书送达被审计领导干部及其所在单位，并抄送同级纪检监察机构、组织人事部门等有关部门。

（2）审计实施阶段

主要工作包括：召开审计进点会议、收集有关资料、获取审计证据、编制审计工作底稿、与被审计领导干部及其所在单位交换意见；被审计领导干部应当参加审计进点会议并述职。

（3）审计报告阶段

主要工作包括：编制审计报告、征求意见、修改与审定审计报告、出具审计报告、建立审计档案。

（4）后续审计阶段

主要工作包括：移交重大审计线索、推进责任追究、检查审计发现问题的整改情况和审计建议的实施效果。

2.经济责任审计方法

内部审计人员应当考虑审计目标、审计重要性、审计风险和审计成本等因素，综合运用审核、观察、监盘、访谈、调查、函证、重新计算和分析性复核等审计方法，充分运用信息化手段和大数据分析，获取相关、可靠和充分的审计证据。具体内容见第五章"5.4 审计取证的八个核心方法"。

如何进行经济责任审计评价

1.经济责任审计评价原则

根据《第 2205 号内部审计具体准则——经济责任审计》的相关规定，应坚持下列原则。

①内部审计机构应当根据被审计领导干部的职责要求，依据有关党内法规、法律法规、政策规定、责任制考核目标等，结合所在单位的实际情况，根据审计查证或者认定的事实，坚持定性评价与定量评价相结合，客观公正、实事求是地进行审计评价。

②审计评价应当遵循全面性、重要性、客观性、相关性和谨慎性原则。审计评价应当与审计内容相一致，一般包括被审计领导干部任职期间履行经济责任的主要业绩、主要问题以及应当承担的责任。

③审计评价事项应当有充分的审计证据支持，对审计中未涉及、审计证据不适当或不充分的事项不做评价。

2.经济责任审计评价的依据和方法

（1）经济责任审计评价的依据

根据《第 2205 号内部审计具体准则——经济责任审计》的相关规定，

经济责任审计评价的依据一般包括以下内容。

①党和国家有关经济方针政策和决策部署。

②党内法规、法律、规章、规范性文件。

③国家和行业的有关标准。

④单位的内部管理制度、发展战略、规划和目标。

⑤有关领导的职责分工文件，有关会议记录、纪要、决议和决定，有关预算、决算和合同，有关内部管理制度。

⑥有关主管部门、职能管理部门发布或者认可的统计数据、考核结果和评价意见。

⑦专业机构的意见和公认的业务惯例或者良好实务。

⑧其他依据。

（2）经济责任审计评价的方法

内部审计机构应当根据审计内容和审计评价的需要，合理选择定性和定量评价指标。经济责任审计评价可以综合运用多种方法，主要包括以下方面。

①与同业对比分析和跨期分析。

②与被审计领导干部履行经济责任有关的指标量化分析。

③将被审计领导干部履行经济责任的行为或事项，置于相关经济社会环境中进行对比分析等。

3．经济责任审计评价中的责任划分

根据《第 2205 号内部审计具体准则——经济责任审计》的相关规定，经济责任审计评价中的责任划分要做好以下工作。

（1）责任划分原则

①对被审计领导干部履行经济责任过程中存在的问题，内部审计机构应当按照权责一致原则，根据领导干部职责分工及相关问题的历史背景、决策过程、性质、后果和领导干部实际发挥的作用等情况，界定其应当承担的直接责任或者领导责任。内部审计机构对被审计领导干部应当承担责任的问题或者事项，可以提出责任追究建议。

②审计评价时，内部审计机构应当把领导干部在推进改革中因缺乏经验、先行先试出现的失误和错误，同明知故犯的违纪违法行为区分开来；把上级尚无明确限制的探索性试验中的失误和错误，同上级明令禁止后依然我行我素的违纪违法行为区分开来；把为推动发展的无意过失，同为谋取私利的违纪违法行为区分开来。内部审计机构应当正确把握事业为上、实事求是、依纪依法、容纠并举等原则，经综合分析研判，可以对领导干部免责或者从轻定责，鼓励探索创新，支持担当作为，保护领导干部干事创业的积极性、主动性、创造性。

③被审计领导干部以外的其他人员对有关问题应当承担的责任，内部审计机构可以以适当方式向组织人事部门等提供相关情况。

（2）经济责任类型

领导干部应当承担的经济责任类型，包括直接责任和领导责任。

其一，领导干部对履行经济责任过程的下列行为，应当承担直接责任。

①直接违反有关党内法规、法律法规、政策规定的；授意、指使、强令、纵容、包庇下属人员违反有关党内法规、法律法规、政策规定的。

②贯彻党和国家经济方针政策、决策部署过程中不坚决、不全面、不到位，造成公共资金、国有资产、国有资源损失浪费，生态环境破坏，公共利益损害等后果的。

③未完成有关法律法规、政策措施、目标责任书等规定的领导干部作为第一责任人（总负责人）的事项，造成公共资金、国有资产、国有资源损失浪费，生态环境破坏，公共利益损害等后果的。

④未经民主决策程序或者民主决策时在多数人不同意的情况下，直接决定、批准、组织实施重大经济事项，造成公共资金、国有资产、国有资源损失浪费，生态环境破坏，公共利益损害等后果的。

⑤不履行或者不正确履行职责，对造成的后果起决定性作用的其他行为。

其二，领导干部对履行经济责任过程中的下列行为应当承担领导责任。

①民主决策时，在多数人同意的情况下，决定、批准、组织实施重大经济事项，决策不当或者决策失误造成公共资金、国有资产、国有资源损

失浪费，生态环境破坏，公共利益损害等后果的。

②违反单位内部管理规定造成公共资金、国有资产、国有资源损失浪费，生态环境破坏，公共利益损害等后果的。

③参与相关决策和工作时，没有发表明确的反对意见，相关决策和工作违反有关党内法规、法律法规、政策规定，或者造成公共资金、国有资产、国有资源损失浪费，生态环境破坏，公共利益损害等后果的。

④疏于监管，未及时发现和处理所管辖范围内本级或者下一级地区（部门、单位）违反有关党内法规、法律法规、政策规定的问题，造成公共资金、国有资产、国有资源损失浪费，生态环境破坏，公共利益损害等后果的。

⑤除直接责任外，不履行或者不正确履行职责，对造成的后果应当承担责任的其他行为。

2.4 经济活动审计——绩效审计

什么是绩效审计

1. 绩效的基本含义

据《现代汉语词典》的解释,绩效即成绩、成效。审计署前审计长刘家义曾指出:绩者,成果业绩也;效者,功能效应也。我们可以理解为:绩效应当是完成某一事项所取得的成果、业绩和效果。

具体到不同行业、不同领域,绩效表现的形式和范畴、内涵是不一样的。就政府和公共管理部门而言,绩效主要是指政府履行公共责任的情况,即政府对经济与社会公共资源配置的合理性、保护的有效性、利用的科学性的综合体现,其根本目的是保证经济社会全面协调持续发展。

2. 绩效的主要特征

绩效具有经济性、效率性、效果性等三要素。其中,**经济性**（economy）,是指组织经营管理过程中获得一定数量和质量的产品或者服务及其他成果时所耗费的资源最少,即以最少成本获得一定产出;**效率性**（efficiency）,是指组织经营管理过程中投入资源与产出成果之间的对比关系,即以一定的资源产出最大的成果;**效果性**（effectiveness）,是指组织经营管理目标的实现程度,即是否实现既定目标。这是绩效的基本特征。

绩效审计既可以是上述"三性"的组合体,也可以是"三性"中的某一侧面或某两个侧面。它在不同地方、不同时期各有侧重，将会表现出不同的时代特性和地区特征，有的侧重经济性，有的侧重效果性，有的侧重效率性。这表明不是必须做到"三性"齐全的审计，才是绩效审计。

除上述基本特征外，作为绩效审计主要审计内容的财政预算绩效，还具有下列特征，具体以高等教育行业为例进行说明，审计人员在实际工作中可结合下述特征，去分析其他行业的绩效特征。

（1）财政预算绩效形态的多样性

财政预算绩效表现出的形态，有的是有形绩效，如建成房屋建筑物、购置实验设备、发表科研论文或获得科研成果等；有的则是无形绩效，如提高组织管理水平、提升教师教学能力或提高科研水平、培养毕业生的专业和综合素质等。要完成对相关行业的财政预算整体绩效的科学、准确评价，需要认真、细致地深入研究。

（2）财政预算资金投入与绩效形成时间的不一致（滞后）性

财政预算投入产生的绩效，有的在较短时期就体现绩效，也有的必须经过较长时期才能体现。在衡量高等教育工作绩效时，通常以学科建设水平指标作为主要评价指标，一段时间财力投入对学校学科建设的影响，有的是直接的，而有的是间接的，产生绩效不一定全部体现在项目考核期内，财力投入与教育工作绩效之间存在不一致（滞后）性。

（3）财政预算资金投入与绩效形成时间的非对应性

在企业的生产经营过程中，一般来说，有投入很快就会有产出。而教育工作则不一样，绩效通过人的教学研究活动来实现，这里既包括教师的"教"，也包括学生的"学"，无论哪一个环节出问题，高等教育工作绩效都会受到影响。为提高教育工作质量，实现教育工作绩效，高校要增加各种投入。其中，教师以认真负责的工作态度和高超的教学科研工作水平、学生积极互动的学习状态、良好的学习环境和文化氛围最为重要。教育行业绩效一般表现于学校教学质量和学科建设水平的整体提高、学校毕业生质量及在社会上的受欢迎程度等，这些产出大多是通过综合性积累形成的，而不是与投入直接对应的。所以，财政预算资金投入与绩效形成时间存在非对应性，或者说它们之间至少在短期内不存在对应性。

（4）财政预算绩效计量和评价的整体性

在财政预算绩效的计量和评价时，内部审计人员应坚持整体性原则。现阶段，国家对教育工作财力投入的方向主要集中在教育工作环境的改善上。若某一学校一段时间内实现了较高的工作绩效，则这是各种投入综合作用的结果，不能把它看成只是一项财力或某几部分财力在某一时间内投入的结果。所以，坚持对财政预算绩效计量和评价的整体性原则，才能客观、有效地开展财政预算绩效的评价工作。

3. 绩效审计的基本含义

绩效审计是独立的内部审计机构和内部审计人员，依照有关规定和标准，对本组织配置、管理、利用经济资源开展经营管理活动的经济性、效率性和效果性所进行的审查、分析和评价。在行政事业单位内部审计工作中，内部审计人员应积极开展绩效审计，把绩效情况作为重点关注的内容。

而看起来与绩效审计相近的概念——效益审计，则是独立的审计机构和审计人员以财务收支为基础，对被审计单位管理和使用经济资源实现经济效益的情况所进行的检查和评价。效益审计一般在营利组织（企业、公司）中运用。绩效审计与效益审计是两个不同的概念，含义完全不同，应当认真进行区分，不能相互混用。

绩效审计（空间区域视角）的三种类型

1. 单个项目（或单笔资金）绩效审计

单个项目（或单笔资金）绩效审计就是对单个项目或单笔投入资金已实现或预计实现的绩效情况开展的监督、评价等活动。要做好这类项目的绩效审计，有一个非常关键的前提：单个项目（或单笔资金）的投入与产出绩效之间存在直接对应关系，即只有符合这一前提，才能较好地开展单个项目（或单笔资金）绩效审计。

2. 单位（组织）整体绩效审计

单位（组织）整体绩效审计是着眼于单位下属的某一单位（组织），对其投入、产出以及绩效情况进行整体监督、评价。如果投入单笔资金（单个项目）的产出绩效与该下属单位（组织）整体发展相关，则它实质上属于单位（组织）整体绩效的范畴。在评价时，审计人员应当把它纳入该单位的整体投入进行绩效评价。目前，较少开展这种形式的绩效审计工作。

3. 行业总体绩效审计

行业总体绩效审计是针对某一行业的整体投入与产出的绩效实现情况所进行的监督、评价活动。这一审计形式的工作难度较大，目前尚未发现有单位开展这一形式的绩效审计。

绩效审计评价哪些内容

根据实际情况和需要，绩效审计可以同时对组织经营管理活动的经济性、效率性和效果性进行审查和评价，也可以对组织单个项目（或单笔资金）进行审查和评价。

1. 对组织经营管理活动的评价

根据中国内部审计协会《第2202号内部审计具体准则——绩效审计》的相关规定，绩效审计主要审查和评价下列内容。

①有关经营管理活动经济性、效率性和效果性的信息是否真实、可靠。

②相关经营管理活动的人、财、物、信息、技术等资源取得、配置和使用的合法性、合理性、恰当性和节约性。

③经营管理活动既定目标的适当性、相关性、可行性和实现程度，以及未能实现既定目标的情况及其原因。

④研发、财务、采购、生产、销售等主要业务活动的效率。

⑤计划、决策、指挥、控制及协调等主要管理活动的效率。

⑥经营管理活动预期的经济效益和社会效益等的实现情况。

⑦组织为评价、报告和监督特定业务或者项目的经济性、效率性和效果性所建立的内部控制及风险管理体系的健全性及其运行的有效性。

⑧其他有关事项。

2. 对组织单个项目（或单笔资金）的评价

目前，开展对组织单个项目（或单笔资金）和某领域、某方面绩效情况的审计，内部审计人员应从制度机制层面出发，关注资金使用的经济性、效率性和效果性，从资金使用、项目实施、内部管理等三个方面着手，深入绩效审计评价。

（1）资金使用

审计中应当关注经济资源的到位情况和使用情况：

①资金拨付是否及时，是否存在层层滞留或截留资金等问题；

②资金使用是否存在浪费、挪用、违规使用等问题；

③资源的产出效果等相关指标情况。

（2）项目实施

这里的项目是指资金投入的对象，既包括具体实施项目，又包括接受补助的人员。具体有：

①审查是否存在虚假立项、重复立项，项目可行性研究报告是否充分，预期效益是否实现；

②审查项目审批环节是否公开、公正、透明；

③审查项目建设实施过程中，有无招投标执行、材料采购、项目变更审批、项目后期管护等职责履行不到位的情况发生。

（3）内部管理

对于项目实施和资金使用环节的问题，内部审计人员要追究管理中的薄弱环节：

①资金管理、会计核算是否规范；

②资金使用的审批有无设立专门制度进行规范；

③项目的建设效果有无设立相应的考核指标进行监管约束；

④项目的后期管护是否建立明确的工作职责，责任是否落实到人等。

绩效审计的评价标准

如何判断绩效的好坏，内部审计机构和内部审计人员应当选择适当的绩效审计评价标准。绩效审计评价标准应当具有可靠性、客观性和可比性。内部审计机构和内部审计人员在确定绩效审计评价标准时，应当与组织管理层进行沟通，在双方认可的基础上确定绩效审计评价标准。

可以从哪些渠道取得绩效审计的评价标准呢？根据中国内部审计协会《第 2202 号内部审计具体准则——绩效审计》的相关规定，绩效审计评价标准的来源主要包括：

①有关法律法规、方针、政策、规章制度等的规定；

②国家部门、行业组织公布的行业指标；

③组织制定的目标、计划、预算、定额等；

④同类指标的历史数据和国际数据；

⑤同行业的实践标准、经验和做法。

绩效审计报告

根据中国内部审计协会《第 2202 号内部审计具体准则——绩效审计》第十四条、第十五条、第十六条、第十七条的规定，在形成绩效审计报告过程中，内部审计人员要把握以下几点。

①绩效审计报告应当反映绩效审计评价标准的选择、确定及沟通过程等重要信息，包括必要的局限性分析。也就是说，反映为什么选择这个（这些）绩效审计评价标准，以及选择这个（这些）评价标准需要作出的说明。

②绩效审计报告中的绩效评价应当根据审计目标和审计证据作出，可

以分为总体评价和分项评价。

③当审计风险较大，难以作出总体评价时，可以只做分项评价。

④绩效审计报告中反映的合法、合规性问题，除进行相应的审计处理外，还应当侧重从绩效角度对问题进行定性，描述问题对绩效造成的影响、后果及严重程度。

⑤绩效审计报告应当注重从体制、机制、制度上分析问题产生的根源，兼顾短期目标和长期目标、个体利益和组织整体利益，提出切实可行建议。

2.5
经济活动审计——经营活动审计

经营活动是根据企业的资源状况和所处的市场竞争环境，通过经营手段和有效的协调，实现组织（单位）财产的生产与分配的系列活动。经营活动审计是对企业经营活动全过程开展的审计，企业经营活动构成经营活动审计研究的对象。

经营活动审计的分类

根据法国管理学家亨利·法约尔的观点，企业经营活动可以分为"技术活动、商业活动、财务活动、安全活动、管理活动和会计活动"等六大活动。[①] 根据上述分类，对经营活动开展的审计，分为**技术活动审计、商业活动审计、财务活动审计、安全活动审计、管理活动审计和会计活动审计**六部分[②]。

商业活动审计涉及企业的供、产、销活动，财务活动审计涉及企业的筹资活动、投资活动以及财务资源在企业的运用（全面预算）活动，管理活动审计涉及企业资产管理等活动，会计活动审计涉及会计核算活动，以及安全活动审计涉及企业运行安全。上述内容在企业财务收支审计、内部控制审

---

① 法约尔.工业管理与一般管理［M］.周安华，译.北京：中国社会科学出版社，1982：2.
② 财务活动审计和会计活动审计并称为财务审计。

计有涉及，此处不赘述。下面对管理活动审计涉及的人力资源管理、安全活动审计涉及的生产经营安全、技术活动审计涉及的技术创新开发活动进行阐述。

企业经营活动审计中的具体内容

1. 人力资源管理审计

人力资源管理审计就是对单位人力资源管理全过程的真实性、规范性和管理绩效进行的监督和评价活动。它主要包括以下几点。

①审计单位人力资源规划、总体定位是否合理、科学。

②审计员工招聘程序是否科学、合理，员工招聘工作是否达到预期效果、满足企业发展需要。

③审计人力资源的开发与培训是否到位，是否有助于提升员工职业胜任能力、适应企业发展需求。

④审计单位员工绩效考核评价管理的整体工作及效果。

⑤审计单位是否采取了有效措施，避免人才的流失。

2. 生产经营安全审计

生产经营安全审计是对单位在生产经营安全防范体系构建、应急处置和事后查处等全过程的规范性、有效性所开展的监督、评价活动。它主要包括以下几点。

①审计单位生产经营安全防范体系的构建是否规范、有效运行。

②审计单位生产经营安全事件发生后的应急处置是否得力。

③审计单位生产经营安全事件的事后调查、责任追究是否客观、有效。

3. 技术创新开发活动审计

技术创新开发活动审计是对单位技术创新活动的初期投入、技术成果的转移与开发、技术成果保护、技术转移后的收益保障等活动开展的监督、评价活动。主要包括以下几点。

①审计单位技术创新方向的新颖性、独创性是否符合企业发展的长远目标，是否满足国家长远发展战略的要求。

②审计单位技术创新活动的初期投入和中期投入、后期投入的真实性、合规性和效果性。

③审计技术成果的转移、开发程序是否符合规定程序和要求。

④审计单位技术成果保护措施的有效性和技术成果的安全状况。

⑤审计技术转移后收益的获得是否顺畅，有无潜在的障碍或明显的漏洞，导致技术转移后收益可能发生流失。

2.6 经济活动审计——建设项目审计

建设项目是指按照一个建设单位的总体设计要求，在一个或几个场地进行建设的所有工程项目之和，其建成后具有完整的系统，可以独立形成生产能力或者使用价值。从项目管理的角度看，建设项目是以工程建设为载体的特殊项目，它以建筑物或构筑物为目标产出物，需要支付一定费用、按照一定程序、在一定时间内完成，并符合相关质量要求。

建设项目审计就是通过监督和评价建设项目建设全过程各项技术经济活动，确认建设项目建设与管理活动的真实性、合法性和效益性，促进项目建设质量、工期、成本等建设目标顺利实现，增加建设项目价值。2021年 6 月，中国内部审计协会颁布《**第 3201 号内部审计实务指南——建设项目审计**》，自 2021 年 8 月 1 日起施行。

什么是建设项目审计

1. 建设项目审计的含义

建设项目审计，是指内部审计机构和人员根据上级部门和有关组织的制度规定，对本组织（单位）实施的建设项目全过程的技术经济活动以及与之相关联的各项工作进行的审查和监督。

建设项目审计包括以下三层含义：

①它是内部审计机构和人员开展的审查和监督活动；

②审计对象是本组织（单位）实施的建设项目全过程的技术经济活动以及与之相关联的各项工作；

③审计判断标准是上级部门和本组织的制度和规定。

2. 建设项目审计的目标

根据《第 3201 号内部审计实务指南——建设项目审计》的有关规定，建设项目审计具体目标包括以下方面。

（1）规范建设管理

主要有：

①确认建设项目与国家法律法规和行业规范的符合程度；

②确认项目管理机构和参建单位对本组织内部控制体系的符合程度；

③确认项目建设中对各项建设设计和施工技术规程、规范以及本项目设计文件的符合程度；

④确认项目财务信息、进度信息、投资完成信息的真实性；

⑤确认工程数量、质量、建设内容和过程的真实性；

⑥关注财经制度和廉政纪律的执行情况，促进反腐倡廉机制建设。

（2）揭示建设风险

关注建设项目在建设各阶段，在工期、质量、成本、安全、环境等管理中可能存在的薄弱环节、偏差和风险，协助项目管理单位查找漏洞和缺陷，促进规范管理和风险防范。

（3）提升建设项目绩效

主要做好：

①确认项目进度目标任务是否实现，项目按期交付使用，就能尽早实现投资效益；

②确认建设项目质量、安全控制目标是否实现；

③确认项目投资控制及绩效目标是否实现。

建设项目审计的具体目标如图 2-4 所示。

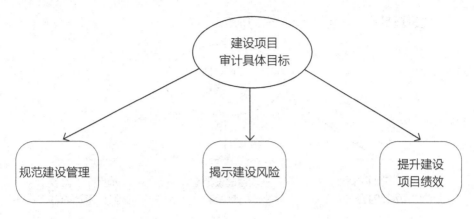

图 2-4   建设项目审计的具体目标

建设项目审计的审计内容

根据《第 3201 号内部审计实务指南——建设项目审计》的有关规定，建设项目审计内容主要包括：建设项目前期决策审计、建设项目内部控制与风险管理审计、建设项目采购审计、建设项目工程管理审计、建设项目工程造价审计、建设项目财务审计、建设项目绩效审计等。具体到每个审计项目时，审计内容视开展审计的时间和项目建设进展情况而有所不同。

项目前期、建设期、完工验收阶段的审计内容主要如下。

①项目前期阶段审计内容。

基本建设程序的规范性，项目前期文件的真实性、科学性和完整性，前期工作成果的有效性，项目资金来源的可靠性，工程承发包过程的规范性和合同签订的合法性等。

②项目建设期审计内容。

工程管理的规范性和有效性、工程结算的真实性与规范性、资金管理和会计核算的真实性与合规性等。

③项目完工验收阶段审计内容。

工程竣工结算的真实性、工程财务竣工决算的真实性和完整性、竣工验收的真实性和规范性、投资效益的真实性等。

建设项目审计内容，如图 2-5 所示。

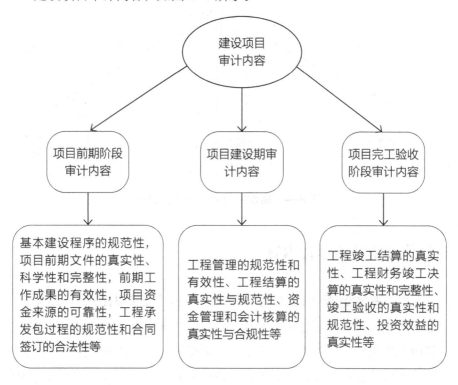

图 2-5　建设项目审计内容

建设项目审计的程序和组织形式

1. 建设项目审计的程序

①开展审前调查，编制项目审计方案。

②制定并送达审计通知书。

③收集资料和了解情况。

④检查并测试内部控制。

⑤执行审计程序并获取证据。

⑥编制审计工作底稿。

⑦出具并报送审计报告。

⑧后续审计。

2. 建设项目审计的组织形式

内部审计机构既可以对建设项目开展全面审计，也可以选择项目部分环节、部分时段建设内容开展专项审计。对重大项目，内部审计机构可以采取全过程跟踪审计方式，对各项具体建设活动过程进行审计。

建设项目审计的关注重点

1. 建设项目前期决策阶段审计

对建设项目投资的控制主要集中在项目建设决策做出前，**要关注：**项目建议书编制，建设项目可行性研究或核准备案，建设项目报批报建等环节的合法合规性、真实性和有效性。具体来说，内部审计人员侧重检查项目决策程序的合规性，审查项目立项决策程序、项目论证是否充分等问题，审查有无"化整为零""钓鱼工程""报大建小""胡子工程""形象工程"等。

2. 建设项目内部控制与风险管理审计

要关注：建设项目内部控制和风险管理体系运行的有效性，有无重大潜在风险和隐患。内部审计人员围绕建设项目法人责任制、招投标管理、合同管理和工程监理等制度的落实情况，开展建设项目内部控制和风险管理审计，看项目法人在项目策划、资金筹措、建设实施、生产经营、偿还债务和资产保值增值过程中，是否实现责权利相统一，项目资本金是否及时到位、按规定使用，合同是否真实有效，监理人员素质和履责情况是否符合合同约定等。

3. 建设项目采购审计

要关注：建设项目招标投标、建设项目询价及竞争性谈判采购的合规合法性、有效性等。内部审计人员具体审查建设项目招投标程序的规范性，有无程序不规范、重大项目不招标或不公开招标、在招投标过程中弄虚作假、次要项目或较小项目不招标、违规插手招标、未按招标结果签订合同、违规转分包、合同条款不完善等问题。上述问题最终影响建设项目工期、质量、效益等目标的顺利实现。

4. 建设项目工程管理审计

要关注： 建设项目工期管理、建设项目质量管理、建设项目安全管理的合法合规性、有效性等。工程项目进度是将工程项目任务、工期、成本有机结合形成的一个综合指标，能够全面反映项目的实施状况。具体来说，内部审计人员要对工期控制目标载体的执行和调整情况进行深入分析，找出实际与计划偏离的地方，分析原因是否合理，结合工程对质量管理、投资控制带来的影响进行分析，做好对工程质量验收情况的审计再监督。

5. 工程造价审计

要关注： 工程造价管理流程的规范性、工程造价的真实性等。在建设期内对工程造价进行审计，就是在月度、季度、年度或合同约定的各个时间节点上，对工程进度款结算真实性、合规性的审计，具体包括：对工程月度和年度结算的编制管理情况进行形式检查，跟踪审核月度、年度结算工程量的真实性，跟踪审核工程单价计量是否真实、符合合同约定，跟踪审核工程变更情况，跟踪审计工程费用计取情况，做好工程结算分析性复核等情况。

6. 建设项目财务审计

要关注： 建设项目资金管理的规范性和有效性，以及建设项目会计核算的规范性。审计重点包括：成本归集中的直接成本和间接成本的区分是否恰当；各子项是否串项，是否与批准概算子目相对应；待摊投资的分摊是否符合会计准则规定；建设项目资金来源、资金使用（工程价款结算）和资金流转等活动的规范性和效益性；建设项目征地拆迁费用、勘察设计费用、各类审计和监理等咨询中介费、工程代建费用等各项独立费用的开支情况等。

7. 建设项目绩效审计

项目完工投入使用后，内部审计人员结合项目建议书进行建设项目产出绩效评价。开展建设项目绩效审计是建设项目审计的重要内容。评价标准包括规范性标准（如有关的法规、制度、相关程序要求等）、用来衡量绩效的计量标准和运行有效的其他实务与规范化控制指标等非强制性标准。建设项目绩效的评价，从评价时段看，可分为建设过程的评价和建设成果的评价；从绩效类型看，包括财务绩效评价、国民经济绩效评价、社会绩效评价、环境绩效评价等内容。

2.7 经济活动审计——贯彻落实国家重大政策措施、单位（组织）发展规划计划和战略决策执行审计

为实现国家和地区的长远发展，国家和地方出台五年甚至更长时间的发展规划，在一定时期实施重大政策措施。2014 年 10 月，国务院出台《**国务院关于加强审计工作的意见**》（国发〔2014〕48 号），要求把稳增长等政策措施贯彻落实情况跟踪审计放在更加重要的位置。从此以后，审计贯彻执行党和国家经济方针政策和决策部署，地区和组织的发展规划、战略决策、重大措施以及年度业务计划，推动可持续发展，成为国家审计机关和内部审计机构的重要任务。

在内部审计领域，开展贯彻落实国家重大政策措施、单位（组织）发展规划计划和战略决策执行审计，有两项政策依据。

① 2018 年 1 月发布的审计署令第 11 号——《**审计署关于内部审计工作的规定**》第十二条将"对本单位及所属单位贯彻落实国家重大政策措施情况进行审计""对本单位及所属单位发展规划、战略决策、重大措施以及年度业务计划执行情况进行审计"作为内部审计机构的工作职责。

② 2021 年 1 月发布的《**第 2205 号内部审计具体准则——经济责任审计**》第十四条规定"贯彻执行党和国家经济方针政策和决策部署，推动单位可持续发展情况""发展战略的制定、执行和效果情况"是内部经济

责任审计的重要内容。

单位（组织）贯彻落实国家重大政策措施情况审计

单位（组织）贯彻落实国家重大政策措施包括下列情况。

①国家财税政策、经济金融政策、产业政策的落实情况。

②水利、铁路、城市基础设施、保障性安居工程等重大项目的推进情况。

③重大国家专项经费的管理和使用情况，有无该投未投、该用未用等情况。

④盘存量、调结构、提效益，推进产业升级或技术改造等政策的落实情况。

⑤促进闲置土地有效利用，推进土地深度开发和利用政策的实施情况。

⑥国家"大众创业、万众创新"政策的响应情况。

⑦促进防范重大债务风险、金融风险、资源环境风险、廉政风险，切实维护经济安全。

⑧其他国家重大政策措施。

以高校为例，实施"三全育人"、推进高校"双一流"等高水平学科建设、在 2020 年新冠肺炎疫情防控期间免收学生一定期间的住宿费、研究生招生扩招等，都是国家重大政策措施，内部审计机构应审查这类措施在学校是否得到落实。有些人认为，贯彻落实国家重大政策措施与基层单位没多大关系，这类观念应当尽快更新。

为此，内部审计机构要根据上级部门对本单位事业发展的政策要求，结合本单位自身实际，确定本单位内部有关部门需要贯彻落实的国家重大政策措施的事项清单。建议：该清单在征求单位内部相关部门的基础上，请示本单位主要领导或者上级主管部门后确定。

确定本单位的国家重大政策措施的事项清单后，根据单位实际，内部审计机构可以组织单独立项的国家重大政策措施落实情况审计，也可以在经济责任审计或其他专项审计中将其作为审计内容的一部分来实施。

单位（组织）发展规划计划和战略决策执行情况审计

每个单位（组织）都会制订长远规划，制订年度业务计划，作出战略决策，提出重大管理措施。这些规划计划决策与措施的执行情况怎么样，需要内部审计机构进行审计和评价，难度和工作量很大，内部审计机构要积极作为，认真完成好这一工作任务。

由于单位（组织）发展规划、年度业务计划、战略决策和重大措施的特性不同，这项审计具体细分为单位（组织）发展规划和年度业务计划执行情况审计、单位（组织）战略决策和重大措施执行情况审计。前者较系统、全面、完整。比如，一个单位的"十三五"规划或年度业务计划的实施情况，点多面广，开展全面审计难度大，建议近期就局部内容开展审计，后期逐步扩大范围。后者涉及的单位战略决策和重大措施，如某项对外投资项目的决策，或出台一项影响面广的单位内部政策，相对表现出临时性、单一性的特征，内部审计机构应认真审查其实际执行情况，与决策的预期方案相比较，从而评价战略决策和重大措施的执行效果。

2.8 经济活动审计——自然资源资产管理和生态环境保护责任审计

审计政策依据

党的十八届三中全会通过的《**中共中央关于全面深化改革若干重大问题的决定**》提出，"对领导干部实行自然资源资产离任审计"。将自然资源资产的保护状况和生态环境保护情况，列为领导干部经济责任审计的重要内容，这是党中央加强生态文明建设的重要举措，是中国特色审计制度的重大创新。

在内部审计领域，开展自然资源资产管理和生态环境保护责任审计，有两项政策依据。一是，2018 年 1 月发布的审计署令第 11 号——《**审计署关于内部审计工作的规定**》第十二条规定，"对本单位及所属单位的自然资源资产管理和生态环境保护责任的履行情况进行审计"是内部审计机构的工作职责。二是，2021 年 1 月发布的《**第 2205 号内部审计具体准则——经济责任审计**》第十四条规定，"自然资源资产管理和生态环境保护责任的履行情况"是内部经济责任审计的重要内容。

审计主要内容

要开展自然资源资产管理和生态环境保护责任审计，首先，要深刻领会国家和审计署关于自然资源资产管理和生态环境保护责任审计的政策精神，因地制宜制订审计计划，科学制订领导自然资源资产管理和生态环境保护责任审计工作方案，扎实、有效地实施审计；其次，从单位自然资源资产的资产负债表出发，以土地资源、水资源、森林资源、矿山生态环境治理、大气污染防治等为重点，根据矿产、土地、水、生物资源资产的差异性大、存在周期性、不确定性及季节性等特点，采取有效审计方法，在审计内容、评价标准、责任界定、审计结果运用等方面，逐步形成科学的自然资源资产管理和生态环境保护责任审计操作规范。

开展自然资源资产管理和生态环境保护责任审计，应主要关注以下几点。

①自然资源资产管理和生态环境保护责任法规政策的制定和执行情况。

②以国土资源开发为重点的自然资源资产管理情况。

③资源节约情况。

④生态环境保护情况。

⑤自然资源资产重大决策事项。

⑥自然资源资产负债表。

从审计内容看，贯彻落实国家重大政策措施、单位（组织）发展规划计划和战略决策执行审计，自然资源资产管理和生态环境保护责任审计，这两种审计形式的责任基础不只是单纯意义上的经济责任，而是含有行政管理责任的综合责任。严格意义上说，上述两项审计工作与财政财务收支审计、经济活动审计、内部控制审计、风险管理审计等四类审计工作都有不同。为便于归类，本书把它们归到经济活动审计。

2.9
内部控制审计

内部控制是组织为实现一定目标，防范和管控经济活动风险所采取的一系列制度、措施和程序的总称。它由内部环境、风险评估、控制活动、信息与沟通、内部监督等五个要素组成。

2008 年 5 月，财政部等五部委发布《企业内部控制基本规范》，自 2009 年 7 月 1 日起施行。2012 年 11 月，财政部发布《行政事业单位内部控制规范（试行）》，自 2014 年 1 月 1 日起施行。内部控制审计就是独立的内部审计机构和人员通过规范的专门方法，对被审计单位内部控制设计和运行的有效性开展的审查和评价等一系列活动的总称。

组织（单位）层面内部控制审计

审查评价组织（单位）层面的内部控制需要从内部控制**"五要素"**出发，开展相关工作。组织（单位）层面内部控制审计涉及内部控制领域的全部内容，又称**全面内部控制审计**。

①内部环境审计主要关注组织治理结构、发展战略、组织文化、人力资源管理、社会责任、内审机制和反舞弊机制等方面的建立健全情况。

②风险评估审计主要关注组织是否按照战略目标设定经营、财务、合规、资产等管理目标；是否关注人员素质、管理、组织实力、技术、安全环保等内部风险因素，以及行业发展、经济（市场）、法律、社会、科

技、自然环境等外部因素；是否采取了有效的风险应对策略。

③控制活动审计包括对不相容职务分离（职责分工）控制、授权审批控制、会计系统控制、财产保护控制、预算控制、运营分析控制和绩效考评控制等措施的审查，审查组织是否建立内部控制关键岗位工作人员的轮岗制度，是否建立经济活动的决策、执行和监督相互分离的工作机制。

④信息与沟通审计主要审查组织内部建立的信息收集系统和信息沟通系统是否有效、通畅，信息系统架构是否完整，控制是否恰当，执行是否到位，组织上下是否正确、有效履行职能。

⑤内部监督审计主要是对组织内部控制制度开展监督检查的事件、频率、方式、方法是否及时、有效进行审核评价。

业务层面的内部控制审计

中国内部审计协会《第2201号内部审计具体准则——内部控制审计》第十五条规定："内部审计人员根据管理需求和业务活动的特点，可以针对采购业务、资产管理、销售业务、研究与开发、工程项目、担保业务、业务外包、财务报告、全面预算、合同管理、信息系统等，对业务层面内部控制的设计和运行情况进行审查和评价。"

通常，业务层面的内部控制审计是针对组织内部控制的某个要素、某项业务活动或者业务活动某些环节的内部控制所进行的专项内部控制审计，所以又称**专项内部控制审计**。

下面以行政事业单位内部控制工作为例，谈业务层面的内部控制审计。

1. 预算管理内部控制审计

主要关注：预算与事业发展规划的匹配度，预算执行是否及时、规范，有无资金浪费或闲置的现象，是否按程序执行预算调整，是否规范开展预算绩效评价，会计决算信息的真实、完整等。

2. 财务收入支出内部控制审计

主要关注：收支业务统一归口单位财务部门管理及集中核算，财务票据、印章管理的规范性，收费项目的设置、收费标准的调整是否履行规定程序，上缴非税收入的及时性，收入、支出核算的规范性，支出授权审批制度的完善性，财务报销业务的真实性和票据的合法性，有无应收应付款长期挂账导致的收支不真实。

3. 资产管理内部控制审计

主要关注：货币资金内部控制是否完善，资产配置、验收盘点、实物使用、维护不力、出租出借等是否合理、规范，对外投资论证是否科学，投资权属是否存在隐患，无形资产是否存在权属不清导致法律纠纷的情况，固定资产或无形资产是否按规定计提折旧或摊销。

4. 采购管理内部控制审计

主要关注：采购申请审查是否严格，有无重复购置或闲置浪费，采购方式是否合规，招投标或定价机制是否科学，供应商选择是否适当，授权审批程序是否规范，合同对方的主体资格和履约能力是否符合规定要求，采购合同有无重大疏漏或欺诈，售后服务是否到位，采购档案保管是否齐全，有无操作不当导致组织利益受损的情况。

5. 工程管理内部控制审计

主要关注：单位工程建设总体规划是否报政府部门并获批，立项可行性研究的科学性，施工图的准确、完整性，概预算是否切合实际，工程项目招标是否存在串通、暗箱操作或商业贿赂等，是否落实项目资金和严格资金结算管理，工程项目施工管理、工程监理是否到位，工程项目竣工验收的规范性，工程项目办理竣工决算的及时性，竣工决算内容的准确性，竣工项目办理产权登记、资产结转入账、竣工项目建设档案整理和移交的及时性。

6. 合同管理内部控制审计

主要关注：合同内部管理制度的健全性，是否依照授权或规定程序签订合同，合同印章管理的规范性，合同内容和条款的合法合规性，合同执行主体是否严格、恰当地履行合同中约定的义务，合同保管是否妥当，是否切实履行合同保密义务。

7. 其他方面的内部控制审计

除上述六个业务层面的内部控制流程外，有些行业也针对本行业特点发布了内部控制操作指南，进一步拓展了业务流程。如教育部于 2016 年 4 月发布了《教育部直属高校经济活动内部控制指南（试行）》（教财厅〔2016〕2 号）规定，除上述六个内部控制流程外，还要求关注科研管理、债务管理、专项经费管理、所属单位管理、校办企业管理、教育基金会管理等工作流程。

对于**组织内部实施多级管理**的情况，内部审计人员还应全面关注和重视中间管理层级内部控制体系的建立健全情况，如，实行二级实体化管理高校的学院（研究院）、实行多级管理企业的中间管理层级的内部控制体系的构建与运行情况。

内部控制缺陷的认定

内部控制缺陷包括设计缺陷和运行缺陷。中国内部审计协会《**第2201 号内部审计具体准则——内部控制审计**》第二十二条规定："内部审计人员应当根据获取的证据，对内部控制缺陷进行初步认定，并按照其性质和影响程度分为重大缺陷、重要缺陷和一般缺陷。其中，重大缺陷是指一个或者多个控制缺陷的组合，可能导致组织严重偏离控制目标。重要缺陷是指一个或者多个控制缺陷的组合，其严重程度和经济后果低于重大缺陷，但仍有可能导致组织偏离控制目标。一般缺陷是指除重大缺陷、重要缺陷之外的其他缺陷。重大缺陷、重要缺陷和一般缺陷的认定标准，由内部审计机构根据上述要求，结合本组织具体情况确定。"

内部控制缺陷的认定见图 2-6。

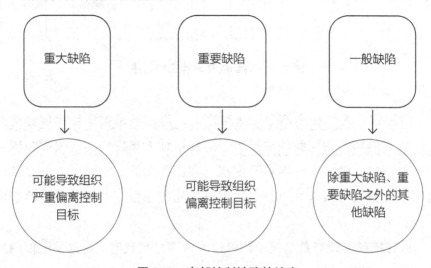

图 2-6　内部控制缺陷的认定

在审计过程中，内部审计人员应当编制内部控制缺陷认定汇总表，对内部控制缺陷及其成因、表现形式和影响程度进行综合分析和全面复核，提出认定意见，并以适当的形式向组织适当管理层报告。对于重大缺陷，内部审计人员应当及时向组织董事会或者最高管理层报告。

内部控制审计的程序与方法

要开展好内部控制审计，需要遵照一定程序和方法。根据中国内部审计协会《第 2201 号内部审计具体准则——内部控制审计》第十六条的规定，内部控制审计主要包括编制项目审计方案、组成审计组、实施现场审查、认定控制缺陷、汇总审计结果、编制审计报告等程序。内部控制审计工作程序见图 2-7。

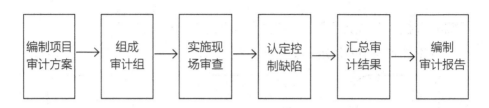

图 2-7　内部控制审计工作程序

　　内部审计人员在实施现场审查之前，可以要求被审计单位提交最近一次的内部控制自我评估报告。内部审计人员应当结合内部控制自我评估报告，确定审计内容及重点，实施内部控制审计。内部审计机构可以适当吸收被审计单位内部相关机构熟悉情况的业务人员参加内部控制审计。

　　内部控制审计对象是被审计单位的内部控制制度。对这些制度的检查、测试构成了内部控制审计的基本内容，主要体现在责任控制、内部牵制、会计控制、经营（运营）领域各循环系统控制、财产凭单控制等管理制度的检查、测试中。内部控制审计的重点应放在对制度内各控制环节的审查上，目的在于发现内部控制制度中的薄弱环节。

　　关于**内部控制审计的技术方法**，中国内部审计协会《**第 2201 号内部审计具体准则——内部控制审计**》第十九条规定："内部审计人员应当综合运用访谈、问卷调查、专题讨论、穿行测试、实地查验、抽样和比较分析等方法，充分收集组织内部控制设计和运行是否有效的证据。"第二十条规定："内部审计人员编制审计工作底稿，应当详细记录实施内部控制审计的内容，包括审查和评价的要素、主要风险点、采取的控制措施、有关证据资料，以及内部控制缺陷认定结果等。"

内部控制审计报告的撰写和报送

　　在完成对组织内部控制的审查和评价后，内部审计人员应提交内部控制审计报告。内部控制审计报告的内容包括审查和评价内部控制的目的、

范围和审计结论等。为更好地为组织提供服务，内部控制审计报告应包括
对完善内部控制的改进建议。

中国内部审计协会《第 2201 号内部审计具体准则——内部控制审计》
第二十四条规定："内部控制审计报告的内容，应当包括审计目标、依
据、范围、程序与方法、内部控制缺陷认定及整改情况，以及内部控制设
计和运行有效性的审计结论、意见、建议等相关内容。"

内部控制审计报告形成后，内部审计机构应当向组织适当管理层报告
内部控制审计结果。一般情况下，全面内部控制审计报告应当报送组织董
事会或者最高管理层。包含有重大缺陷认定的专项内部控制审计报告在报
送组织适当管理层的同时，也应当报送董事会或者最高管理层。

经董事会或者最高管理层批准，内部控制审计报告可以作为《企业内
部控制评价指引》要求的内部控制评价报告对外披露。

2.10 / 风险管理审计——信息系统审计

　　国际内部审计师协会 2017 年发布的《**国际内部审计专业实务框架**》，将风险定义为对实现目标有影响的事件实际发生的可能性。风险通过影响程度和发生的可能性来衡量。而**风险管理**是指识别、评估、管理和控制潜在事件或情况的过程，目的在于为实现组织的既定目标提供合理保证[①]。

　　风险管理审计是独立的内部审计机构和人员采取专门方法，对组织（单位）的风险管理全过程进行的监督、评价和建议活动。其中，风险管理包括风险识别和分析、风险评估与溯源、风险管理应对措施等。近年来，由于内部审计机构参与、熟悉组织管理流程，全面服务组织整体战略目标，风险管理审计已成为内部审计工作的重要内容。从风险管理内涵看，目前开展的内部控制审计、信息系统审计、财经法纪审计，都属于风险管理审计的范畴，鉴于内部控制审计已经阐述，下面对信息系统审计（2.10）、财经法纪审计（2.11）进行分析。

---

① 中审网校.《国际内部审计专业实务框架》精要解读［M］.北京：中国财政经济出版社，2017：40.

什么是信息系统审计

1. 信息系统审计的含义

信息系统审计最初在国外发展起来，经历了 20 世纪 60 年代的萌芽、70 年代的发展、80 年代的成熟和 90 年代的普及等阶段。1992 年国际最高审计机关组织成立了 EDP 审计委员会，1994 年该委员会正式更名为信息系统审计与控制协会。与此同时，我国信息系统审计技术和信息化审计规划建设也获得较快发展。2013 年 8 月，中国内部审计协会颁布《第2203 号内部审计具体准则——信息系统审计》，2020 年 12 月颁布《第3205 号内部审计实务指南——信息系统审计》。

《第 2203 号内部审计具体准则——信息系统审计》第二条规定："信息系统审计，是指内部审计机构和内部审计人员对组织信息系统及其相关的信息技术内部控制和流程所进行的审查与评价活动。"第四条规定："信息系统审计的目的是通过实施信息系统审计工作，对组织是否实现信息技术管理目标进行审查和评价，并基于评价意见提出管理建议，协助组织信息技术管理人员有效地履行职责。"

2. 组织的信息技术管理目标

组织的信息技术管理目标主要包括以下几点。

①保证组织的信息技术战略充分反映组织的战略目标。

②提高组织所依赖的信息系统的可靠性、稳定性、安全性及数据处理的完整性和准确性。

③提高信息系统运行的效果与效率，合理保证信息系统的运行符合法律法规以及相关监管要求。

信息技术风险的分类

信息技术风险是指组织在信息处理和信息技术运用过程中产生的、可能影响组织目标实现的各种不确定因素。信息技术风险包括组织层面的信息技术风险、一般性控制层面的信息技术风险及业务流程层面的信息技术风险等。

1. 组织层面、一般性控制层面的信息技术风险审计需要关注的主要内容

①业务关注度，即组织的信息技术战略与组织整体发展战略规划的契合度以及信息技术（包括硬件及软件环境）对业务和用户需求的支持度。

②信息资产的重要性。

③对信息技术的依赖程度。

④对信息技术部门人员的依赖程度。

⑤对外部信息技术服务的依赖程度。

⑥信息系统及其运行环境的安全性、可靠性。

⑦信息技术变更及法律规范环境。

⑧其他。

2. 业务流程层面的信息技术风险审计应关注的主要内容

业务流程层面的信息技术风险受行业背景、业务流程的复杂程度、上述组织层面及一般性控制层面的控制有效性等因素的影响而存在差异。一般而言，内部审计人员应当了解业务流程，并关注下列信息技术风险。

①数据输入。

②数据处理。

③数据输出。

信息系统审计的组织实施重点

根据《第2203号内部审计具体准则——信息系统审计》的相关规定，应做好以下几个方面。

①信息系统审计可以作为独立的审计项目组织实施，也可以作为综合性内部审计项目的组成部分实施。内部审计人员应当采用以风险为基础的审计方法进行信息系统审计，风险评估应当贯穿信息系统审计的全过程。

②当信息系统审计作为综合性内部审计项目的一部分时，信息系统审计人员应当及时与其他相关内部审计人员沟通信息系统审计中的发现，并考虑依据审计结果调整其他相关审计的范围、时间及性质。在审计计划阶段还应当考虑项目审计目标及要求。

③内部审计人员在实施信息系统审计前，需要确定审计目标并初步评估审计风险，估算完成信息系统审计或者专项审计所需的资源，确定重点审计领域及审计活动的优先次序，明确审计组成员职责，编制信息系统审计方案。

编制信息系统审计方案时，除遵循相关内部审计具体准则的规定，还应当考虑下列因素。

①高度依赖信息技术、信息系统的关键业务流程及相关的组织战略目标。

②信息技术管理的组织架构。

③信息系统框架和信息系统的长期发展规划及近期发展计划。

④信息系统及其支持的业务流程的变更情况。

⑤信息系统的复杂程度。

⑥以前年度信息系统内外部审计发现的问题及后续审计情况。

⑦其他影响信息系统审计的因素。

信息系统审计的审计内容

根据《第 2203 号内部审计具体准则——信息系统审计》的相关规定，信息系统审计主要是对组织层面信息技术控制、信息技术一般性控制及业务流程层面相关应用控制的审查和评价，其内容分类见图 2-8。

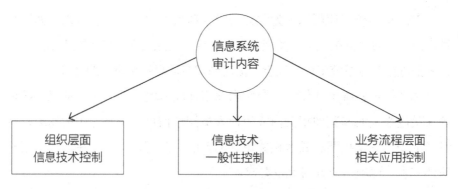

图 2-8 信息系统审计内容分类

1. 组织层面信息技术控制

组织层面信息技术控制，是指董事会或者最高管理层对信息技术治理职能及内部控制的重要性的态度、认识和措施。内部审计人员应当考虑下列控制要素中与信息技术相关的内容。

（1）控制环境

内部审计人员应当关注组织的信息技术战略规划对业务战略规划的契合度、信息技术治理制度体系的建设、信息技术部门的组织结构和关系、信息技术治理相关职权与责任的分配、信息技术人力资源管理、对用户的信息技术教育和培训等方面。

（2）风险评估

内部审计人员应当关注组织的风险评估的总体架构中信息技术风险管理的框架、流程和执行情况，信息资产的分类以及信息资产所有者的职责等方面。

（3）信息与沟通

内部审计人员应当关注组织的信息系统架构及其对财务、业务流程的支持度、董事会或者最高管理层的信息沟通模式，信息技术政策 / 信息安全制度的传达与沟通等方面。

（4）内部监督

内部审计人员应当关注组织的监控管理报告系统、监控反馈、跟踪处理程序以及组织对信息技术内部控制的自我评估机制等方面。

2. 信息技术一般性控制

信息技术一般性控制是指与网络、操作系统、数据库、应用系统及其相关人员有关的信息技术政策和措施，以确保信息系统持续稳定的运行，支持应用控制的有效性。它包括安全管理、访问控制、配置管理、职责分离以及应急计划等。对信息技术一般性控制的审计，应当考虑下列控制活动。

（1）信息安全管理

内部审计人员应当关注组织的信息安全管理政策，物理访问及针对网络、操作系统、数据库、应用系统的身份认证和逻辑访问管理机制，系统设置的职责分离控制等。

（2）系统变更管理

内部审计人员应当关注组织的应用系统及相关系统基础架构的变更、参数设置变更的授权与审批，变更测试，变更移植到生产环境的流程控制等。

（3）系统开发和采购管理

内部审计人员应当关注组织的应用系统及相关系统基础架构的开发和采购的授权审批，系统开发的方法论，开发环境、测试环境、生产环境严格分离情况，系统的测试、审核、移植到生产环境等环节。

（4）系统运行管理

内部审计人员应当关注组织的信息技术资产管理、系统容量管理、系统物理环境控制、系统和数据备份及恢复管理、问题管理和系统的日常运行管理等。

3. 业务流程层面应用控制

业务流程层面应用控制，是指在业务流程层面为了合理保证应用系统准确、完整、及时完成业务数据的生成、记录、处理、报告等功能而设计、执行的信息技术控制。对业务流程层面应用控制的审计，应当考虑下列与数据输入、数据处理以及数据输出环节相关的控制活动。

①授权与批准。

②系统配置控制。

③异常情况报告和差错报告。

④接口／转换控制。

⑤一致性核对。

⑥职责分离。

⑦系统访问权限。

⑧系统计算。

⑨其他。

信息系统专项审计

信息系统审计除上述常规的审计内容外，内部审计人员还可以根据组织当前面临的特殊风险或者需求，设计专项审计以满足审计战略，具体包括（但不限于）下列领域。

①信息系统开发实施项目的专项审计。

②信息系统安全专项审计。

③信息技术投资专项审计。

④业务连续性计划的专项审计。

⑤外包条件下的专项审计。

⑥法律、法规、行业规范要求的内部控制合规性专项审计。

⑦其他专项审计。

具体来说，根据单位具体情况，可积极创造条件，开展信息科技外包审计、灾备与业务连续性审计、关键信息基础设施安全审计、云安全审计、数据安全审计、移动互联网安全审计、工控系统安全审计、物联网安全审计等工作。

2.11
风险管理审计——财经法纪审计

什么是财经法纪审计

财经法纪审计是对有关组织或个人徇私舞弊，严重侵占国家资财，严重损失浪费以及其他严重损害国家经济利益等违反财经法律行为所开展的专门审计活动。要开展财经法纪审计，以说明组织某些重要环节和领域存在重大风险或漏洞。财经法纪审计一般由国家审计机关或社会审计机构来实施，也可以由内部审计机构来实施。

1. 财经法纪审计的主要特征

①以财经法规和纪律作为审计依据。

②审计具有执法的严肃性和强制性。

③审计对象具有复杂性。

④是事后突击性审计。

2. 财经法纪审计应坚持的主要原则

①审计工作要坚持职业谨慎原则，收集审计证据务必程序到位、证据确凿，不允许有任何瑕疵。

②财经法纪审计中，由于审计取证过程和审计报告的撰写过程中，内部审计人员不可能与被审计单位和相关人员见面，所以，审计报告的用词

必须仔细斟酌，慎之又慎！没有查实清楚的情况，内部审计人员应当实事求是，宁可少写，不能乱写，不能有"应当是……""可能是……"的表述。

③审计全过程，内部审计人员应严守职业秘密。

3. 财经法纪审计的主要形式

按照财经法纪审计的作用形式，在组织或系统内部实施的舞弊审计，能够给组织或个人带来舞弊收益，它是最典型的财经法纪审计；不能带来舞弊收益的，称为其他财经法纪审计。

舞弊审计

国际内部审计师协会 2017 年发布的**《国际内部审计专业实务框架》**认为舞弊指任何以欺骗、隐瞒或违背信用为特征的非法行为。这些行为不依靠暴力或胁迫。个人或组织为获取金钱、财产或服务，为避免付款或提供服务，或为获取私利等，都有可能舞弊。[①]

中国内部审计协会**《第 2204 号内部审计具体准则——对舞弊行为进行检查和报告》**第二条规定："舞弊，是指组织内、外人员采用欺骗等违法违规手段，损害或者谋取组织利益，同时可能为个人带来不正当利益的行为。"舞弊包括损害组织经济利益的舞弊、谋取组织经济利益的舞弊等两种情况。

1. 损害组织经济利益的舞弊

《第 2204 号内部审计具体准则——对舞弊行为进行检查和报告》第八条规定，损害组织经济利益的舞弊是指组织内、外人员为谋取自身利

---

① 中审网校.《国际内部审计专业实务框架》精要解读［M］.北京：中国财政经济出版社，2017：40.

益，采用欺骗等违法违规手段使组织经济利益遭受损害的不正当行为。具体包括以下几方面。

①收受贿赂或者回扣。

②将正常情况下可以使组织获利的交易事项转移给他人。

③贪污、挪用、盗窃组织资产。

④使组织为虚假的交易事项支付款项。

⑤故意隐瞒、错报交易事项。

⑥泄露组织的商业秘密。

⑦其他损害组织经济利益的舞弊行为。

2. 谋取组织经济利益的舞弊

《第 2204 号内部审计具体准则——对舞弊行为进行检查和报告》第九条规定："谋取组织经济利益的舞弊，是指组织内部人员为使本组织获得不当经济利益而其自身也可能获得相关利益，采用欺骗等违法违规手段，损害国家和其他组织或者个人利益的不正当行为。"具体包括下列情形。

①支付贿赂或者回扣。

②出售不存在或者不真实的资产。

③故意错报交易事项、记录虚假的交易事项，使财务报表使用者误解而作出不适当的投融资决策。

④隐瞒或者删除应当对外披露的重要信息。

⑤从事违法违规的经营活动。

⑥偷逃税款。

⑦其他谋取组织经济利益的舞弊行为。

舞弊审计是内部审计人员采用检查账簿和实物资产、调阅资料、座谈、观察等方法，以查错纠弊为目的，对舞弊行为实施的监督活动。舞弊行为产生于内部管理失控或获得舞弊线索的组织内部，一般信息来源于举报、其他检查或审计活动等。

3. 舞弊审计应把握的原则

内部审计机构和内部审计人员应当保持应有的职业谨慎，在实施审计活动中关注可能发生的舞弊行为，并对舞弊行为进行检查和报告。

根据《第2204号内部审计具体准则——对舞弊行为进行检查和报告》的相关规定，内部审计机构和内部审计人员在检查和报告舞弊行为时，应当从下列方面保持应有的职业谨慎。

①具有识别、检查舞弊的基本知识和技能，在实施审计项目时警惕相关方面可能存在的舞弊风险。

②根据被审计事项的重要性、复杂性以及审计成本效益，合理关注和检查可能存在的舞弊行为。

③运用适当的审计职业判断，确定审计范围和审计程序，以检查、发现和报告舞弊行为。

④发现舞弊迹象时，应当及时向适当管理层报告，提出进一步检查的建议。

由于内部审计并非专为检查舞弊而进行，即使内部审计人员以应有的职业谨慎执行了必要的审计程序，也不能保证发现所有的舞弊行为。所以，在内部审计人员已经以应有的职业谨慎开展了内部审计项目、执行了必要的审计程序后发现和暴露的舞弊事件，相关部门和人员不能追究内部审计人员没有发现舞弊的责任。

4. 舞弊审计的实施

内部审计人员在审查和评价业务活动、内部控制和风险管理时，应当从组织目标的可行性、控制意识和态度的科学性、员工行为规范的合理性和有效性、业务活动授权审批制度的有效性、内部控制和风险管理机制的有效性、信息系统运行的有效性等方面，对舞弊发生的可能性进行评估。

内部审计人员除考虑内部控制的固有局限外，还应当考虑管理人员品质不佳，管理人员遭受异常压力，业务活动中存在异常交易事项，组织内部个人利益、局部利益和整体利益存在较大冲突等可能导致舞弊发生的情况。

《第 2204 号内部审计具体准则——对舞弊行为进行检查和报告》第十五条规定："内部审计人员进行舞弊检查时，应当根据下列要求进行：（一）评估舞弊涉及的范围及复杂程度，避免向可能涉及舞弊的人员提供信息或者被其所提供的信息误导；（二）设计适当的舞弊检查程序，以确定舞弊者、舞弊程度、舞弊手段及舞弊原因；（三）在舞弊检查过程中，与组织适当管理层、专业舞弊调查人员、法律顾问及其他专家保持必要的沟通；（四）保持应有的职业谨慎，以避免损害相关组织或者人员的合法权益。"

内部审计人员开展舞弊审计必须取得执行依据，如上级部门转来批件、单位主要领导指示、单位纪委监察部门通知等。

舞弊审计工作保密要求高，未经单位管理层同意，内部审计人员一般不开展对专项审计调查底稿和调查报告征求意见等类似工作。如属于上级部门交办任务，内部审计人员按照上级部门要求确定审计工作保密范围。

舞弊审计意味着对单位相关经济业务、多个领域的经济事项或者某一具体人员负责或经办的经济事项进行系统的追踪，以揭示经济活动真相或确定舞弊细节。审计取证资料务必做到真实无误，审计程序务必做到合法、适当，经得起历史考验。

舞弊审计报告的报送范围有限，一般报告给单位主要领导、纪委监察部门，经单位主要领导同意，可抄送单位内部其他部门，或上报上级有关部门。

5. 舞弊审计报告

在舞弊检查过程中，出现可以合理确信舞弊已经发生并需要深入调查、舞弊行为已经导致对外披露的财务报表严重失实、发现犯罪线索并获得了应当移送司法机关处理的证据等情况时，内部审计人员应当及时向组织适当管理层报告。

内部审计人员应当根据可能发生的舞弊行为的性质，以书面或者口头形式报告，同时就需要实施的舞弊检查提出建议。

根据《第2204号内部审计具体准则——对舞弊行为进行检查和报告》的相关规定，内部审计人员完成必要的舞弊检查程序后，应当从舞弊行为的性质和金额两方面考虑其严重程度，并出具相应的审计报告；审计报告的内容主要包括舞弊行为的性质、涉及人员、舞弊手段及原因、检查结论、处理意见、提出的建议及纠正措施。

其他财经法纪审计

其他财经法纪审计（注意与专项资金审计相区分），是指独立的机构和人员开展的查实某项或某几项严重违反财经法纪行为（不涉及舞弊）的审计活动。它具有时间安排的临时性、审计行为的强制性、审计内容的专一性、审计过程中的保密性和审计结果的严肃性等特征。

其他财经法纪审计结果很可能影响到组织的违反财经法纪行为的处理决定，可能影响到相关责任人或具体经办人的行政责任或法律责任的认定，内部审计机构和人员需要做好审计程序的每个环节和每项证据的收集工作，确保审计结论经得起时间的检验。

2.12 本章思考和探索

①在不同时期，内部审计的含义有什么变化？各自的核心要义是什么？

②内部审计的"监督、评价和建议"三大职能在实务工作是否存在矛盾和冲突的地方？如有，如何消除不利影响？

③如何认识内部审计工作按照工作职能分类、按照价值目标分类和按照工作内容分类三者之间的逻辑关系？

④如何认识单位内部管理领导干部经济责任审计的三大基本属性？与单位内部管理领导干部经济责任审计相比，系统（行业）管理领导干部经济责任审计的侧重点在哪？

⑤如果安排你开展本单位（组织）贯彻落实国家重大政策措施情况审计。你认为，你所在单位在近年来需要贯彻落实的国家重大政策措施情况有哪些？如何开展贯彻落实国家重大政策措施情况审计？

⑥目前一些单位经济舞弊行为时有发生，你作为内部审计负责人，如何防范和化解此类风险？要开展此类审计，应提示内部审计人员特别注意哪几点？

第 3 章

年度审计计划的制订

服务企业的发展是内部审计工作的基本定位。

——鲍国明

3.1 认识年度审计计划

《第 2101 号内部审计具体准则——审计计划》第二条规定："审计计划，是指内部审计机构和内部审计人员为完成审计业务，达到预期的审计目的，对审计工作或者具体审计项目作出的安排。"第四条规定："审计计划一般包括年度审计计划和项目审计方案。"

什么是年度审计计划

1. 年度审计计划的含义

年度审计计划是对年度审计任务（审计项目）所做的事先规划和安排（包括审计内容、经费预算、人员配备、审计时间），是单位年度工作计划的重要组成部分。内部审计机构应当在本年度编制下年度审计计划，并报经组织董事会或者最高管理层批准。内部审计机构编制年度审计计划时应当结合单位内部审计中长期规划，根据单位风险状况、管理需要和审计资源的配置情况，确定具体审计项目及时间安排。

周密的年度审计计划不意味着一定会有丰硕的审计成果，但没有或者只有未经过深思熟虑的年度审计计划，一定不会获得显著的审计成果！

2. 年度审计计划的实务要点

（1）年度审计计划制订是单位战略与规划的细化和落地

年度审计计划是依据单位总体战略与规划来制订的，是单位战略和规划分阶段的一种量化。内部审计机构应该制订与单位战略一致的审计战略与规划，并根据审计战略与规划制订年度审计计划。

（2）年度审计计划制订是在对以往审计工作总结的基础上进行的

年度审计计划是建立在总结、批判和创新基础上的。制订下一期年度审计计划时，需要与本期工作与本期计划进行对比，发现差异，分析原因，以便改进计划制订工作。

（3）年度审计计划编制是审计目标和任务的宣导过程

无论年度审计计划是"自上而下"，还是"自下而上"地编制，还是两者相结合地编制，在编制过程中，审计部门内各机构、各成员之间都需要经过充分的宣导、沟通、协调。年度审计计划需要反复地调整，并最终确定，使目标和任务能够明确清晰。

（4）在年度审计计划制订中，内部审计机构要根据单位事业发展需要，打破思维定式，重新审视与调整内部审计的定位

尽管内部审计的定位相对稳定，但是随着单位组织的发展，单位治理对内部审计的要求会有变化，管理高层对内部审计的期望也会有提升。内部审计机构要随着单位组织的发展，适时调整自己定位。只有定位准确，内部审计才能发挥更大作用。

（5）年度审计计划制订也是对未来不确定性的一种把控

未来是不确定的。只有在年度审计计划制订过程中考虑更多因素、用科学方法进行分析，才能针对未来不确定性采取更多的准备措施，为未来注入更多的确定性。当然，内部审计机构在审计任务确定、审计资源配置上应留有余地，以减小临时增加指定性审计工作等意外情况对年度审计计划实施产生的冲击。

（6）年度审计计划编制为审计资源优化配置提供依据

对于大多数组织来说，内部审计机构都会反映审计资源投入不足。所

以，科学编制年度审计计划，将会优化审计资源配置，提高现有的审计资源使用效率，对下一年审计成果产生较大影响。

（7）年度审计计划是动态的，应根据实际情况依照程序调整和完善

审计计划的作用在于指导审计工作，但不是一成不变的，审计计划是可以依照程序调整的。下一年审计计划的制订一般要在当年下半年乃至年底、下年初，着手准备和形成。在计划执行时，审计工作遇到实际变化情况，不能完全保证按照年度审计计划来执行，内部审计机构要依照程序及时调整审计计划中的不适宜部分，并在下次审计计划制订中考虑改进。

3. 年度审计计划的具体内容

通常，年度审计计划应当包括以下基本内容。

①内部审计年度工作目标。

②需要执行的具体审计项目及其先后顺序。

③各审计项目所需要的审计资源。其包括内部审计工作所需要的审计人员数量；实施内部审计所需要的专业知识、专门技能和相关专业知识及其培训方面的安排；为开展内部审计工作所做的财务预算。

④后续审计的必要安排。

编写好年度审计计划，对于积极推进单位内部审计工作长远规划在该年度内的落地实施、全面筹划内部审计机构下一年的工作、科学安排年度审计任务有极为重要的现实意义。

四项原则选择审计项目

内部审计部门制订年度审计计划，必须先选择审计项目。审计项目是内部审计人员发挥作用的舞台。对审计项目总体的把握，显示出内部审计人员的战略眼光；对审计项目细节的控制，展现了内部审计人员的职业素质。

内部审计工作讲求工作效率和效果，也就是说，在一定时期内，内部审计机构和内部审计人员必须确定工作方向，明确工作重点，真正做到"有所为，有所不为"。审计项目的选择，决定了内部审计的工作方向和工作重点。因此，内部审计机构必须重视审计项目的选择。

对审计项目的选择，即依据和运用科学的方法、信赖和运用内部审计人员的专业能力和工作经验，来开展相关工作。为此，应遵循以下原则。

1. 风险基础原则

组织的目标是创造价值。从组织的角度来讲，风险表现为价值的不确定性，包括可能带来损失和可能获得的收益。总体来说，风险与收益是对等的，高收益伴随着高风险，低风险很可能导致低收益。风险是客观存在、不可避免的。管理的核心就是要在风险与收益的权衡中，控制与利用风险，创造最大价值。

《第 2101 号内部审计具体准则——审计计划》第十一条指出：内部审计机构在编制年度审计计划前，应当重点调查了解下列情况，以评价具体审计项目的风险。

①组织的战略目标、年度目标及业务活动重点。

②对相关业务活动有重大影响的法律、法规、政策、计划和合同。

③相关内部控制的有效性和风险管理水平。

④相关业务活动的复杂性及其近期变化。

⑤相关人员的能力及其岗位的近期变动。

⑥其他与项目有关的重要情况。

总之，内部审计工作应该以风险为基础，识别、评估和应对风险，从利益相关者角度出发增加与保护组织价值，最终实现组织目标，完成组织使命。

2. 价值导向原则

从管理学和社会学的角度出发，所谓组织，是指具有明确的目标导向和精心设计的结构与有意识协调，同时又同外部环境保持密切联系的活动系统或社会实体。组织包括**政府组织**、营利组织和非营利组织三种。

政府组织指行使国家权力的所有机关，是国家机构的重要组成部分，具有系统性、服务性、法治性等特点。**营利组织**是一个以营利为目标的组织，其出发点和落脚点都是营利，它一旦成立，就会面临竞争，要想持续地生存就必须获利，因此，管理者应以增加组织市场价值为目标，来经营管理好组织内外的各项资源。非营利组织指支持或处理个人关心或者公众关注的议题或事件，不以营利为目的的组织。在我国，非营利组织涉及慈善、社区服务、艺术、环保等领域。

由此可见，管理的核心就是创造组织价值。一个组织的日常活动，都是围绕着增加组织价值而展开的。内部审计作为组织的一个组成部分，应当积极发挥作用，增加与保护组织价值。《**国际内部审计专业实务框架**》指出，内部审计的使命是"以风险为基础，提供客观的确认、建议和洞见，增加和保护组织价值"。[①]

3. 重要性原则

由于内部审计资源的有限性，根据重要性原则，只有优先对那些性质重要（如事关本组织前途的重要事项）或很有价值的重大项目进行审计，才能最大限度地发挥内部审计的价值。运用重要性原则，必须在选择审计项目时，选择重要的、有影响力的、有可能出成果的项目。其中，重要的项目是指关系组织大局的事项；有影响力的项目是指一旦发生，就会对组织经营产生重大影响、对组织其他事务产生连锁反应的事项；有可能出成果的项目是指提出的建议有操作性，组织有条件或经过努力可以做到，而且不会引起重大负面影响的事项。科学选择审计项目，需要内部审计人员运用职业判断。

如果觉得上述标准较难操作，内部审计人员可以按照下列标准判断和

[①] 《国际内部审计专业实务框架》特别指出，内部审计的使命是"以风险为基础，提供客观的确认、建议和洞见，增加和保护组织价值"。

选择：

①是否属于领导经常提起的项目；

②是否属于中层管理人员或广大职工经常报怨的项目；

③是否属于以前出过大问题的项目。

4. 胜任原则

内部审计资源总是有限的。许多重要的审计项目可能因为缺乏合格的内部审计人员或时间不够用而无法展开，内部审计部门应当在是否能做好审计上做好权衡。倘若不能做到"量力而行"，勉强开展审计，很有可能会"虎头蛇尾"，最后不了了之，结果是既浪费审计资源，又丧失审计权威。

五项基本要求选择审计项目

①进一步服务单位事业发展，紧密结合单位下年度工作重点、重大决定或单位领导的指示精神，选择审计项目或确定审计工作重点。

②在合理把控审计风险的基础上，全面贯彻被审计对象在一定期间内实现全覆盖的目标。

③在加强委托审计质量监控的前提下，积极运用好社会中介机构力量。

④坚持审计创新，积极开展经济责任审计、绩效审计、内控审计、建设工程管理审计、科研经费审计等审计形式，探索以大数据、数据安全为特点的信息系统审计。

⑤做好多种审计形式的相互支撑和配合，注意提升多种审计的融合效果。

3.2
选择审计项目的方法

选择审计项目的方法有许多，如经验估计法、业务比重法、抽样法、风险排序法等，这里主要介绍经验估计法和风险排序法。

经验估计法

监管部门和领导层关注的重点、管理出现的难点与痛点、员工热议的焦点，就是审计工作的重心。内部审计部门应该将这些重点、难点与痛点、焦点问题的成因、表现形式、形成后果、改进建议等，作为内部审计矛盾的主要方面进行详查。审计项目的选择可以围绕上述三个工作重点开展（见图 3-1）。

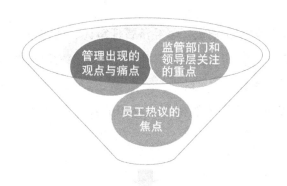

图 3-1　审计项目选择的三个工作重点

1. 监管部门和领导层关注的重点

（1）监管部门关注的重点

以上市单位为例，证监会对单位监管的重点主要包括以下几点。

①财务方面的问题。重点关注：财务信息披露质量，包括财务状况是否正常、内部控制制度是否完善、会计处理是否合规、持续盈利能力是否存在重大不利变化等。

②法律方面的问题。主要包括：是否存在同业竞争和显失公允的关联交易、生产经营是否存在重大违法行为、股权是否清晰和是否存在权属纠纷、董事和高管有无重大变化、实际控制人是否发生变更、社会保险费和住房公积金缴纳情况等。

③信息披露方面的问题。主要关注：年度报告是否存在虚假记载、误导性陈述或重大遗漏，如引用数据是否权威、客观，业务模式、竞争地位等披露是否清晰，报告的内容是否存在前后矛盾等。

（2）领导层关注的重点

不同单位的领导层关注的重点是不一样的。内部审计人员可以通过申请查阅董事会的会议纪要和单位的工作报告，了解和发现领导层的主要关注点和忧虑的问题。

2. 管理出现的难点与痛点

管理其实是一个非常宽泛的概念，无论是制度，还是流程、成本、人员等，归根结底，管理其实就是目标、执行、激励这三个层面的事情，而单位运营出现问题的源头也在此。

（1）目标是否明确

如果单位（或团队）层面没有一个明确统一的目标，团队或个人各自为政，做自己认为对单位（或团队）有益的事情，会导致单位资源分散、单位（或团队）很难形成合力，团队看起来就比较松散。

（2）执行是否到位

即使单位（或团队）层面的目标明确，执行不到位，也会问题百出。

无论是团队成员分工不均，还是工作推进过程中各部门员工之间的冲突，都会降低团队成员的积极性，影响目标实现的质量和进度，让目标效果大打折扣。

（3）激励是否有效

若单位没有相关的制度对目标完成情况较好的团队或个人进行激励，长此以往，团队和个人的积极性就会降低，最后进入恶性循环。没有激励就没有动力，所以激励必须与目标挂钩。

对单位来说，上述三个层面的问题形成木桶效应，单位的综合竞争力取决于最短的那块木板。内部审计部门要做的就是努力寻找这块短板。难点与痛点可以通过访谈、审阅、现场调查来寻找。比如，直接访谈业务主管；参与管理层会议，通过对预算实施结果的分析、对过往审计结果的分析，梳理管理难点；通过调查审计现场获得主要财务数据、运营数据、事情真相；通过查阅单位的考核通报，识别出关键的风险等。

3. 员工热议的焦点

员工热议的焦点主要有五个：**工资收入、社会保障、单位效益、工作压力、单位腐败**。当然，不同单位员工关注的焦点也不一样。内部审计部门可以深入基层，多听、多看、多问、多想员工的诉求；也可以设立热线，利用微信、微博、客户端，征集合理化建议，使单位员工在这些平台上敢讲话、多讲话，愿意分享自己的所见所闻；还可以通过观察和分析，了解单位员工的所思所想，为审计工作的突破点、方向提供参考。

风险排序法

风险排序法就是首先梳理审计项目可能存在的风险种类，将各审计项目的风险进行逐项分析排序，对风险等级设置一定分值，风险等级高的则得分高，并以其得分高低作为选择审计项目的依据。运用风险排序法可最大可能地将高等级风险项目纳入审计领域，有效防范风险。这种方法的基本程序如图 3-2 所示。

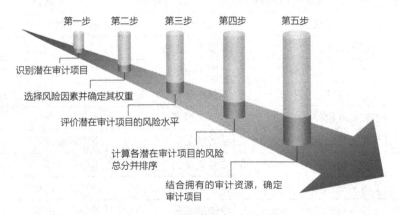

图 3-2　风险排序法的基本程序

1. 识别潜在审计项目

选择划分标准，识别潜在审计项目是风险排序法的第一步。单位各部门、各业务领域都有可能成为审计项目。可供选择的划分标准主要有：按业务循环划分审计项目（如销售与收款、采购和付款，生产、人事与工薪、投资与融资等）；按职能部门划分审计项目（如营销、采购、生产、财务、管理、会计、人事等）；按项目划分审计项目（如基建项目、基础研究项目、产品开发项目、设备更新项目等）；按决策中心划分审计项目（如成本中心、利润中心、投资中心等）；按潜在审计项目的价值划分审计项目；按地理位置划分审计项目；按会计系统划分审计项目；按业务板块划分审计项目；等等。

2. 选择风险因素并确定其权重

风险排序法的第二步，是选择需要关注的风险因素，并确定各风险因素的权重。

根据德勤华永会计师事务所的统计，各行业前 10 种主要的风险因素见表 3-1。

表 3-1　各行业前 10 种主要的风险因素

序号	银行业 / 保险业 / 证券业	制造业	其他
1	内部控制的质量	内部控制的质量	内部控制的质量
2	管理人员的能力	管理人员的能力	管理人员的能力
3	管理人员的正直程度	管理人员的正直程度	管理人员的正直程度
4	会计系统的近期变动	单位的规模	会计系统的近期变动
5	单位的规模	经济环境恶化	业务的复杂性
6	资产的流动性	业务的复杂性	资产的流动性
7	重要人员的变动	重要人员的变动	单位的规模
8	业务的复杂性	会计系统的近期变动	经济环境恶化
9	快速的增长	快速的增长	重要人员的变动
10	政府法规	管理人员的压力	快速的增长

当然，具体到某个单位，面临的风险也不尽相同。内部审计人员可以依据具体的单位确定影响单位价值的具体风险因素，并根据其对单位的影响程度，分别确认其权重。如，某单位可以挑选出以下 5 种对潜在审计项目来说最重要的风险因素，并确定其权重，某单位的风险因素及各自的权重，见表 3-2。

表 3-2　某单位的风险因素及各自的权重

潜在审计对象	内部控制（30%）	管理者的能力（20%）	管理者的品德（15%）	资产规模（15%）	经济环境（20%）	风险总分	排序
生产							
营销							
采购							
财务							
设备							
……							

3. 评价潜在审计项目的风险水平

风险排序法的第三步是量化潜在审计项目面临的各种风险的大小。一般将风险水平设定为 5 级，对潜在审计项目的各类风险水平进行评价，5 分表示最高风险，1 分表示最低风险。

风险排序法的第二步与第三步都涉及对风险重要性的评价，但所站的角度不同，前者从单位整体角度考虑，后者从潜在审计项目角度考虑。这两步对内部审计人员的审计经验、专业判断能力要求高，其完成情况决定了内部审计人员是否能正确选择审计项目。

内部审计人员可以采用风险价值法 （VaR）确定入选的风险因素以及潜在审计项目的风险程度。此处运用风险价值法，就是确定在一定时间和一定概率下，潜在审计项目因风险因素的不利变动对单位价值造成的最大损失量。内部审计人员根据损失量的大小评估潜在审计项目的风险水平。例如，一年以内经济环境风险因素中价格会出现不利变动，如果该不利变动对单位造成的最大潜在损失在采购部门反映为 30 万元，在 ×× 车间反映为 10 万元，那么经济环境风险因素项目下采购部门的风险评值就要高于 ×× 车间。当经济环境风险因素在单位总体风险中占有较高权重时，采购部门将被优先纳入审计计划。

4. 计算各潜在审计项目的风险总分并排序

设各风险因素的权重为 Q_N（$N=1$，$2\cdots$），各潜在审计项目对应的风险评值为 A_N（$N = 1$，$2\cdots$），那么潜在审计项目的风险总分 = $\sum (Q_N \cdot A_N)$。根据求和结果将风险最高的潜在审计项目排在第一位，列为首要选择对象。

5. 结合拥有的审计资源，确定审计项目

一般以审计耗费的工作小时作为审计耗费资源的衡量标准，耗时越多，耗费的资源也越多。根据潜在审计项目所要耗费的工时和内部审计部门可支配的工时，内部审计人员可以最终确定内部审计项目。

3.3 年度审计计划的制订与批准

年度审计计划的制订

1. 编制年度审计计划前应做好的准备工作

根据《第 2101 号内部审计具体准则——审计计划》第十一条规定，内部审计机构在编制年度审计计划前，应当重点调查了解下列情况。

①组织的战略目标、年度目标及业务活动重点。

②对相关业务活动有重大影响的法律、法规、政策、计划和合同。

③相关内部控制的有效性和风险管理水平。

④相关业务活动的复杂性及其近期变化。

⑤相关人员的能力及其岗位的近期变动。

⑥其他与项目有关的重要情况。

2. 年度审计计划的制订流程

年度审计计划，内部审计机构通常应该在下一个年度开始前（如本年度 11 月），依据单位审计战略（如三年审计规划），结合单位实际情况和审计资源编制完成，并报单位最高管理层批准，以顺利完成下一年度的工作任务和目标。

内部审计机构应当根据批准后的年度审计计划组织实施内部审计工作。制订好年度审计计划，认真实施年度审计计划，并对年度审计计划的执行情况进行检查和考核，可以保证年度审计工作协调进行，有利于年度审计任务的完成和审计目标的实现，有利于合理利用审计资源，提高审计效率。

内部审计年度审计计划制订的一般流程如图 3-3 所示。

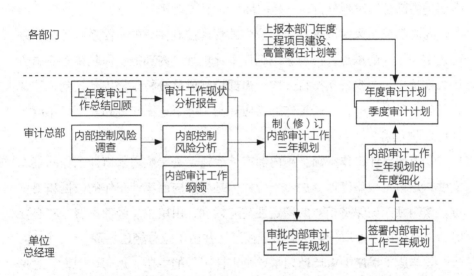

图 3-3　内部审计年度审计计划制订的一般流程

从图 3-3 可以看出以下几点。

①**年度（季度）审计计划**是单位审计工作的中期、短期计划，是对每年（每季度）审计项目、预算、人员配置等的具体安排。年度审计计划在上一年预算周期内由审计总部制订，由单位总经理签署通过；季度审计计划每季度开始前由审计总部根据年度计划进行调整。审计总部在**制订年度审计计划**时，主要依据两个方面：一是单位内部各部门上报的本部门年度工程项目建设、高管离任计划等需要审计的事项；二是内部审计工作三年规划的年度细化要求。

②**内部审计工作三年规划**是单位审计工作的长期战略性规划，目的在于明确内部审计工作的长期目标。通常，由审计总部负责制（修）订本单位内部审计工作三年规划草案，报公司总经理审批。审计总部对审批后的

内部审计工作三年规划应该每年滚动修订一次。每年修订应由审计委员会审批通过，并由总经理签署。审计总部在制（修）订内部审计工作三年规划时，主要考虑三方面的因素：一是根据上年度或以前年度审计工作总结回顾所做出的审计工作现状分析报告；二是在内部控制风险调查基础上所做出的内部控制风险分析；三是内部审计工作纲领。

③**内部控制风险调查**是对单位内部管理控制体系的全面系统评估，以确定审计工作的重点，协助单位制订审计规划。内部控制风险调查应由审计总部负责，至少每年执行一次。**内部控制风险分析**是在内部控制风险调查基础上所做出的，这一工作通常应在制（修）订三年规划和制订年度审计计划前完成。

④**内部审计工作纲领**又称内部审计战略，是单位内部审计工作的基本文件，是单位战略管理的进一步延伸，是所有内部审计工作的依据和出发点。该纲领应该保持相对的稳定性与持续性，由单位总经理签署，在必要时，也可以由单位审计委员会审批通过，并由单位总经理签署。

⑤**年度（季度）审计计划**是单位审计工作的中期、短期计划，是对每年（每季度）审计项目、预算、人员配置等的具体安排。年度审计计划在上一年预算周期内由审计总部制订；季度审计计划于每季度开始前由审计总部根据年度审计计划进行调整，由总裁签署通过。

年度审计计划制订中应关注的平衡

在 3.1 节中，我们阐述了选择审计项目的原则，在 3.2 节中我们阐述了选择审计项目的主要方法。这些原则与方法在年度审计计划制订时，都是需要考虑的。下面主要讲述年度审计计划制订过程中的平衡问题，主要包括三个方面。

1. 同一被审计单位在年度审计的平衡

被审计单位的分布需要在一年甚至几年的审计计划中进行平衡。简单来说，内部审计机构在制订年度审计计划时，需要避免某个职能部门在一年中被审计次数过多、审计时间过长的问题，否则很可能会对该职能部门的业务工作造成较大干扰，从而引起对方反感。

2. 审计项目计划执行时间的平衡

同一个被审计单位的项目应该错开，不要连续审计；涉及业务部门的审计，要避开业务繁忙时间（如避开财务部门年底结账和接待外审的时间）。

3. 不同性质的审计业务间的平衡

内部控制的主要目标在于保证法律法规的遵循、财务报表的合规，以及单位经营的有效性。内部审计本质上也是内部控制的一部分，属于COSO 模型中的监督活动。所以内部审计也可以按照这三个目标，分成**合规型审计、财务审计、增值型审计**。这三类审计项目对内部审计人员素质的要求是不同的，尤其是增值型审计，要求内部审计人员必须熟悉单位运行流程和现代管理的相关知识。因为内部审计部门作为成本中心，通常认为不直接产生收入和现金流，加上内部审计部门为了保持独立性，不参与具体的业务流程，或者即使参与，也只是个观察者。所以，为了体现内部审计的价值以及投入产出的合理回报，内部审计应在不影响独立性的前提下，帮助单位挽回损失，或增加收入。

年度审计计划制订的两个案例

一个完整的年度审计计划一般有文字说明和数字表格等两种形式，即审计计划书和审计计划表。

文字说明部分主要说明计划年度审计工作的指导思想、方针、重点、主要任务和编制依据，以及实现计划任务的主要措施。数字表格部分主要列明下面几点。

①计划年度审计工作目标。

②需要执行的具体审计项目及其先后顺序。

③各审计项目所分配的审计资源。

④后续审计的必要安排。

下面以企业、学校两种情况举例。

1. 某集团公司 2021 年度审计工作计划

××集团股份有限公司（以下简称"集团公司"）2021 年度审计工作计划

一、集团公司内部审计工作总体思路

（1）今后 5 年单位审计工作的总体目标是：由传统的财务收支审计转变为经济效益审计、内部控制审计、经济合同审计等并重。

（2）2021 年审计工作重点是：以内部控制制度审计为基础，以经营业绩审计为中心，提升审计工作质量，加强审计意见的落实，充分发挥内部审计在防范风险、完善管理和提高经济效益中的作用，即在实施审计监督的同时，提高审计服务职能。

二、2021 年度集团公司内部审计工作计划

1. 完善内部控制制度审计，促进集团内部控制管理健全与完善

首先，完善集团公司内部控制制度审计，做到审计工作有据可依，根据审计业务类型，准备建立《集团公司内部控制制度审计办法》《集团公司预算执行情况审计办法》《集团公司合同管理审计办法》三项内部审计制度。

其次，对内部控制执行情况进行检查与评价，主要评价：

（1）内部控制是否健全、有效，可依赖程度如何；

（2）内部控制在运行中是否得到认真的贯彻和执行，是否有利于公司的经营活动、促进公司的发展等；

（3）发现管理中的薄弱环节，从而确定审计重点，提高审计工作效率，保证审计工作质量，有针对性地提出审计意见，促进下属公司健全和完善内部控制制度，保证其经营活动正常运行。

再次，通过预算审计促进预算管理思想观念转变。目前集团公司费用开支的相关制度尚未健全，部分下属公司以预算作为费用开支的标准（而非以费用制度为预算标准），因此费用开支丧失了计划性，部分项目突破预算范围。审计将配合财务等相关部门，建立与健全各项费用管理办法，制订相关费用开支标准，同时使之成为预算编制指引、规范性文件。

2. 以经营业绩审计为中心，促进下属公司加强经营管理，提高经济效益

2021年审计工作的中心主要是对下属公司的每半年度经营业绩（预算执行）进行审计。通过经营业绩审计，审计不仅要查错防弊，及时发现问题并予以纠正，逐步实现由发现型向预防型的转变，而且要找出影响业绩提高的主要因素，分析原因，抓住关键，提出建议和意见，进而促进下属公司加强经营管理，提高经济效益。主要任务如下。

（1）完成对下属公司2020年度经营业绩审计，出具审计报告，提交集团公司考核小组，作为对各下属公司考核的依据。

（2）完成对2021年的半年度预算执行审计，发现预算执行过程与内部控制管理中存在的问题，敦促纠正问题、执行集团公司经营政策、落实经营管理措施，围绕集团公司年度经营目标提高经营效益。

（3）结合经营业绩审计，开展经济责任审计及其他专项审计，促进内部控制制度贯彻与执行。重点包括三个方面。

一是收入合同审计。……

二是对各项成本费用支出进行跟踪审计。……

三是工程项目的竣工结算审计。……

三、依照"审后要追究、审后要整改、审后要运用"的原则，建

立审计结果落实反馈制度，加强对审计意见落实情况的跟踪，并定期组织开展审计成果运用执行情况的检查

（1）对下发整改通知责令限期整改的下属公司，要及时进行回访，监督审计意见的落实，使公司存在的问题逐渐减少、同样的问题不重复出现，从而达到查违纠偏、防患于未然、强化管理、规避风险的目的。

（2）与集团公司各职能部门，尤其是财务部要进一步加强合作与工作沟通，将审计部掌握的相关信息及时通报，避免管理、监督、考核脱节。

四、加大宣传力度，改善内部审计环境，加强审计人员培训，进一步提升审计工作质量

（1）2020年审计人员出现流动，审计岗位配备不足，导致年度工作目标未能全部落实，2021年，需要领导支持与相关部门配合，按岗位设置配备审计人员，充实审计队伍。

（2）协助与配合相关部门健全与完善内部控制制度，使管理有制度、审计有依据、处罚有规定，进一步发挥审计事前、事中、事后参与经营管理的作用。

（3）利用公司内刊宣传内部审计，报道一些内部审计使被审计单位增加效益的事例，或定期与公司各职能部门及下属公司管理层、相关部门进行座谈，让所有员工了解内部审计在公司中的作用，特别是让下属公司管理层从了解、重视到全力支持内部审计工作，为内部审计工作的进一步开展打下更好的基础。

（4）开展审计回访，使审计问题整改落实，同时使审计部门了解下属公司诉求、解决问题存在的困难，深层次了解公司经营情况，更好地服务公司。

（5）要对现有的审计人员进行业务培训，组织参加国际内部审计师资格考试等，不断丰富业务知识，提高审计人员自身素质，适应

新形势、新任务的需要。

×× 集团审计部

2020 年 11 月 6 日

2. 某学校 2021 年度审计工作计划

2021 年 ×× 大学审计工作计划

2021 年是学校"十四五"规划实施的第一年，审计部门在校党委、校行政和上级主管部门的领导下，围绕学校中心工作和主要任务，求真务实，开拓创新，积极工作，切实履行审计监督和服务职能，促进依法治校，维护学校经济秩序，推进党风廉政建设，保障学校事业又好又快发展。

一、积极推动审计工作转型

主动适应新形势，转变审计观念，增强服务意识，提高审计工作水平。逐步推行审计公告制度，探索开展部分审计项目在一定范围公开或在网上公告，使审计工作由封闭型走向开放型，实现阳光审计。该工作在 2021 年 9—12 月实施。

二、认真开展建设工程竣工决算审计

认真做好 ×× 实验楼、×× 运动场、×× 体育馆等基建工程竣工决算的委托审计工作。在实施审计过程中，维护学校合法权益，节约建设资金。该工作在 2021 年 3—12 月实施。

三、切实抓好校办经济实体财务收支审计

按照上级主管部门统一安排，积极组织审计力量，做好 ×× 资产经营公司 2020 年度和 ×× 中心 2020 年度财务收支审计，提出完善内部控制制度、提高效益等方面的审计意见和建议。该工作在 2021 年 3—6 月实施。

四、开展经济责任审计，实现经济责任审计对象全覆盖

根据学校党委的决议精神和党委组织部的委托，通过委托社会中介机构，于2021年开展××个校内中层领导干部的经济责任审计，逐步实现经济责任审计对象全覆盖。该工作在2021年7—12月实施。

五、开展科研经费审计

积极开展科研经费审计，关注科研经费支出规范性和使用效果，不断提高科研经费管理水平。该工作在2021年10—12月实施。

六、探索开展建设项目管理审计

在学校正在实施的××创新大楼基建项目中，加强与社会中介机构的沟通，探索开展建设项目管理审计。该工作在2021年1—12月实施。

七、参与有关经济管理活动

在不影响审计独立性前提下，参与基建项目实施、签订维修工程合同、付款等工作，将审计关口前移，注重事前、事中监督，发挥审计在重大建设项目和大额经费使用全过程的监督作用，促进经济活动的正常开展。该工作在2021年1—12月实施。

八、不断加强审计部门自身建设

（1）认真学习贯彻审计法律法规和规章制度，结合实际，加强专项审计调查和理论研究，注重做好审计人员培训工作，全面提高审计队伍的思想素质和职业道德、提升业务技能。该工作在2021年1—12月实施。

（2）注重加强审计部门作风建设，努力形成客观公正、文明规范、清正廉洁的工作作风。该工作在2021年1—12月实施。

九、做好校党委、校行政和上级审计机关、上级主管部门交办的其他工作。该工作根据需要及时安排实施。

××大学

2020年××月××日

年度审计计划的报告与审批

依据内部审计准则的要求，年度审计计划的报告与审批有以下两点重要内容。

①每年，内部审计负责人都应将内部审计部门关于工作安排、人员配备和财务预算等方面的计划，报组织董事会（决策层）或最高管理层批准。内部审计负责人还应该将所有重要的中期变化，提交最高管理层审批，报组织董事会（决策层）备案。内部审计负责人还应该报告资源限制所产生的影响。

②经过审批的审计工作安排、人员配备、财务预算和所有重要的中期变化等相关信息，应该及时、充分、完整地披露，使组织董事会（决策层）能够确定内部审计部门的目标和计划能否支持组织董事会（决策层）的目标和计划的实现。

3.4
本章思考和探索

①选择审计对象有哪些原则？请说明。

②什么是审计资源？如何合理分配审计资源？

③（案例分析）管理人员最近注意到某部门开支增加、利润降低，要求内部审计部门进行经营审计。管理人员希望该项工作尽快完成，并要求内部审计部门尽快投入一切可能的资源。但内部审计部门认为时间上有冲突。因为内部审计部门正忙于审计委员会下达的一个重要的合法性审计任务。

请回答下列问题。

a.在决定应先进行哪一项审计任务时，审计人员应进行哪些风险评估工作来判断审计任务的先后顺序？

b.在决定是否将现有的审计资源从正在进行的合法性审计转移到管理人员所要求的经营审计时，下述哪些情况最不重要：一年前外部审计人员对该部门进行过财务审计；与合法性审计有关的潜在错弊；该部门的去年费用增加；与合法性审计有关的潜在的重大违规罚款可能性。

④（案例分析）刘欣是某大型公司的内部审计部长。他计划派遣由三人组成的审计小组对公司在外省的煤炭开采业务实施审计。上午 10 点，他正式通知审计小组成员，并计划于第二天早晨乘高铁出发。下年 2 点左右，公司的副总裁告知刘欣，他怀疑公司的物资仓库可能发生重大舞弊情况。他要求内部审计部门立即调查这一事情。

请思考下列问题。

a. 假设内部审计部门人手不足，最能被派遣实施舞弊审计的人员是拟进行煤炭开采业务审计的审计人员。在决定是否改派他们实施舞弊审计时，刘欣需要考虑哪些因素？

b. 如果公司设有安全部门，会对刘欣的决策带来什么影响？

第 4 章

项目审计方案的制订

审计无禁区。

——李如成

4.1
认识项目审计方案

　　为了规范审计项目实施，保证有计划、有重点地开展审计业务，提高审计质量和效率，内部审计机构不仅要编制年度审计计划，而且要在年度审计计划执行过程中，根据各项目实际情况编制项目审计方案。

什么是项目审计方案

　　如前所述，制订年度审计计划，立足于现有审计资源，或者再加上引进的外部审计资源，主要目的在于确定年度审计项目或审计任务规模，明确重要审计项目重点等。所以，开始实施审计项目，应当制订项目审计方案。

　　《第 2101 号内部审计具体准则——审计计划》第四条规定："项目审计方案是对实施具体审计项目所需要的审计内容、审计程序、人员分工、审计时间等作出的安排。"项目审计方案是根据审计任务和具体情况所拟定的审计工作的具体安排。

　　要理解项目审计方案的含义，应着眼于以下几个方面。

　　①项目审计方案编制的重要依据有年度审计计划、审计资源配置等，其中审计资源包括必要的审计人力资源、审计时间、审计技术装备、审计经费等。

　　②项目审计方案应当在调查审计需求、进行可行性研究的基础上形成。

③项目审计方案应当是综合考虑审计工作内容、审计工作程序、审计人员分工、审计时间安排等因素后，在事关审计工作方向和重点、预计审计工作成果或效果等方面的总体安排。

④项目审计方案应当采取书面形式，经过规定程序审批后实施。

⑤审计项目应当依据项目审计方案实施，如有调整，须履行规定的调整程序。

⑥项目审计方案作为审计档案的重要组成部分，应按照有关规定及时归档。

项目审计方案的分类

根据在审计工作过程中的不同作用，项目审计方案可以分为**审计工作方案、审计实施方案**两种形式。其中，审计工作方案的制订目的在于审计项目的总体安排，审计实施方案的制订目的在于审计项目的具体实施。

审计工作方案是审计机构为统一组织多个审计组对部门、行业或者专项资金等审计项目实施审计而制订的总体工作计划。当同一审计组在年度内要实施多个同一类型审计项目或者多个审计组要实施同一个审计项目，审计机构一般应及时编制审计工作方案。审计工作方案对应关系如图 4-1 所示。

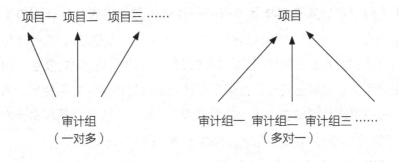

图 4-1　审计工作方案对应关系

审计实施方案是审计组为完成审计项目任务，根据审计工作方案的要求、对被审计单位和相关人员初步调查了解的情况，编制的用于指导审计项目，从送达审计通知书到提出审计报告前的审计全过程的行动方案和工作安排。通过编制审计实施方案，审计人员可以确定审计实施阶段工作的基本步骤。

对项目审计方案重要规定的解读

1. 中华人民共和国审计署令第 8 号的规定

中华人民共和国审计署令第 8 号——《**中华人民共和国国家审计准则**》（以下简称《国家审计准则》）（审计署于 2010 年 9 月 1 日发布，自 2011 年 1 月 1 日施行）第四十八条规定："审计机关业务部门编制审计工作方案……"。第五十七条规定："审计组应当调查了解被审计单位及其相关情况，评估被审计单位存在重要问题的可能性，确定审计应对措施，编制审计实施方案。对于审计机关已经下达审计工作方案的，审计组应当按照审计工作方案的要求编制审计实施方案。"

2. 中国内部审计协会的规定

截至 2021 年，中国内部审计协会有关项目审计方案的规定有以下三个方面。

①《**内部审计实务指南第 5 号——企业内部经济责任审计指南**》第十四条规定："编制经济责任审计工作方案……"。第二十四条规定："编制审计实施方案。审计组应根据国家有关法律法规、政策及企业内部有关规定和审前调查的情况，按照重要性和谨慎性原则，在评估风险的基础上，围绕审计目标确定审计的范围、内容、方法和步骤，编制审计实施方案。"（该指南由中国内部审计协会于 2011 年 7 月发布）

②《**第 2101 号内部审计具体准则——审计计划**》第五条规定："……审计项目负责人应当在审计项目实施前编制项目审计方案，并报经内部审

计机构负责人批准。"（该具体准则由中国内部审计协会于 2013 年 8 月 26 日发布，2014 年 1 月 1 日起施行）

③《第 2205 号内部审计具体准则——经济责任审计》第十五条规定："经济责任审计可分为审计准备、审计实施、审计报告和后续审计四个阶段。（一）审计准备阶段主要工作包括：组成审计组、开展审前调查、编制审计方案和下达审计通知书。"

3. 观察和建议

①《国家审计准则》要求，国家审计工作既要编制审计工作方案，又要编制审计实施方案。中国内部审计准则和指南早期的要求与国家审计相同，即既要编制审计工作方案，又要编制审计实施方案，现在没有强制要求，只提出编制项目审计方案。

②上述准则和指南关于项目审计方案要求的变化，应当是根据国家审计、内部审计在审计工作质量、审计资源配置等方面的不同要求，基于内部审计发展现状作出的调整，基本满足内部审计实践的需要，是对内部审计准则和指南的完善和优化。

③内部审计准则和指南中提到的编制项目审计方案，其实就是编制审计实施方案。

④如内部审计工作确有必要，出现同时组织大批量审计项目，而每个审计项目具体情况不甚相同等情况，为加强指导和管理，**建议先编制审计工作方案，在初步了解被审计单位基本情况的基础上，编制审计实施方案。**

4.2
项目审计方案的内容与应用

审计工作方案的主要内容及模板

下面以经济责任审计为例，讲解审计工作方案的内容及模板。

1. 审计工作方案的内容

（1）审计目标

主要阐明本方案确定的指导思想和应实现的审计总体目标。

（2）审计范围

确定本方案确定的期限内应完成的审计项目数量（含具体的被审计领导干部名单）、审计内容的总体范围、具体抽查详细审核的比例、具体抽审的被审计部门（单位）下属机构名单。

（3）审计内容和重点

从以下方面，分别明确各自的审计重点、方向及应采取的方式或手段。贯彻执行党和国家经济方针政策和决策部署推动单位可持续发展情况，发展战略的制订、执行和效果情况，治理结构的建立、健全和运行情况，管理制度的健全和完善情况（特别是内部控制和风险管理制度的制订和执行情况，以及对下属单位的监管情况），有关目标责任制的完成情况，重大经济事项决策程序的执行情况及其效果，重要经济项目的投资、建设、管理及效益情况，财政财务收支的真实、合法和效益情况，资产管理及保值增值情况，自然资源资产管理和生态环境保护责任的履行情况，境外机构、境外资产和境外经济活动的真实、合法和效益情况，在经济活动中落实有关党风廉政建设责任和遵守廉洁从业规定情况，以往审计发现问题的整改情况等。

（4）审计评价

明确审计评价应遵循的原则，提出有效的审计评价方法，按照国家有关法律法规政策的要求，确定经济责任界定标准。

（5）审计工作组织安排

对于一个经济责任审计项目由多个审计组一同实施的情况，要确定该经济责任审计项目的总负责或总协调人，明确不同审计组的人员组成、审计组组长人选，明确每个审计组的审计工作内容以及审计工作方向、重点，规定经济责任审计过程中的沟通、协调机制和经济责任审计业务咨询渠道，使不同审计组的审计人员在审计过程中出现的情况或问题，能够得到及时、有效的处理或安排，从而实现本次经济责任审计的总体目标。

（6）审计工作要求

主要从审计工作技术、方法上，提请审计人员要注意的本次经济责任审计工作要点。

2. 审计工作方案模板

20××年部分××领导干部经济责任审计工作方案

一、审计对象和时限

本次经济责任审计将审计××（单位）党委管理的5名××领导干部，具体信息见表4-1。

表 4-1　本次经济责任审计的审计对象和时限的相关内容

序号	审计对象	担任职务	任职期限	经济责任审计性质	审计期限
1	×××	××处处长	20××年7月 20××年12月	离任审计	20××年1月 20××年12月
2	×××	××研究中心主任	20××年6月 20××年12月	离任审计	20××年1月 20××年12月
3	×××	××学院院长	20××年6月 20××年12月	离任审计	20××年1月 20××年12月
4	×××	××学院常务副院长（主持工作）	20××年6月 20××年12月	离任审计	20××年1月 20××年12月
5	×××	××处副处长（主持工作）	20××年11月 20××12月	离任审计	20××年11月 20××年12月

二、审计主要内容

（一）贯彻执行党和国家经济方针政策和决策部署，推动单位可持续发展情况。

（二）本部门（单位）重大发展规划、目标责任制的执行和效果情况。

（三）部门（单位）治理结构的建立、健全和运行情况。

（四）部门（单位）管理制度的健全和完善，特别是内部控制和风险管理制度的制订和执行情况。

（五）重大经济事项决策程序的执行情况及其效果。

（六）财务收支的真实、合法和效益情况。

（七）资产的管理及保值增值情况。

（八）在经济活动中落实有关党风廉政建设责任和遵守廉洁从业规定情况。

（九）以往审计发现问题的整改情况。

（十）其他需要审计的内容。

三、审计工作程序

（一）××（单位）党委组织部出具书面委托文件，委托内部审计机构组织审计。

（二）内部审计机构实施审计，或通过规定程序选择社会中介机构。

（三）内部审计机构组成审计组，社会中介机构按照委托协议要求派出专业人员组成审计组，内部审计机构加强对委托审计业务的指导、监控。

（四）社会中介机构根据本方案拟定项目审计实施方案，报内部审计机构审批后实施。

（五）内部审计机构制发并送达经济责任审计通知书。

（六）经济责任审计领导干部撰写经济责任述职报告，签署审计承诺书，并在5个工作日内送达审计组。

（七）在经济责任审计领导干部以及所在部门、相关职能部门等方面的支持和配合下，审计组完成好审计实施阶段的工作。

（八）审计组汇总有关审计资料，撰写经济责任审计报告（征求意见稿），报内部审计机构领导审阅。

（九）审计组将经审阅后的经济责任审计报告（征求意见稿），征求经济责任审计领导干部个人以及所在部门的意见。

（十）根据经济责任审计领导干部个人以及所在部门反馈意见，审计组提出修改经济责任审计报告的意见。

（十一）根据经济责任审计领导干部以及所在部门的反馈意见、审计组的修改意见，内部审计机构对经济责任审计领导干部的经济责任审计报告出具审核意见，在向单位党政主要领导汇报的基础上，报

（单位）分管审计领导批准。

（十二）将审定的经济责任审计报告正式发布，送经济责任审计领导干部以及所在部门、其他相关部门。

（十三）年度经济责任审计结果汇总后，向××（单位）党委报告。

四、审计实施阶段的时间安排

审计实施阶段的时间安排为20××年6月上旬—9月底。

五、应强调的几个方面

（一）经济责任审计领导干部应全面树立"权力—责任—监督"意识，安排所在部门的相关人员支持和配合审计部门的工作，切实按照审计工作要求，完成好本次经济责任审计工作。

（二）相关职能部门应根据工作职责要求，及时做好本部门工作。

（三）根据本方案要求，切实做好经济责任审计各项工作，要加强与经济责任审计领导干部以及所在部门、相关职能部门等方面的沟通与协调，积极推动经济责任审计领导干部所在部门改善内部管理，提高工作水平。

（四）如学校工作需要，党委组织部于20××年内再行提出领导干部经济责任审计名单，按照本方案执行，不再另行发文。

审计实施方案的主要内容及模板

下面以经济责任审计为例，讲解审计实施方案的内容和模板。

1. 审计实施方案的内容

①审计依据。

②被审计单位（或相关人员）名称和基本情况。

③审计目标。

④审计的范围、内容、重点、要求、方式和延伸审计单位。

⑤重要性水平的确定及审计风险的评估。

⑥预定审计起止时间、具体实施步骤及主要运用的审计方法。

⑦审计组组长、审计组成员及其分工。

⑧编制日期及审批意见。

⑨其他有关内容。

审计组需要编制的领导干部经济责任审计实施方案，所涉及的审计范围，应包括被审计领导干部整个任期。领导干部任期超过三年的，重点审计近三年的情况，若发现重大问题，则根据需要追溯或延伸到以前年度和相关单位。

2. 审计实施方案模板

被审计单位名称	×××（单位）	审计方式
审计项目名称	200×年×月—200×年×月×××同志、200×年×月—200×年×月×××同志、200×年×月—200×年×月×××同志经济责任审计	就地审计
审计会计期间	200×年×月—200×年×月	
计划审计时间	200×年×月×日至200×年×月×日（实际工作天数××天）	
编制依据：审计通知书（××审通〔200×〕××号）		

审计目标如下。

通过对×××、×××、×××三位领导干部的任期经济责任审计，检查所在的×××（单位）财务收支和经济工作的真实性、合法性及产生的绩效。结合三位领导干部在单位工作的不同职责要求和在领导班子范围内的不同职务分工，分别评价三位领导干部在×××工作重大决策、管理活动履职情况及其相关经济责任，为进一步规范单位资金管理，提高资金使用绩效，促进领导干部树立正确政绩观，提升依法管理经济能力，提出有操作性的审计建议。

审计组成员	审计组长：×××
	成员：×××

审计的范围、工作重点、主要内容、方法、人员分工、步骤如下

一、审计范围

200×年×月—200×年×月，×××同志担任单位党工委书记，负责决定单位重大事项，主要分管单位×××工作、×××工作，具体分管××科；200×年×月—200×年×月，×××同志担任单位主任，参与单位重大事项决策，执行重大事项决策，全面负责单位行政工作，具体分管××办公室和××科；200×年×月—200×年×月，×××同志担任单位主任，参与单位重大事项决策，执行重大事项决策，全面负责单位行政工作，具体分管××办公室和××科。

为此，本次审计将××单位200×年×月—200×年×月的财务收支以及经济活动情况列入审计范围。根据审前调查结果和审计工作需要，将追溯以前年度和200×年度的有关情况，并延伸审计单位下属部门和相关单位。

二、审计工作重点

（一）对200×年×月—200×年×月×××同志经济责任履

行情况的审计

该审计侧重于重大决策能力，即经济决策程序的完备性、经济决策内容的科学性和经济决策的效果性，主要关注以下两点。

1. 评价单位在×××同志任职期间，重大事项决策程序的规范性、重大事项决策内容的科学性，以及×××同志在决定单位重大事项决策、未来工作思路中是否发挥了创新性作用。

2. 了解×××同志为推进党建工作，使用××经费的规范性和使用效果。

（二）对 200×年×月—200×年×月×××同志经济责任履行情况的审计

该审计侧重于对重大决策和经济活动进行管理和执行的能力，即经济管理能力、依法行政能力以及工作实绩，主要关注以下 6 点。

1. 根据每年下达给单位的重大实事工程工作任务，审核单位重大实事工程完成情况及实际效果。

2. 审计预算执行情况、公用经费开支以及专项资金使用合法合规性，关注财政资金使用效果。

3. 审核单位支付××基金的支出程序及相关内控制度。

4. 根据审前调查结果，单位下属存在多家经营实体和社会团体，其中××工贸公司、××市政服务经营部、××保洁服务经营部等经济实体规模较大，审计单位下属上述规模较大的经济实体资金收支的规范性、与单位财务之间往来账目的变化情况，延伸审计×××服务业发展中心。

5. 审计××事务受理中心×××、×××、×××、×××等职能机构、社会团体，使用和管理专项资金收支内控程序的规范性和资金收支使用效果。

6. 了解单位和有关部门为推进×××建设所进行的经费投入规模，分析单位推进×××建设所采取的具体措施及实际效果。

（三）对200×年12月—200×年12月×××同志经济责任履行情况的审计

该审计侧重于对重大决策和经济活动进行管理和执行的能力，即经济管理能力、依法行政能力以及工作实绩，主要关注以下5点。

1. 根据每年下达给单位的重大实事工程工作任务，审核单位重大实事工程完成情况及实际效果。

2. 审计预算执行情况、公用经费开支以及专项资金使用合法合规性，关注财政资金使用效果。

3. 根据审前调查结果，单位下属存在多家经营实体和社会团体，其中××工贸公司、××市政服务经营部、××保洁服务经营部等经济实体规模较大，审计单位下属上述规模较大的经济实体资金收支的规范性、与单位财务之间往来账目的变化情况，延伸审计×××服务业发展中心。

4. 审计××事务受理中心×××、×××、×××等职能机构、社会团体，使用和管理专项资金收支内控程序的规范性和资金收支使用效果。

5. 了解单位和有关部门为推进×××建设所进行的经费投入规模，分析单位推进×××建设所采取的具体措施及实际效果。

三、审计的主要内容、审计方法及人员分工

（一）经济社会事业发展状况

1. 通过走访相关部门，搜集数据，采取核对法，了解单位财政收入指标完成情况，并调查200×—200×年每年单位财力结余以及200×年年末单位财力总结余情况。上述内容由×××负责实施。

2. 据审前调查，200×—200×年度单位主要完成政府下达的×××等重大实事工程，通过资料分析法，了解重大实事工程完成情况以及实际效果。上述内容由×××负责实施。

3. 通过走访相关部门，了解单位在劳动就业、社会保障等方面的指标完成情况。上述内容由×××、×××负责实施。

4. 通过审阅法，了解××、××、××等职能科室的业务运作、经费收支、内控制度的规范性、有效性等情况，重点关注单位××事务受理中心的运行情况，对×××、×××、×××、×××、×××、×××等在××事务受理中心开设服务窗口的职能机构、社会团体，使用和管理专项资金收支内控程序的规范性、资金收支规范性和使用效果进行审计。上述内容由×××、×××负责实施。

5. 进行实地走访查看，审计×××建设相关资金的到位及使用规范性情况，了解服务机构的运行情况以及单位推进建设的具体措施，分析评价相关措施实际效果。此项审计由×××、×××负责实施。

（二）贯彻执行国家方针政策、遵守国家法律法规情况

1. 通过资料对比分析法，审核单位在预算申报、执行预算、调整预算、财务决算等管理环节，是否严格执行《中华人民共和国预算法》的相关规定情况。

2. 结合固定资产审计，通过资料审阅核对法，审核单位在固定资产购置过程中，是否严格执行《中华人民共和国政府采购法》的相关规定。

3. 通过资料审阅法，审核单位收取×××费、×××费、×××费等费用，有无财政、物价等部门的批准文件或规定。

4. 通过审阅法，审核单位本级和下属机构、经济实体在财务收支管理中有无违反会计法规、政策的行为。

以上内容由×××负责实施。

（三）重大经济决策情况

通过审阅200×年×月—200×年×月单位党政领导班子会议记录、重大经济事项决策实施结果资料，与部分干部职工座谈，审阅×××、×××、×××三位同志在积极促进单位工作改革创新、

决定单位重大工作思路等方面，是否作出主观努力的个人资料说明，主要检查以下内容。

1. 重大经济决策是否经过必要的程序讨论。

2. 是否形成书面会议材料。

3. 决策内容是否符合有关政策法规要求。

4. 决策事项执行结果是否达到预期效果。

5. 重大经济决策事项是否存在国有资产流失现象。

6. ×××、×××、××× 三位在各自任职期间的重大经济事项决策过程中，是否分别履行了自己应有的职责，对单位工作创新发展是否作出重要贡献。

上述第1—5项内容由 ××× 负责实施，第6项内容由 ×××、××× 负责实施。

（四）财务收支及资产管理情况

1. 审查银行存款和现金收支的合法合规性，根据单位财务科的银行账号资料，采用核对法，核实银行存款账户开设情况，关注是否存在上述清单以外的银行账号，200×年×月—200×年×月单位是否存在大额资金运作的情况。上述内容由 ××× 负责实施。

2. 通过账目审阅法，审查单位往来账目收支的合法合规性，重点关注单位与所属经济实体、社会团体单位之间的往来账目发生情况，了解单位多年往来挂账的处理情况，并注意审查暂存款等负债项目发生的真实性、合法性。上述内容由 ××× 负责实施。

3. 采用账目审阅法，审查固定资产入账、销账手续的完整性、账务记录的合法合规性，在单位提供的固定资产清单基础上，通过实物盘点法，审查部分固定资产存在的真实性，关注 ××× 等相关部门转给单位房子的使用管理情况。上述内容由 ××× 负责实施。

4. 采用账目审阅法，审查单位200×年×月—200×年×月经费支出中人员经费支出、公用经费支出的真实性、合法性，入账记录的完整性，重点在核实公用经费支出中的真实性、合法性及使用绩效。上述内容由×××负责实施。

5. 采用账目审阅法和复算法，核实200×年×月—200×年×月单位预算外收入与支出的真实性，检查利息、房租等其他收入、×××收入的使用和处置情况。上述内容由×××负责实施。

6. 采用账目审阅法，审查单位专项资金收支的真实性、合法性，结合重大实事工程完成情况，通过实地走访，检查专项资金收支使用效果。上述内容由×××负责实施。

7. 采用数据复算法，核实单位财力结余（包括经常性结余、专项结余）的发生情况的真实性。上述内容由×××负责实施。

8. 选择单位经济实体规模较大的××工贸公司、××市政服务经营部、××保洁服务经营部等下属经营实体进行核实，主要审计上述经济实体资金收支的规范性、经济实体与单位财务之间往来账目的变化情况。上述内容由×××负责实施。

9. 通过账目审阅法，延伸调查单位投入×××服务业发展中心财政资金使用的真实性、合法性、效果性。上述内容由×××负责实施。

10. 通过账目审阅法，审查单位创办的被撤销单位的后续处置情况。上述内容由×××负责实施。

11. 采用资料审阅法，检查在领导离任时点上，单位是否存在前后两任领导财务交接的相关手续，单位是否存在往来、投资、大额资金运作等财务未了事项，责任是否明确。上述内容由×××负责实施。

（五）内部控制状况

1. 采用抽查法，审核单位本部经费收支、资金管理内控制度的健全、执行情况及效果。上述内容由×××负责实施。

2. 据调查，200×年×月—200×年单位加大投入力度，单位财力不断增强，每年投入大量资金扶持相关企业。采用资料审阅法，审核单位支付××基金支出程序及相关内控制度。上述内容由×××

负责实施。

3.审阅单位内部审计资料，通过资料审阅法，审查单位下属单位内控体系的健全性、运行情况的有效性。上述内容由×××负责实施。

（六）领导人员遵守有关廉政规定情况

1.搜集×××、×××、×××三位同志在各自任职期间的个人收入有关数据，通过复算法，审核个人收入的真实性，核实个人收入是否足额缴纳个人所得税。

2.审核单位200×年×月—200×年业务招待费的发生情况，是否超过规定比例。

3.了解×××、×××、×××三位同志在公务活动中遵守廉政规定情况。

4.了解×××、×××、×××三位同志在单位下属企业、事业单位、社会团体、群众组织中，是否存在获得报酬情况。

5.了解×××、×××、×××三位同志在单位任职期间有关廉政建设的其他情况。

以上内容由×××负责实施。

四、审计步骤

（一）200×年×月×日—×月×日（12个工作日）

通过审阅单位领导班子会议记录、重大经济事项决策实施结果资料，检查单位重大经济决策情况，主要关注单位重大经济决策是否经过必要程序、决策内容是否符合有关政策法规要求、决策事项执行结果是否达到预期效果，尤其在重大经济决策事项中，是否存在国有资产流失现象，核实银行存款账户开设情况，检查200×年×月—200×年单位是否存在大额资金运作情况。

（二）200×年×月×日—×月×日（10个工作日）

检查单位往来账目收支的合法合规性情况，重点关注单位与所属经济实体、社会团体单位之间的往来账目发生情况，了解单位多年往来挂账的处理情况，并注意检查暂存款等负债项目发生的真实性、合法性。

检查固定资产入账、销账手续和资料的完整性、账务记录的合法合规性，重点关注××等区相关部门转给单位房子的使用管理情况。

（三）200×年×月×日—×月×日（13个工作日）

通过走访相关部门，了解单位在财政收入、劳动就业、社会保障等方面的指标完成情况。

检查单位200×年×月—200×年经费支出中人员经费支出、公用经费支出的真实性、合法性、入账记录的完整性，重点放在核实公用经费支出中的真实性、合法性及使用绩效上，注意引用以前审计报告的工作成果。

结合200×年×月—200×年重大实事工程完成情况，检查专项资金收支的真实性、合法性及使用效果，核实200×年×月—200×年预算外收入与支出的真实性，检查利息、房租等其他收入、××收入的使用和处置情况。

（四）200×年×月×日—×月×日（26个工作日）

选择单位经济实体规模较大的××工贸公司、××市政服务经营部、××保洁服务经营部等下属经营实体进行核实，主要审计上述经济实体资金收支的规范性、经济实体与单位财务之间往来账目的变化情况，核实200×年×月—200×年每年财政结余（包括经常性结余、专项结余）的发生情况以及200×年年末财政总结余情况的真实性，延伸调查单位投入××社区服务业发展中心的财政资金使用的真实性、合法性、效果性。

（五）200×年×月×日—×月×日（12个工作日）

审核单位本部经费收支、资金管理内控制度的健全、执行情况及效果，审阅单位内部审计资料，检查单位下属单位内控体系的健全性、运行情况的有效性，审核单位支付××基金的支出程序及相关内控制度，审核单位创办的被撤销单位的后续处置情况。

（六）200×年×月×日—×月×日（26个工作日）

审核领导人员个人收入、遵守有关廉政规定等情况；审核单位在预算申报、执行预算、调整预算、财务决算等管理环节，是否严格执行《中华人民共和国预算法》相关规定的情况；审核单位在固定资产购置过程中，是否严格执行《中华人民共和国政府采购法》的相关规定；审核单位收取××费、××费、××费等费用有无财政、物价等部门的批准文件或规定；审核单位本级和下属机构、经济实体在财务收支管理中有无违反会计法规、政策的行为；了解重大实事工程完成情况以及实际效果。

（七）200×年×月×日—×月×日（23个工作日）

了解××、××、××等职能科室的业务运作、经费收支、内控制度的规范性、有效性等情况，重点关注单位受理中心的运行情况，对资金量大的开设服务窗口的职能机构、社会团体，使用和管理专项资金收支内控程序的规范性、资金收支规范性和使用效果进行审计，注意引用以前审计报告的工作成果。

审计×××建设相关资金的到位及使用规范性，了解服务机构的运行情况以及单位推进建设的具体措施，分析评价相关措施的实际效果。

填表人：×××

填表时间：200×年×月×日

项目审计方案的必要性及主要内容

1. 项目审计方案的必要性

国家审计基于自身权威性，要求程序必须严格、规范，所以在编制审计方案过程中，一般先编制审计工作方案，再编制审计实施方案。而在内

部审计工作中，内部审计机构作为组织（单位）的一部分，内部审计人员
较少，不可能完全做到国家审计那样配置充分，所以本着既保证内部审计
质量，又提高内部审计效率的原则，对于编制审计方案，内部审计准则提
出编制项目审计方案。

从本质看，项目审计方案偏向于审计实施方案，即在把握审计项目总
体方向的基础上，侧重审计工作操作步骤和审计工作的人员分工。上述操
作方式在较大程度上满足了内部审计工作需要。如前所述，如果项目审计
确有必要，则应当先编制审计工作方案，再编制审计实施方案。

2. 项目审计方案的主要内容

内部审计中的项目审计方案主要包括以下内容。

①被审计单位、项目的名称。

②审计目标和范围。

③审计内容和重点。

④审计程序和方法。

⑤审计组的组成及成员分工。

⑥审计起止日期。

⑦对专家和外部审计工作结果的利用。

⑧其他有关内容。

4.3
初步了解被审计单位

要实施审计项目，必须先组成审计组，深入被审计单位开展审前调查，了解被审计单位基本情况，确定审计工作方向和重点，及时编制项目审计方案。

成立审计组

在审计项目立项后，内部审计机构应当选派两名及以上具有一定知识水平和专业胜任能力的内部审计人员组成审计组，并指定审计组组长。审计组实行组长负责制。根据工作需要，审计组组长可以在审计组成员中选定主审，主审应当履行其规定职责和审计组组长委托履行的其他职责。

为提高审计工作效率，保证审计工作效果，确定审计组成员时，要注意以下几方面的关系。

①审计人员之间的审计专业知识构成。

②审计人员年龄构成。

③审计人员性格构成。

④审计人员性别构成。

目前，很多内部审计机构中的内部审计人员较少，很难兼顾上述因素。如可以采取委托审计或聘请外部审计人员的方式开展内部审计工作，内部审计机构则可以适当考虑上述因素，把它们作为聘请外部审计人员的必要条件提出，以优化审计人员构成。

了解被审计单位信息的相关内容

1. 内部审计的相关规定

根据《第 2101 号内部审计具体准则——审计计划》第十四条的规定，审计项目负责人应当根据被审计单位的下列情况，编制项目审计方案。

①业务活动概况。

②内部控制、风险管理体系的设计及运行情况。

③财务、会计资料。

④重要的合同、协议及会议记录。

⑤上次审计结论、建议及后续审计情况。

⑥上次外部审计的审计意见。

⑦其他与项目审计方案有关的重要情况。

2. 对被审计单位情况具体内容的建议

要了解清楚被审计单位情况，建议主要从以下几方面着手。

①被审计单位性质、组织结构。

②职责范围或者经营范围、业务活动及其目标。

③相关法律法规、政策及其执行情况。

④业绩指标体系以及业绩评价情况。

⑤内部控制、风险管理体系的设计及运行情况。

⑥财务、会计资料。

⑦重要的合同、协议及会议记录。

⑧上次外部审计的审计意见，以及上次内部审计结论、建议及后续审计情况。

⑨其他与项目审计方案有关的重要情况。

3. 需要说明的地方

①了解被审计单位情况，不能面面俱到，要有重点。

②前面已经阐述审前调查重点内容，其实就是要把握住一点：要为审计工作找准方向，不要让审计走弯路。

③如何把握好审计方向？从把握被审计单位总体情况、了解问题迹象的角度，做好审前调查工作。

4. 了解被审计单位及相关情况的主要途径

①书面或者口头询问被审计单位内部和外部相关人员。

②检查有关文件、报告、内部管理手册、信息系统的技术文档和操作手册。

③观察有关业务活动及其场所、设施和有关内部控制的执行情况。

④追踪有关业务的处理过程。

⑤分析相关数据。

4.4
编制项目审计方案

编制项目审计方案的主要原则

1. 准确把握审计工作大方向

要实施好审计项目，须紧密结合单位的长远规划、年度中心工作、单位主要领导的指示精神，认真编制项目审计方案，规划审计项目实施方向，准确把握审计工作的重点，确保审计工作大方向不出偏差，不要因实际审计中过分关注技术性、细节性问题，造成审计工作大方向发生偏差，影响审计重点工作的完成。

2. 审前调查要深入

要提升项目审计方案质量，需要从单位管理体制、重大决策程序、重大资金项目、内部控制体系运行、风险防控、资产资金资源规模等方面，深入调查单位基本情况，及时归纳提炼审前调查成果，为编制项目审计方案打下坚实基础。

3. 做好审计资源的调配

要完成审计项目，需要集中一定的审计资源，需要内部审计部门负责人积极协调、统一调配。这里的审计资源，包括审计人员资源、时间资源和审计工作必要的物质和设备资源等。

4. 注意审计手段和措施的科学性和可行性

内部审计部门是单位内部的经济监督部门。对于项目审计方案列出的审计手段和措施，内部审计人员要特别注意其科学性和可行性，在审计工作权威性和协调处理好内部审计部门与其他部门关系之间拿捏好分寸，掌握好力度。

5. 关注项目审计方案汇报审核的程序

起草项目审计方案草稿，需要在单位内部完成讨论、审核、汇报和批准程序。没有履行规定程序进行汇报审核，项目审计方案不能投入实施。

6. 做好项目审计方案在相关范围内的保密工作

在项目审计方案的起草、讨论汇报审核、具体实施等全部环节中，要注意增强保密意识，做好项目审计方案的保密工作，不让上述环节参与人员外的其他人员接触项目审计方案的有关信息，以免对审计工作造成干扰和影响。

编制项目审计方案应遵循的程序

①在充分调查了解与经济责任审计相关情况的基础上，根据被审计单位的实际情况，审计组组长负责编制项目审计方案。

②审计组组长编制的项目审计方案可以在审计组范围内进行讨论，需根据审计意见填写审计组讨论项目审计方案意见单，见表4-2，并提交内部审计部门负责人审核。重要审计项目审计方案，还需报被审计单位分管审计领导审批。

表 4-2　审计组讨论项目审计方案意见单

项目名称	200×年×月—200×年11月×××同志、200×年×月—200×年×月×××同志、200×年12月—200×年×月×××同志经济责任审计
讨论日期	200×年×月×日、200×年×月×日
审计组成员名单	组长：××× 组员：×××、×××
审计组讨论项目审计方案简要汇总	根据200×年度审计项目计划和党委组织部下发的经济责任审计通知，审计组对××单位的内控制度进行了测试，并向该单位管理人员和财务人员进行询问，结合对账户资金历年变化趋势的初步了解，审计组将从下述方面进行审计。 　　1.通过审计，确认200×年12月—200×年11月×××同志经济责任履行情况的审计，侧重于经济决策程序的完备性、经济决策内容的科学性和经济决策的效果性。 　　2.对200×年×月—200×年×月、200×年×月—200×年×月×××同志、×××同志经济责任履行情况的审计，侧重于对重大决策和经济活动进行管理和执行的能力，即经济管理能力、依法行政能力以及工作实绩。 　　3.注重200×年×月—200×年×月，单位经济社会事业发展状况和贯彻执行国家方针政策、遵守国家法律法规情况、重大经济决策情况；通过审核200×年×月—200×年×月财务账册，明确单位财务收支及资产管理情况。 　　4.通过对单位××、资金管理等内部环节的审核，了解其内控制度的状况。 　　5.审核×××同志、×××同志、×××同志遵守国家财经法规、廉政方面的情况。 　　同时，审计组就方案涉及的审计目标的可行性，审计范围、内容和重点的适用性、审计步骤和方法方面的可操作性、时间安排的合理性以及审计分工的恰当性等方面进行了讨论，并达成共识 签名：×××、×××、××× （审计组全体成员签名）　　　　　　日期：×××年×月×日
审计组成员讨论意见	经讨论和审议，本方案提出的目标可行，重点突出，分工具体，方法恰当，同意提交审核。 签名：×××（审计组组长签名）　复核日期：×××年×月×日

③经内部审计部门负责人审核（或报被审计单位分管审计领导审定批准）的项目审计方案由审计组负责实施。

④上述审核、审定和决定都应形成书面记录。审计组应根据上述意见，及时修改项目审计方案。

⑤项目审计方案贯穿审计全过程，在执行过程中，如果审计方案需要作出修改和补充，应按规定程序进行调整。

项目审计方案模板

项目审计方案模板见表 4-3。

表 4-3 项目审计方案模板

被审计单位名称	×××× 大学 ×××× 学院	审计方式
审计项目名称	20× 年 × 月至 20× 年 × 月期间 ×××× 学院财务收支情况审计	内部审计机构自审
审计范围和目标：通过审计工作，对 ×××× 学院 20× 年 × 月至 20× 年 × 月期间财务收支情况的真实性、合法性和效益性进行评价		
审计的主要内容、审计组成员、审计工作程序、审计方法、审计重点及工作分工、审计工作起止时间、对审计工作结果的利用等		
一、审计的主要内容 （1）×××× 学院基本情况。 （2）×××× 学院收入及分配情况。 （3）×××× 学院支出情况。 （4）×××× 学院经济效益情况。 （5）×××× 学院内控制度情况。 （6）×××× 学院采购及合同情况。 （7）×××× 学院管理体制及重大经济决策。 二、审计组成员 审计组长：××× 成员：×××、×××		

三、审计工作程序、审计方法，以及审计重点及工作分工

（1）审前调查：了解项目基本情况，××××学院提供学院相关材料并填写审前调查表（已完成）。

（2）制发审计通知书、审计工作具体方案，由×××同志负责。

（3）获取审计资料，由××处配合提供××××学院相关数据。

（4）实施现场审计程序。部门基本情况由×××同志负责；财务收支及经费执行情况审计、内控制度建设及控制情况由×××同志负责；经济合同签订情况、管理体制及重大经济决策由×××同志负责。

（5）审计报告征求意见稿撰写及征求意见、正稿发文工作由×××同志负责。

（6）审计档案整理归档工作由×××同志负责。

（7）×××、×××实行交叉复核制。

（8）审计重点为支出合规性、采购合规性、决策规范性。

四、审计工作起止时间

××××年××月××日—××××年××月××日。

五、对专家和外部审计工作结果的利用

无。

六、其他有关内容

无。

内部审计机构负责人：×××　　审计组组长：×××

编写人：×××　　　日期：××××年××月××日

4.5 审计进点时段的相关工作

什么是审计通知书

1. 基本含义

审计通知书，是指内部审计机构在实施审计之前，告知被审计单位或者相关人员接受审计的书面文件。

审计通知书有三层含义。

①审计通知书是书面文件，符合业务公文格式。审计通知书不允许以口头形式通知。

②审计通知书的制发主体是内部审计机构。

③制发审计通知书的目的在于书面告知被审计单位或者相关人员接受审计。

2. 制发依据

《第 2102 号内部审计具体准则——审计通知书》第五条规定："内部审计机构应当根据经过批准后的年度审计计划和其他授权或者委托文件编制审计通知书。"

审计通知书的主要内容及模板

审计通知书的内容主要包括被审计单位名称、审计依据、审计范围、审计起始时间、审计组组长及成员名单和被审计单位配合审计工作的要求等。

具体来说，包括以下几点。

①被审计单位名称（或被审计领导干部的姓名、职务）。

②审计依据、范围、内容和时间、方式，其中审计范围应标明被审计单位×××× 年 × 月至 ×××× 年 × 月 ×××× 审计（或 ××× 领导干部 ×××× 年 × 月至 ×××× 年 × 月经济责任审计）。

③需要追溯和延伸的被审计单位和被审计事项。

④审计要求提供的有关资料与工作条件。

⑤审计组组长和成员的姓名、职务。

⑥审计组的审计纪律要求。

⑦审计机构认为需要自查的，应当在审计通知书中写明自查的内容、要求和期限。

采取跟踪审计方式实施审计的，审计通知书应当列明跟踪审计的具体方式和要求。专项审计调查项目的审计通知书，应当列明专项审计调查的要求。

审计通知书

×× 审通〔20×× 〕× 号

关于审计 ×××（单位）

20×× 年 × 月—20×× 年 × 月 ×××× 的通知

×××× （被审计单位）：

根据年度审计工作计划安排（或 ××××），决定派出审计组，自 ×××× 年 × 月 × 日起，对你单位 20×× 年 × 月—20×× 年

×月期间××××情况进行审计。如审计工作有必要，将延伸审计以前年度。请予以积极配合，并提供有关资料和必要的工作条件。在审计过程中，审计组应严格执行审计工作有关廉政规定，欢迎监督。

　　审计组组长：×××

　　审计组成员：×××、×××、×××

　　　　　　　　　　　　　　　　单位内部审计机构（公章）

　　　　　　　　　　　　　　　　　　××××年×月×日

审计通知书的送达

①审计组应在进点实施审计3日前，向被审计单位送达审计通知书，其中，经济责任审计应同时抄送被审计领导干部本人和同级纪检监察、组织人事等相关部门。

②如有被审计单位或被审计领导干部存在或可能存在重大违法犯罪嫌疑等特殊情况，经单位分管领导批准，审计组可以直接将审计通知书在审计进点时送达，实施审计。

③审计通知书送达，应办理送达签收手续，一般要填写审计文书送达回证，见表4-4。

表4-4　审计文书送达回证

事　　由				
受送达人				
送达单位				
发送单位				
文书名称	页数	送件人	收件人	收件日期

审计进点期间的工作及座谈会议程模板

下面以经济责任审计为例进行讲解。

经济责任审计组进驻被审计单位时，应召开经济责任审计进点座谈会。经济责任审计进点座谈会的准备事项由审计组负责。经济责任审计进点会由内部审计机构负责人或审计组组长主持。

1. 经济责任审计进点座谈会会前准备事项

①告知会议事项。审计组在送达审计通知书时，应与被审计单位协商召开审计进点会的时间、地点、议程，确定与会人员并按规定告知有关事宜。如属离任审计，应在会前通知领导干部到会。

②确定与会人员。一般包括组织、纪检、人事、资产、财务、审计等经济责任审计联席会议成员部门负责人，被审计单位领导班子成员（离任审计还应包括已离任的原任领导干部）、单位重要部门中层干部、二级单位主要负责人、单位工会、部分职工代表及其他相关人员等。

③审计组应负责及时通知相关与会人员到会。

2. 经济责任审计进点座谈会的会议议程和内容

①主持人介绍与会人员，宣传经济责任审计政策依据，介绍会议目的、会议内容及议程。

②审计组组长介绍审计的依据、目的、内容、范围、方式、要求，通报经济责任审计工作安排，明确经济责任审计范围（包括审计时间范围和对象范围），提出经济责任审计的明确要求，并表示希望被审计领导干部以及所在单位提供审计工作需要的资料清单以及其他需要配合的事项。

③被审计领导干部简要报告任职期间经济责任履行情况。

④组织人事、纪检监察等部门对审计组提出在现场审计过程中依法审计、廉政工作等要求。

3. 经济责任审计进点座谈会的会议议程

经济责任审计工作进点会会议议程

时间：××××年××月××日

地点：被审计单位×××大楼×××会议室

会议出席人员：组织、纪检、人事、资产、财务、审计等经济责任审计联席会议成员部门的负责人；被审计领导干部（如属离任审计项目，则新任领导也须参加）、分管领导、相关部门负责人，被审计单位办公室负责人、单位工会、部分职工代表及其他相关人员等。

主持：内部审计机构负责人或审计组组长

议程：

（1）主持人介绍与会人员。

（2）审计组组长宣读经济责任审计通知书，介绍审计工作安排以及需要被审计单位支持的事项等。

（3）被审计领导干部代表被审计单位表态，宣读个人任职期间的经济责任履行情况的相关材料。

（4）组织、纪检、人事、国资等经济责任审计联席会议成员部门负责人提出工作要求。

（5）内部审计机构负责人宣传审计廉政纪律，对审计工作提出要求。

签署审计承诺书

1. 审计承诺制度的法律依据

主要有两个方面。

① 2021年10月修订的《中华人民共和国审计法》第三十四条第二款规定："被审计单位负责人应当对本单位提供资料的及时性、真实性和完整性负责。"

② 2019 年 7 月 7 日实施的《党政主要领导干部和国有企事业单位主要领导人员经济责任审计规定》第二十七条规定："被审计领导干部及其所在单位应当对所提供资料的真实性、完整性负责，并作出书面承诺。"

2. 审计承诺书的主要内容

①被审计单位法人代表（主要领导干部）对提供的各项资料的真实性、完整性进行书面承诺。

②对被审计单位是否存在可能导致重大利益损害或流出的或有事项或预计负债，如大额经济合同所导致的债务、担保、抵押、诉讼等其他相关情况进行承诺。

3. 审计承诺书的格式要求

①被审计单位应在审计承诺书上盖公章，被审计单位法人代表（主要领导干部）和被审计单位的财务部门负责人分别签字或盖章。

②在经济责任审计项目中，对先离任后审计的领导干部，离任和新任的领导应分别按各自应当承诺的内容作出书面承诺并签字。

③对重点抽审的下属单位或部分事项，审计组可要求其签署审计承诺书或者单项审计承诺书。

④对违反承诺，提供虚假材料的有关责任人，可以建议组织人事、纪检监察等部门给予必要的组织处理或党纪政纪处分。

4. 审计承诺书的模板

审 计 承 诺 书

（内部审计机构名称）：

根据《中华人民共和国审计法》和《中华人民共和国会计法》的规定，对本次审计，本人及所在部门承诺如下。

1. 提供的有关资料是真实、合法、完整的。

2. 根据审计组的要求，本人及所在部门将提供掌握的全部情况。

3.账面结存的实物资产是经过全面盘点核实后的实际结存。

4.本部门在被审计期间实现的各种收入全部通过单位财务账面反映，支出全部在单位财务账面反映（按照国家有关规定，可以单独设置会计账簿的部门除外），除此之外，没有其他任何财务收支活动。

5.本部门目前不存在可能导致单位重大利益损害或流出的或有事项或预计负债，如大额经济合同所导致的债务、担保、抵押、诉讼等。

如果今后发现违背上述承诺事件，我们愿意承担法律责任。

所在部门（盖章）

经济责任审计领导干部（签章）

财务部门负责人（签章）

年　月　日

撰写经济责任审计个人述职报告

（1）政策依据

《第2205号内部审计具体准则——经济责任审计》第十五条规定："被审计领导干部应当参加审计进点会并述职。"

（2）经济责任审计个人述职报告的基本格式

经济责任审计个人述职报告模板

1.经济责任审计领导干部职务及最初担任本职务的时间。

2.本部门基本情况及内控制度建设情况。

3.被审计期间本部门贯彻执行党和国家经济方针政策、决策部署，以及本部门重要发展规划和政策措施的制订、执行和效果情况，事业发展（工作开展）情况。

4.任期内重大经济事项的决策、执行和效果情况。

5.所在部门在被审计期间各项收入预算与执行、各项支出预算与执行等预算管理、财务收支管理的相关情况，以及执行机构编制管理规定等情况。

6.在被审计期间固定资产、低值易耗品、无形资产等由所在部门保管的各项资产的完整、安全情况。

7.所在部门在被审计期间对外经济合同、协议等涉及经济利益进出的书面文件的签订和执行情况，有无未清理的债权债务、经济纠纷和经济诉讼等情况，有无可能导致单位重大利益损害或流出的担保、抵押等经济风险防范事项。

8.在经济活动中落实有关党风廉政建设责任和遵守廉洁从政规定情况。

9.以往巡视、审计等发现问题的整改情况。

10.其他需要说明的事项。

单位（部门）负责人 签字：

年　月　日

4.6
本章思考和探索

①哪些情况下的内部审计工作要求既编制审计工作方案，又编制审计实施方案？

②你认为，编制项目审计方案必须坚持的基本原则有哪些？

③要编制好项目审计方案，需要认真开展审前调查，你认为，要对哪些方面予以重点关注？

④审计工作开始前，审计人员一般要召开审计进点会。你认为，一般要做好哪些方面的工作？

⑤现在，内部审计机构中的审计人员较少，在审计活动中，同一内部审计人员是否可以在同时开展的审计项目工作中作为不同审计组成员？如果可以，你认为，采取哪些措施既能克服内部审计人员少的情况，又能保证内部审计质量，避免审计风险？

第 5 章

项目审计方案的实施

内部审计是现代组织治理的必备要素。

——王光远

5.1
与被审计单位管理层的沟通

沟通是人类交往的基本行为过程，任何一种信息的交换过程都可以称为沟通。沟通是管理艺术的精髓，具体到内部审计领域，内部审计人员的沟通是指内部审计人员为了获取与审计有关的信息，而与相关人员或某些群体进行信息传递、交换或分享，并且达成共识的过程。它既是内部审计人员开展工作的一种审计方法，也是内部审计人员应具备的一种职业能力。

在审计实施阶段，与管理层沟通主要有三个环节。

①进驻被审计单位时的初次沟通。

②审计过程中发现重大问题时的及时沟通。

③审计结果沟通。

初次沟通

内部审计小组进驻被审计单位的第一项工作，就是召开一次与被审计单位相关人员的初次见面会议。相关人员包括：被审计单位负责人、关键部门负责人、与被审计事项直接相关的业务主管人员、关键岗位的具体工作人员。初次沟通的内容主要有以下几个方面。

1. 审计目的说明

审计项目负责人就本次审计的目的做必要的解释和说明：阐明审计的

目标、大致的工作范围，审计时间安排，要求提供的资料和必要的协助，以及其他为完成审计任务所做的具体安排和要求。有时，审计项目负责人可能会与被审计单位管理层适当人员就审计计划进行沟通，以达成共识。

2. 被审计单位情况

被审计单位的管理层向审计组人员介绍：单位经营规模、经营范围、经营管理方式、主要业务操作流程，基本的财务状况，内部控制变更及执行情况，以前年度的审计情况，存在的主要风险等。

3. 双方讨论

主要讨论对被审计单位有重大影响的本期经营情况的变化和对被审计单位有影响的新出台的法律、法规。在某些情况下，内部审计人员还可以就管理当局感兴趣的特定事项共同讨论，如新开发的产品、新成立的部门等。

审计过程沟通

审计过程沟通主要是就审计过程中发现的重大问题、不配合及审计遇到的困难进行沟通。需要沟通的情形主要如下。

1. 审计过程中发现的重大问题

如内部审计人员对被审计单位选用的会计政策、作出的会计估计和财务报表的披露等重要会计处理问题有异议。

2. 审计过程中遇到的不配合情形

①有关部门在提供审计所需信息时出现严重拖延。例如，内部审计人员可能要求查阅某项重大交易的合同和相关的核准审批文件，但是有关部门一拖再拖，不能及时提供。

②要求缩短完成审计工作的时间，导致内部审计人员无法严格执行计划的审计程序，难以获取充分、适当的审计证据，进而不能实现审计目标。

3. 遇到的其他困难

①无法获取预期的证据。例如，重要应收账款函证无回函，通过其他方法查证，无法确认业务真实性。

②有关部门对内部审计施加的限制。例如，管理层阻止内部审计人员与被审计单位内部审计等机构接触，或者不允许内部审计人员实地察看生产经营场所等。

审计结果沟通

结果沟通，是指内部审计机构与被审计单位、组织适当管理层就审计概况、依据、结论、决定或建议进行讨论和交流的过程。中国内部审计协会于 2013 年 8 月发布《**第 2105 号内部审计具体准则——结果沟通**》，2014 年 1 月 1 日起施行。

《**第 2105 号内部审计具体准则——结果沟通**》第五条规定："内部审计机构应当建立审计结果沟通制度，明确各级人员的责任，进行积极有效的沟通。"

1. 结果沟通的一般规定

《**第 2105 号内部审计具体准则——结果沟通**》的相关规定如下。

①结果沟通的目的，是提高审计结果的客观性、公正性，并取得被审计单位、组织适当管理层的理解和认同。内部审计机构应当与被审计单位、组织适当管理层进行认真、充分的沟通，听取其意见。

②结果沟通可以采取书面方式、口头方式。

③内部审计机构应当在审计报告正式提交之前进行审计结果的沟通。

④内部审计机构应将结果沟通的有关书面材料作为审计工作底稿归档保存。

2. 结果沟通的主要内容

根据《第 2105 号内部审计具体准则——结果沟通》规定，结果沟通主要包括审计概况、审计依据、审计发现、审计结论、审计意见、审计建议等。

①审计概况就是向被审计单位相关人员介绍本次审计的基本情况。

②审计依据是指据以作出审计结论、提出处理意见和建议的客观尺度，包括外部制订的审计依据和内部制订的审计依据。

③审计发现是审计发现的情况或问题，解决"是什么"的问题。

④审计结论、审计意见、审计建议是内部审计人员一段时间以来的审计工作成果，解决"怎么办"的问题。对于审计发现的问题或情况，首先要解决它的定性问题，这就是审计结论。审计意见是对审计已经定性的问题或问题提出的处理处罚方案（意见）。审计建议则是对不适宜进行处理处罚的审计发现情况提出的工作改进思路或设想。

3. 结果沟通的其他要求

根据《第 2105 号内部审计具体准则——结果沟通》规定，应做好以下工作。

①如果被审计单位对审计结果有异议，审计项目负责人及相关人员应当进行核实和答复。

②内部审计机构负责人应当与组织适当管理层就审计过程中发现的重大问题及时进行沟通。

③内部审计机构与被审计单位进行结果沟通时，应当注意沟通技巧。

至于审计沟通的方法与技巧，参见《内部审计工作法系列——内部审计思维与沟通》一书。

5.2 执行分析程序

分析程序，是指内部审计人员通过分析和比较信息之间的关系或者计算相关的比率，以确定合理性，并发现潜在差异和漏洞的一种审计方法。在现代审计中，分析程序发挥着越来越重要的作用。2013 年 8 月，中国内部审计协会发布《第 2109 号内部审计具体准则——分析程序》，2014年 1 月 1 日起施行。

执行分析程序的目的

内部审计人员执行分析程序，开展分析性复核工作，有助于实现确认业务活动信息的合理性、发现差异、分析潜在的差异和漏洞、发现不合法和不合规行为的线索等目标。

与其他审计测试方法相比，分析程序在保证审计质量的前提下，具有降低审计成本、提高审计效率的优势。具体来说有以下几方面。

1. 有助于更深层次地了解被审计单位

内部审计人员应用分析程序能够做出纵向比较，如当期与前期的比较，实际与计划、定额、预算的比较；能够做出横向比较，如被审计单位与所在行业的比较；能够通过数据间的逻辑关系判断被审计单位整体的合理性。这种分析比较使内部审计人员能够对被审计单位经营活动中的关键因素和主要关系有更好的理解和判断。因此，分析程序有助于内部审计人员揭示内在关系，发现深层次问题，正确、全面地进行评价。

2. 有助于迅速判断有问题领域

重大差异，特别是非预期的重大差异，是审计的高风险领域，也是审计的重点领域。分析程序的本质是通过信息的内在关系确认重大差异，并就重大差异形成原因做出测试或解释。而信息的内在关系是客观存在的，在一般情况下，也是稳定的。内部审计人员掌握了信息间的内在关系，就可以凭借职业判断，对重大差异作出快速、准确的确认。

3. 有助于节约审计时间

一方面，内部审计人员通过分析程序，对被审计单位业务的关键因素和主要关系有了更好的理解、明确了审计重点、制订出了有针对性的审计程序，既可以有效减少审计测试工作量，又可以获得客观的审计证据。另一方面，在计算机广泛应用的今天，计算机可以实现分析自动化，帮助内部审计人员迅速处理大量数据，进行分析比较，可以进一步提高审计效率。

分析程序的信息类型与适用对象

1. 分析程序的信息类型

分析程序要分析的信息主要包括以下几种形式。

（1）财务信息与非财务信息

财务信息是指以货币形式的数据资料为主，结合其他资料，用来表明企业资金运动的状况及其特征的经济信息。财务信息包括财务会计系统提供的信息和运用财务管理方法生成的其他信息。

非财务信息是相对于财务信息而言的，是指以非财务资料形式出现，与企业的生产经营活动有着直接或间接联系的各种信息资料。一般而言，不在财务报表上反映的信息内容，大都可以认定为非财务信息。非财务信息客观存在于经济系统的信息传递过程中，有些由会计系统提供，有些由其他系统提供。非财务信息主要有：企业背景信息、经营业绩说明、管理部门的分析讨论、前瞻性信息（企业面临的机会与风险、管理者的计划等）、社会责任信息、核心竞争力及持续发展等。

与财务信息相比，非财务信息具有以下特点。

①空间上的广泛性。非财务信息可以来自企业内部，也可以来自企业外部，而财务信息主要来自企业内部。在网络时代，由于信息的交流变得更为通畅，获取非财务信息的途径也进一步得到增加。

②时间上的延续性。非财务信息可能与企业过去事项有关，也可能与企业现在甚至将来的事项有关，而财务信息一般只与企业过去事项有关。

③非货币性。非财务信息一般不以货币形式出现，而且大多是一种定性描述。

④真实性。由于非财务信息多而杂，刻意修饰或系统修改的可能性较小，信息很可能保持真实的状况。

⑤与财务信息相比，部分非财务信息具有较强的相关性，部分非财务信息可以满足可计量性，但是非财务信息的可靠性明显不足，大部分非财务信息的可定义性不强。

（2）货币信息与实物信息

货币信息是指以货币计量的信息，如资产总额、营业收入、营业成本、净利润等。**实物信息**是指以实物单位为计量的信息，如产品品种、销售量、员工人数、销售渠道、专利项目等。

当然，企业在运营过程中也存在既难以用货币计量，也难于以实物计量的信息。如：企业职员的知识和技能都有很高的价值，却无法用货币对其准确计量；客户的忠诚能保证企业的未来收益，但相关报表只反映了过去已实现的收益。因此，在对企业经济业务和事项进行计量时，通常以货币作为统一的计量尺度，而以实物量度和其他量度等作为辅助的计量尺度。

（3）电子数据信息与非电子数据信息

电子数据（electronic data）信息是指基于计算机应用、通信和现代管理技术等电子化技术手段形成的信息，包括文字、图形符号、数字、字母等。它通常存储在硬盘、软盘、CD、DVD、U 盘等存储介质当中。非电子数据信息是相对于电子数据而言的，即传统的以实物形态或纸质媒介反映的信息。

（4）绝对数信息与相对数信息

绝对数信息是指以数字表达形式（货币、实物、时间）反映客观事物在一定时间、地点、条件下的总体规模或水平的信息。**相对数信息**是由两个有联系的指标对比产生的，是用以反映客观现象之间关联程度的综合性信息。

计算相对数信息的基本公式如下。

$$相对数 = \frac{比较数值（比数）}{基础数值（基数）}$$

分母是作为对比标准的基础数值，简称基数；分子是用作与基数对比的比较数值，简称比数。相对数信息通常以系数、倍数、成数、百分数等形式表示。

2. 分析程序的适用对象

根据《**第 2109 号内部审计具体准则——分析程序**》的相关规定，内部审计人员通过执行分析程序，能够获取与下列事项相关的审计证据。

①被审计单位的持续经营能力。

②被审计事项的总体合理性。

③业务活动、内部控制和风险管理中差异和漏洞的严重程度。

④业务活动的经济性、效率性和效果性。

⑤计划、预算的完成情况。

⑥其他事项。

分析程序的执行及案例

1. 分析程序包括的主要内容

根据《第2109号内部审计具体准则——分析程序》的相关规定，分析程序一般包括下列**基本内容**。

①将当期信息与历史信息相比较，分析其波动情况及发展趋势。

②将当期信息与预测、计划或者预算信息相比较，并做差异分析。

③将当期信息与内部审计人员预期信息相比较，分析差异。

④将被审计单位信息与组织其他部门类似信息相比较，分析差异。

⑤将被审计单位信息与行业相关信息相比较，分析差异。

⑥对财务信息与非财务信息之间的关系、比率的计算与分析。

⑦对重要信息内部组成因素的关系、比率的计算与分析。

2. 分析程序采取的主要方法

根据《第2109号内部审计具体准则——分析程序》的相关规定，分析程序的方法主要包括：比较分析、比率分析、结构分析、趋势分析、回归分析以及其他技术方法。内部审计人员可以根据审计目标和审计事项，单独或者综合运用以上方法。

3. 分析程序的实施

根据《第2109号内部审计具体准则——分析程序》的相关规定，实施分析程序应做好以下几项工作。

①执行分析程序时，应考虑信息之间的相关性，以免得出不恰当的审计结论。

②内部审计人员应当保持应有的职业谨慎，在确定对分析程序结果的依赖程度时，需要考虑下列因素。

a. 分析程序的目标。

b. 被审计单位的性质及其业务活动的复杂程度。

c. 已收集信息资料的相关性、可靠性和充分性。

d. 以往审计对被审计单位内部控制、风险管理的评价结果。

e. 以往审计中发现的差异和漏洞。

③在审计计划、审计实施、审计终结阶段执行分析程序应把握的工作重点如下。

a. 审计计划阶段——了解被审计事项的基本情况，确定审计重点。

b. 审计实施阶段——对业务活动、内部控制和风险管理进行审查，以获取审计证据。

c. 审计终结阶段——验证其他审计程序所得结论合理性，以保证审计质量。

4. 对分析程序结果的运用

（1）影响分析程序效率和效果的因素

根据《第 2109 号内部审计具体准则——分析程序》的相关规定，内部审计人员在分析程序实施过程中、结束后，应当考虑下列影响分析程序效率和效果的因素，消除或尽量减少对分析结果的影响。

①被审计事项的重要性。

②内部控制、风险管理的适当性和有效性。

③获取信息的便捷性和可靠性。

④分析程序执行人员的专业素质。

⑤分析程序操作的规范性。

（2）分析程序发现差异的处置途径

根据《第 2109 号内部审计具体准则——分析程序》的相关规定，分析程序发现差异的处置途径如下。

①询问管理层，获取其解释和答复。

②实施必要的审计程序，确认管理层解释和答复的合理性与可靠性。

③如果管理层没有作出恰当解释，应当扩大审计范围，执行其他审计程序，实施进一步审查，以便得出审计结论。

总之，将分析程序贯穿审计全过程，是内部审计人员合理运用职业判断的充分体现。能够合理、谨慎、熟练地运用分析程序进行审计，不仅有助于大大提升和提高审计的质量和效率，也有助于内部审计人员的职业素质和工作能力的提高。

下面以某高校食堂的财务收支案例进行讲解。

A大学食堂财务收支审计案例 ①

食堂饭菜质量和定价是高校食堂管理的永恒主题。一段时间以来，A大学学生反映饭菜质量差、价格高，而食堂管理部门反映食堂饭菜成本高，一直在亏本运营。因此，学校决定，对食堂2012年、2013年财务收支情况进行审计。

A大学审计处在审查评价食堂2012年、2013年财务收支合法合规基础上，重点关注食堂内控管理、成本费用管理等情况，指出内控管理、成本费用管理的薄弱环节。

主要采取了下列方法。

1. 从报表出发，对总账、明细账和会计凭证进行逐层审核，根据发现的问题形成审计工作底稿。

2. 根据会计凭证、会计账簿和会计报表等资料，重点对食堂资产负债、经营状况和成本费用开支的真实、合法合规，进行客观评价。

3. 以财务收支审计为基础，结合内部控制审计的技术方法，了解食堂内部控制的现状和运行效果，重点了解内控的运行机制和薄弱环节，并提出有针对性的建议。

4. 根据审计工作需要，对食堂相关工作人员进行询问、交流谈话，开展现场资产盘点和查看管理流程等工作。

经过审计，发现以下几方面的情况和问题。

---

① 太原理工大学审计处.学生反映饭菜贵，食堂却亏损，问题出在哪？——大学食堂财务收支审计案例［J］.中国内部审计，2016（8）：54-57.

一是财务管理方面。审计期间的食堂利润表信息不真实，存在超额提取福利基金、水电费、应付客户款项等，隐瞒利润 160 余万元；未经学校决策程序，擅自从学生一卡通就餐经费中提取管理费 9 万元，计入食堂饮食成本；违反规定将 2012 年红酒 2.8 万元和其他应收款 0.65 万元直接核销，计入管理费用，没有情况说明和任何原始资料，造成资产直接流失；2012 年存在私车公用报销费用 9.5 万元，违反学校公车管理有关规定。

二是会计核算方面。2013 年违反一贯性原则，改变管理费用开支口径，将原在其他科目开支的各餐厅领用灶具、电料、工具、劳保用品等多种材料支出和餐厅人员体检费等费用支出，列入管理费用中；年度间财务指标信息缺乏可比性，且未在年度会计报表中注明等。

三是内部控制方面。食堂内部管理制度不健全，缺乏章程、岗位职责等内部管理制度，对重大决策程序没有明确的规定，关键程序、关键岗位的职责和管理制度不够明确，且执行效果差；食堂和各经营组之间无成文的经营协议，责权利不明确，且公共费用分摊没有明确标准，随意性大；非政府采购支出缺乏规范程序与合理的内部控制，没有招标程序，如食堂采购电料等 68 万元，入库单上采购人和验收人为同一人，出库单上无保管员签字，内控工作存在漏洞；餐厅内部经常性修理费用（如修理门锁、修理土豆皮机、清理屋顶油污等费用 4.2 万元）的支出审批，缺乏规范的控制程序；某餐厅一组 2012 年度、2013 年度共领取粮油等材料 49 万元，存在以现金收取餐费，只上交营业收入 0.65 万元，未实现以一卡通形式统一收款，存在餐费收入截留不上交的现象；审计发现存在 517 项，共计 175 余万元的固定资产有账无物、久未清理、账实不符，表明资产管理制度不健全；食堂补贴和奖金名目繁多，且未按照学校统一规定发放补贴和奖金。

针对上述审计发现的问题，审计组提出 7 条高质量的审计建议。食堂高度重视，及时开展审计整改，修订了基本管理制度，对重要岗位设置进行了调整，对不相容职务进行了分离，对管理人员和财务人员进行了专门培训，在经营组中进行竞争上岗，每周按照材料报价重新进行饭菜定价，设立学生社团专门对饭菜和价格开展监督。学校对这次审计给予高度评价。

5.3 审计调查取证

审计调查是审计方法的一个重要组成部分。审计实施过程除了审查书面资料和证实客观事物外，还需要对经济活动及其活动资料的相关客观事实进行内查外调，以明确事项真相，或查找新的线索，获取审计证据，这就需要内部审计人员深入被审计单位展开审计调查。

什么是审计调查

审计调查是内部审计部门和人员运用审计手段，通过座谈、询问和实地考察，结合审阅检查会计凭证及有关资料等审计技术方法，对本单位重要的、带普遍性或倾向性的问题进行客观归纳、综合反映，分析研究、找出原因，提出合理的建议，以供本单位主要领导进行决策，加强内部管理，协助单位实现增值目标的一种审计活动。它又称专项审计调查。

1. 审计调查的特点

与一般的审计活动相比，审计调查具有以下特点。

①审计调查一般包括编制审计调查通知书、审计调查取证、提出审计调查报告等必要工作，程序相对简化，具有灵活机动、方法简便、问题集中、用时短、时效性强等特点。

②审计调查项目的确定，可以在年度工作计划中予以安排，也可以在

审计过程中临时调整增加。

③审计调查对象可以是同一单位在不同时间的同一内容，也可以是不同单位在同一时间的同一内容，审计调查的目的性更强，更易于被审计调查的单位、部门理解和接受。因此，审计调查是内部审计部门非常重要的一种工作形式。

从形式上看，审计调查有综合的、全面的调查，也有专题的、重点的调查，有普遍的调查，也有抽样调查，有事后的调查，也有事前、事中的调查。审计调查可由内部审计人员进行专业调查，相关负责人也可邀请有关职能部门及人员参与，进行联合调查等。各种审计调查方式是相互联系、相互补充的。恰当地选择审计调查方式，可省时、省力，达到事半功倍的效果。

2. 与审计调查相近的两个概念

与审计调查相近的还有两个概念，就是"财经法纪审计""舞弊审计"。财经法纪审计是与严重违反财经法纪行为相关联，需要本着责任心、认真的工作态度和卓越的工作能力来完成的一种审计。其实，舞弊审计是财经法纪审计的一种审计形式。具体在第 2 章中已有阐述，不再重复。

3. 审计调查的运用

审计调查比分析程序具有更明确的目的和方向，如果审计调查发现了重大的内部控制缺陷，那么内部审计人员所进行的追加测试，应该直接面向那些已被确认的迹象。如果可能发生或事实存在的欺诈或不正当行为，涉及相关机构或具体人员舞弊行为，项目组负责人应及时向内部审计部门负责人直至单位最高管理层汇报情况，由最高管理层决定是否启动舞弊审计工作程序；如是没有涉及相关机构或个人舞弊的严重违反财经法纪的行为，内部审计部门负责人申请是否启动财经法纪审计程序。

在审计或调查过程中，内部审计人员应该对所有已经确定的重大控制缺陷进行深入系统的调查，当调查的事项涉及法律和犯罪问题时，内部审计人员务必小心谨慎，切勿因程序不合法而给组织和个人带来严重影响。内部审计人员应该在坚守审计保密纪律的前提下，就这类问题与安全人员或法律顾问进行磋商，听取他们的意见和看法，并求得支持和帮助。

审计调查的主要内容

审计调查是内部审计活动的组成部分，这就决定了审计调查的客体与内部审计活动的客体是相一致的。概括地说审计客体就是本单位的经济活动，这些活动不仅包括生产经营管理活动的各个方面，也包括对经营活动进行记录的财务会计活动及会计信息。因而审计调查的主要内容应包括两大部分：**经营管理活动调查和财务会计活动调查。**

1. 经营管理活动调查

经营管理活动调查的主要内容有：生产经营决策方案和方案执行情况，经济效益现状及提高的途径，财经法纪、制度规章办法的执行情况，内部控制制度的设计与执行情况，经济合同管理、物资管理、供销管理、基本建设项目管理等诸多方面。

2. 财务会计活动调查

财务会计活动调查的主要内容有：单位资产、负债和损益的真实性、合法性；单位资产的保值增值性及其使用效益。资产、负债和损益是单位财务收支的综合反映，是财务会计活动审计调查的一项基本的内容。进行财务会计活动调查时，要重点调查单位各项资产、负债是否真实，收入、成本费用和利润是否合法，以确保能如实反映单位的财务状况和经营成果。为确保单位财产的保值、增值，要重点调查资产的安全完整和使用、变动情况，防止资产流失并充分发挥其效用。

通常来说，一些审计调查是将上述两种内容结合起来实施的，如开展政府采购审计调查，就是既要调查政府采购、资产验收等业务管理活动，也要调查政府采购涉及的资金支付等财务活动。

审计取证的主要内容与要求

1. 证据、审计证据概述

证据是用来证实某一事件或为某一事件提供支持的事物。《辞海》对"审计证据"的表述为：审计人员为了得出审计结论、形成审计意见而收集的所有信息。它包括财务报表依据的会计记录中含有的信息和其他信息。审计人员应当获取充分、适当的审计证据，以得出合理的审计结论，作为形成审计意见的基础①。2013 年 8 月，中国内部审计协会发布《**第 2103 号内部审计具体准则——审计证据**》，2014 年 1 月 1 日起施行。对于"审计证据"的定义，审计证据准则指出，审计证据是指内部审计人员在实施内部审计业务中，通过实施审计程序所获取的，用以证实审计事项，支持审计结论、意见和建议的各种事实依据。

从上述两个定义可以得出，审计证据应具有以下三层基本含义。

①审计证据的表现形式为审计工作过程中形成的信息或资料。

②审计证据的获得，必须履行有效的审计程序。

③收集审计证据的目的在于证实审计事项，支持审计结论、意见和建议。

2. 审计证据的种类和特性

（1）审计证据种类与使用

审计证据包括**书面证据、实物证据、视听证据、电子证据、口头证据、环境证据**。

前四个证据是审计证据的不同表现形式，审计人员视情况可以作为**直接证据**。口头证据、环境证据则不同，应属**间接证据**。口头证据是口头交流形成的证据，受个人品行、修养、知识、观察力、表达力、社会关系甚

---

① 夏征农，陈至立. 辞海［M］.6 版. 上海：上海辞书出版社，2010：3473.

至情绪等因素的影响，口头表达有时可能不准确，与事实有较大差距；而环境证据则是在某个组织范围或某个空间区域表现出的可能证明某种事实或迹象的信息或资料，信息或资料要形成审计工作所需要的证据，必须经过认真、深入的分析和评价。一般情况下，审计人员可以把环境证据作为其他证据的**辅助证据**来使用。

（2）审计证据的特性及解读

①相关性，即审计证据与审计事项及其具体审计目标之间具有实质性联系，也就是说，审计证据与所证明的审计事项应当正相关，讲的是同一个事，若与审计事项无关，再好的证据也是没有用的。

②可靠性，即审计证据真实、可信，也就是说，提供的审计证据必须真实，可以得到信赖，不讲"假话"，不提供"假材料"。审计证据按证明力分类，可以划分为**充分可靠证据、部分可靠证据和不可靠证据**三个类型。

充分可靠证据是指无须进一步取证而足以支持审计意见形成的证据，如实物盘点证据或审计人员亲自观察所得的结果。

部分可靠证据是指还需进一步取得确证的证据，如采用询问所得的口头陈述记录。

不可靠证据是指虽然有助于审计人员开展审计工作，但其本身并不可靠的证据，如被审计单位管理当局的声明书等。

③充分性，即审计证据在数量上足以支持审计结论、意见和建议。这里要说的是，如果审计证据满足相关性、可靠性，但审计证据反映的事实不带一定的规律性，不在数量上满足审计的要求，审计人员就不能得出某一判断成立的结论，也就是不满足充分性要求。

根据《**第 2103 号内部审计具体准则——审计证据**》的相关规定，审计人员获取的审计证据，如有必要，应当由证据提供者签名或者盖章。如果证据提供者拒绝签名或者盖章，审计人员应当注明原因和日期。审计人员应当将获取的审计证据名称、来源、内容、时间等，完整、清晰地记录于审计工作底稿中。

3. 审计取证的工作内容

审计取证是审计调查的核心环节，其工作主要包括以下 3 点。

①调查小组进驻被审计单位，说明调查目的、要求等，争取获取被审计单位的积极配合和支持，初步听取基本情况的介绍。

②运用各种审计调查技术方法进行实际审计调查，做好取证和调查记录。

③对调查取得的材料进行归类、整理、筛选、综合、分析，形成审计调查工作底稿。

严肃认真、客观公正地做好审计取证工作，是审计调查工作成功的基础性工作，而对材料的归类、整理、综合、分析研究，则是审计调查取得成功的关键。

4. 审计取证的基本要求

①通过检查文件、资料获取审计证据的，需要取得与审计事项有关的文件、资料的原件或者复制件。

②通过检查有形资产、观察、重新计算或者重新操作获取审计证据的，需要记载审计取证的时间、地点、方法、事项、内容和结果等情况，并注明审计取证人员的姓名、职务等。

③通过询问获取审计证据的，需要记载询问的时间、地点、事项、内容和答复等情况，并注明被询问人员的姓名、职务和审计取证人员的姓名。

④通过外部调查获取审计证据的，需要取得第三方关于被调查事项的书面说明、相关文件和资料的原件或者复制件等证据。

⑤通过分析获取审计证据的，需要记载数据来源、分析方法和结果等情况，并注明审计取证人员的姓名。

通过检查或者观察获取的审计证据，可以采用文字、照片或者视频等形式记载；通过询问获取的审计证据，可以采用调查询问记录、座谈会记录或者问卷调查表等形式记载。

审计证据的整理、分析与评价

　　审计人员所收集到的初始证据往往是分散、零乱、无序和孤立的，证据形式也是复杂多样的。要使其变成系统、有序、彼此联系，具有充分、适当证明力的证据，审计人员必须按照一定的程序、目的和方法进行科学的整理、分析和评价。这样，审计人员才能对各种审计证据合理地进行审计小结，对被审计单位经营管理活动及财务会计资料等形成比较完整的认识，并在此基础上，正确评价其是否恰当地反映了被审计单位的财务状况、经营成果、现金流量及经济责任的履行情况。

　　审计证据分类的目标是保证审计证据的相关性。这种方法是将各种审计证据或按其证明力的强弱，或按其与审计目标的关系是否直接等分门别类排列。通过对审计证据的分析和整理，审计人员还可以发现证据不足之处，及时进行补充收集，以便获取新的证据材料，深入开展审计工作。

1. 整理、分析与评价审计证据的方法

　　对审计证据的整理、分析与评价工作并没有一个固定的方法模式。审计目的不同，审计证据的种类不同，其整理、分析与评价的方法也就不同。审计证据证明力的相对强弱程度，见表 5-1。

表 5-1　审计证据证明力的相对强弱程度

证据形式	强弱程度判断
实物证据	强
书面证据	
来自独立第三者的外部证据	
已获独立第三者确认的内部证据	
审计人员自行获取的证据	
良好的内部控制下获取的证据	
不同来源的、能够相互印证的证据	
从及时编制的记录中取得的证据	

续表

证据形式	强弱程度判断
环境证据	弱
口头证据	
内部证据	
未获独立第三者确认的内部证据	
被审计单位提供的证据	
较差的内部控制下取得的证据	
孤立的证据	
从非及时编制的记录中取得的证据	

一般而言，整理、分析与评价审计证据的基本方法主要如下。

（1）计算

计算是指按照一定的方法对数据方面的审计证据进行计算，并从计算中得出所需的新的证据。

（2）比较

比较具体包括两方面的内容：一是将各种审计证据进行反复比较，从中分析出被审计单位经济业务的变动趋势及其特征；二是将各种审计证据与审计目标进行比较，判断其是否符合要求。如认为其不符合要求，则需补充收集有关的审计证据。

（3）小结

审计人员在对审计证据进行上述分类、计算和比较的基础上，还应对审计证据进行归纳、总结，得出具有说服力的局部的审计结论。

（4）综合

综合是指审计人员对各类审计证据及其所形成的局部的审计结论进行综合分析，最终形成整体的审计意见。

2. 整理、分析与评价审计证据时应注意的问题

为使审计证据的整理、分析与评价工作更加科学、合理、有效，审计人员在整理、分析与评价审计证据的过程中，应着重解决好以下问题。

（1）审计证据的取舍

审计证据取舍的目标是保证审计证据总体的有效性。审计结论应是建立在相关审计证据基础上的一种综合判断结果，并不是对各项审计证据反映内容的简单汇总。在原有相关审计证据体系中，各项审计证据的重要性程度及其对综合结论的影响性质是不同的。因而，在编制审计报告之前，审计人员必须对原有的反映不同内容的审计证据进行适当取舍，舍弃那些无关紧要的、不支持审计意见的次要证据，只选择那些具有代表性的、支持审计意见的重要证据在审计报告中加以反映。审计证据的取舍标准应考虑两个方面。

①金额的大小。审计人员应当把金额大、足以对被审计单位财务状况或经营成果的反映产生重大影响的证据，作为重要的审计证据予以保留。

②问题性质的严重程度。有些审计证据本身所揭露问题的金额也许并不很大，但其性质较为严重，可能导致其他重要问题的产生或与其他可能存在的重要问题有关，则审计人员也应将这类审计证据作为重要的审计证据加以保留。

（2）分清事实的现象与本质

有些审计证据所反映的情况可能只是一种现象，审计人员不能被这些表面现象迷惑，而应该能够透过现象找出本质之所在。

（3）排除伪证

有的时候，审计证据的提供者出于某种动机而伪造证据，基于某些主观或客观原因而提供虚假证据。这些伪证或因精心炮制而以假乱真，或与被审事实之间存在某种巧合，如不认真排除、辨明真相，往往会干扰审计人员形成正确、恰当的审计结论和意见。

5.4
审计取证的八个核心方法

获取审计证据的方法主要有审核、观察、监盘、询问、函证、计算、电子证据的收集、审计抽样等，见图 5-1。下面分别予以阐述。

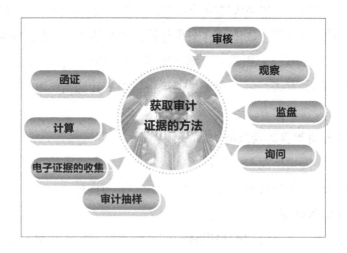

图 5-1　获取审计证据的方法

审核

审核是基于书面资料进行审阅与核对的一种方法。这里的审阅指的是仔细地浏览与查看，核对指的是仔细地比较与核实，包括证证核对、账证核对、账账核对、账实核对、账表核对、表表核对等。

1. 审核的基本步骤

主要步骤如下。

第一步，根据确定的审计目标和已经了解的情况，向被审计单位索取有关书面文档。

第二步，对取得的书面文档进行审核。

第三步，记录发现的疑点等重要内容。

2. 审核的基本要点

主要内容有"四看"。

一看资料的完整性，就是看办理该笔业务应该具备的文件是否齐备。

二看资料的协调性，就是看各项资料相互之间是否一致、是否有突兀感、能否相互印证。

三看资料的真实性，就是看重要文件是否真实，有无伪造、变造。当然，这就需要运用后面的计算方法。

四看资料的有效性，就是看重要文件是否有法定效力。

这"四看"是相互联系的，有时候是递进关系。比如，看资料的真实性和有效性，往往需要借助看资料的协调性。审计人员往往就是发现一些资料相互不协调，进而发现资料有假，或者资料的有效性不足。所以，审计人员在对书面资料进行审核时，要注意并用"四看"。

3. 审核原始凭证的格式

审核原始凭证的格式，主要是审阅与核对原始凭证的各要素（抬头、日期、填制单位、品名、规格、数量、单价、金额等）是否齐全、真实、规范，重点关注：

①原始凭证的编号是否连续；

②是否加盖填制单位的公章或注明其名称、地址；

③是否有经手人和业务负责人的签字；

④摘要栏的字迹是否清楚，计算是否正确，有无刮擦、涂改或伪造的

痕迹；

⑤发票性质是否符合要求，有无以资金往来发票替代结算票据；

⑥是否使用过期或作废票据等。

4. 审核原始凭证的内容

审核原始凭证的内容，主要是审阅与核对原始凭证所反映的经济业务是否真实和合法合规，重点关注：

①经济业务的记载是否符合被审计单位的实际情况；

②经济业务的内容是否符合有关法律法规的具体规定；

③经济业务的会计处理是否遵循会计准则的规定；

④经济业务的发生与处理是否经过了必要的审批程序。

5. 审核记账凭证的格式

审核记账凭证的格式，主要是审阅与核对记账凭证的各要素（抬头、日期、填制人员、摘要、借贷方向、金额、记账凭证编号等）是否齐全、真实、规范，重点关注：

①记账凭证的制单人员与复核人员是否签名，是否有无人负责的记账凭证；

②记账凭证的编号是否连续，断号记账凭证的去向。

6. 审核记账凭证的内容

审核记账凭证的内容，主要是审阅与核对记账凭证所反映的经济业务是否真实和合法合规，重点关注：

①记账凭证是否附有合法的、具有足够证明力的原始凭证；

②所附原始凭证的张数与记录数量、摘要内容是否一致，有无以自制凭证替代外来原始凭证、以复印件替代原始凭证的情况；

③记账凭证的记载是否符合会计制度的规定，所记账户和会计分录是否正确，有无错用账户或记错方向，或利用会计处理弄虚作假等舞弊行为。

7. 审核会计账簿的格式

审阅与核对会计账簿格式，重点关注：

①会计账簿反映的各项记录是否规范和完备；

②业务摘要、对应账户是否齐全；

③是否按照规定方法更正记账错误，有无刮擦、涂改等痕迹；

④会计账簿的启用手续、使用记录和交接记录是否完整合规。

8. 审核会计账簿的内容

审核会计账簿内容，重点关注：

①会计账簿反映的内容是否真实、合法；

②账户对应关系是否与记账凭证（科目汇总表）一致，是否符合会计制度的要求；

③明细记录的内容是否与记账凭证一致，有无错误、舞弊。

9. 审核会计报表的格式

审阅与核对会计报表格式，重点关注：

①会计报表是否按照会计准则和其他财务会计制度规定的要求编制；

②编制手续是否完备，有无编制人员和审核人员的签章。

10. 审核会计报表的内容

审核会计报表内容，重点关注：

①会计报表项目是否完整；

②各相关项目的对应和钩稽关系是否正确，相关数据是否一致，有无异常变化情况；

③会计报表说明或附注是否对应予揭示的重大问题做了充分披露。

11. 审核其他书面资料

其他书面资料的审核主要是通过审阅与核对被审计单位的计划、预算资料、合同资料、业务规范、规章制度和其他有关资料，来进一步收集审计证据，同时验算和确认相关会计资料的真实性、合法性。对其他书面资料的审核重点是关注其来源是否可靠、数据计算是否正确、业务内容是否合法等。

观察

观察是审计人员亲临现场进行实地观察检查，借以查明事实，以获得实物证据和环境证据的一种方法。对被审计单位的生产经营过程、各类工作的业务处理过程或作业现场进行实地观察，是内部审计实施阶段一个极其重要的组成部分，它能够使审计人员直接感觉和认识被审计单位的基本情况，深入理解和把握各类活动实际的目的和效果，为发现审计异常、确定审计重点提供有力保证。

在实际工作中，有的审计人员对观察取证得心应手，能在极短的时间内获取大量的第一手资料和审计证据，而有的审计人员运用观察取证的效果不佳，其原因主要是未真正掌握观察的技法。

1. 观察的内容

主要有"四察"。

一察存在性，就是看交易所涉及的实物是不是存在。

二察完整性，就是看交易所涉及的实物是否保持完好。

三察权属性，就是看交易涉及的实物归谁所有，比如房产抵押贷款检查，审计人员可能需要到登记部门察看抵押房产的归属。

四察足值性，就是看实物资产是否贬值。完整性往往是看实物的使用（物理）状态，足值性主要看实物的价值状态。比如，房产抵押贷款检查，审计人员在实地察看房产时，可能需要察看房产的价值能否覆盖其担保的贷款，其实际价值与当初的评估价值是否基本一致等。

上述"四察"中，前三察要重点关注，第四察一般仅作为参考。

2. 观察的方法

主要有"四法"。

(1)"障眼"观察法

"障眼"观察法是指审计人员在观察前，不打招呼、不告知被审单位有关人员意图，按照掌握的线索和发现的疑点，找个"空隙"，采取"随便走走转转"形式，寻找观察目标，并及时编制观察记录，注明观察的事项、内容和结果等，以获取有力的证据。通常"障眼"观察法在被审计单位不积极配合，或审计机关配合纪委查处案件时使用。此法虽然外在表现为，观看无"目的"和漫不经心，但在实际运用时，往往会达到意想不到的效果和获得审计进展。

(2)"定序 / 反序"观察法

"定序"观察是指按照一定的顺序进行观察，或由上到下，或由左到右，或由近及远，或由东到西，或由点到面，或由外及里等。"定序"观察易把握，是审计人员常运用的观察取证方法之一。"反序"观察即不按照事先的约定或一般的顺序进行观察，以打乱被审计单位预先安排，具有出其不意的效果。观察时，审计人员应细致认真，如清点固定资产时，应看清楚型号、数量、运行状况是否与报送的盘点账册相符。

(3)"寻根"观察法

"寻根"观察法是指对被观察对象，从头至尾，寻根追底，把它看全问清，找到它的"根"，以获取有效的证据。此法在实际运用中，往往与询问取证方法有机结合起来，审计人员可以一边观察，一边询问一同到现场的被审计单位分管人员或具体承办人员，弄清相关事项的前因后果。采用"寻根"观察法，有时需要反复多次，才能"寻"出需要取证的"根"。

(4)"比较"观察法

"比较"观察法是指将现场观察到的实际状况、清点的数据，与观察前查阅的相关资料、报表数据，进行对比或联想，对观察事项做纵向和横向比较，以收集有力的证据。运用"比较"观察法，往往与分析性复核有机结合起来，除重视现场观察外，还应把功夫下在观察前的准备工作上。

此方法要求审计人员在观察前熟悉被审计单位提供的相关数据和资料，了解被观察对象的过去，掌握同行业的参照平均指数，使其成为观察取证时，提供依据和分析判断的参照物，只有这样，才能确保观察时心中有数。

3. 观察的技巧

观察是一门很深的学问，是一种艺术，要想掌握它，除掌握一些方法外，更重要的是在实践中总结技巧。审计人员在具体运用中如能注意把握以下几点，可能会取得更好的效果。

（1）要确立观察目标

审计人员在观察前要设计完整的观察计划（除特殊情况外），确立明确具体的观察目标，按计划进行观察；观察中勤做审计观察笔记；观察后须对审计记录进行整理，以便获得充分有效的证据。

（2）要把握观察重点

对所有的现场和活动过程进行现场观察是不可能的，也是不必要的。现场观察的工作内容应该根据项目审计目标来确定，并反映问题调查表的重要方面。一般来说，现场观察应该覆盖与被审计对象相关的所有重要方面，包括资产的保护、设备和资源的利用、财务会计和生产经营过程等方面的内容。

具体地讲，审计人员在现场观察中应该重点关心以下方面的问题：

①被审计对象的各项经济活动是否遵守了与单位相关的方针、政策、法律、条例，以及各种应予遵守的程序和标准；

②被审计对象的财产资源的安全和完整方面的保护和控制情况；

③被审计对象的控制措施的运用及其效果；

④现场工作状况及其质量；

⑤资源的筹集和使用情况；

⑥会计信息和业务信息的处理情况及其准确程度；

⑦生产现场的秩序和纪律等。

（3）要用心观察

观察是有意识、有目的地感知自然或社会现象的过程。现场观察是一项认真细致的工作，绝不能敷衍。在现场观察过程中，审计人员既要注意"看"，也要认真"听"，还应该适当地运用分析判断，以挖掘那些未曾被考虑而又需要进行观察的事物，时刻注意那些不正常、不经济、低效率或任何可能存在问题的迹象。这些迹象可能以工作流程不顺畅、场地脏乱、设备安置和保养不恰当、资产保管地不安全、装置泄漏点不正常、业务衔接不够等形式表现出来，也可能表现在指挥不当、职员对管理人员有不满或抵触情绪，工作态度不严谨，作风散漫等方面。富有经验的审计人员熟悉管理原则和方法，通晓单位的各种工作标准和要求，只要稍加注意就能发现类似低效率、不经济或不正常的现象。也就是说，审计人员必须"五官灵敏"，充分运用视觉、听觉、味觉和触觉，特别是要进行联想、思索，要将"观察"与"思索"结合起来，才能充分体现观察在审计取证中的魅力。

（4）要与其他取证方法结合运用

虽然观察在收集审计证据中可以单独采用，但在实际工作中，为保证审计证据"三性"（即充分性、相关性、可靠性），审计人员往往会根据不同取证事项的需要，将其与审核、监盘、询问、计算等方法有机结合起来，使收集审计证据的过程更具科学性，审计证据效果更好。

（5）要借助科学手段

在条件允许的情况下，可以根据需要，借助现代物理的某些仪器和手段进行观察取证，使取证的说服力和证明力更强，以适应快速发展的审计需要。

（6）最好有人陪同

现场观察要尽可能地由熟知情况的管理人员陪同进行。在观察过程中，审计人员应该随时提出一些具体的问题以求得现场解答，尤其对观察中发现的不正常或存在疑虑的现象，应该询问其原因直到得到满意的回答为止。同时，适当地听取现场作业人员就目前情况和存在问题进行的介绍和解释，并对之进行比较分析，这有助于审计人员从不同人员对同一事物所做的不同解释中，揭示可能存在的重大问题或需要深入调查的潜在风险领域。

（7）要保持职业谨慎

在利用现场观察所收集的信息和结果时，审计人员应该保持谨慎的态度。一方面，现场观察中所观察到的一切情况都可能是随机事件，并不能完全代表正常条件下的一般现象。这要求在后面的审计工作中进一步证实。例如，审计人员在现场既没有看到工作停顿，也没有发现工作积压，场地也很干净，展现在他们面前的是一条畅通无阻的生产流水线。但是在生产管理部门或生产车间有关产品产量的统计资料中，审计人员却发现每个月的产品产量起伏很大，甚至出现产量为零的记录。这就表明，因为停工可能没有完成生产计划，眼前畅通运行的生产线是一种假象。另一方面，由于某些客观原因，审计人员所听到的介绍和解释，可能不是真实情况的反映，甚至可能与真实情况相背离。因此，审计人员既不能过于信赖被审计单位有关人员提供的信息，也不能被现场观察到的良好状况的假象迷惑。当然，也不能因为观察到了低效率、不经济、不正常的现象，就轻易得出存在问题的总结或结论。在现场观察和利用其结果时，审计人员必须牢记：所观察到的一切情况，并不一定反映了事物的真相，都需要得到进一步的证实。

（8）要形成文字记录

在现场观察过程中或之后，审计人员应该完成修改和填列问题调查表的工作，根据情况需要编制规范的流程图，取得对被审计活动重要过程及其意义和目的的理解，收集那些证实现场观察中发现的可能存在问题的资料，并对所获取的各种信息进行归纳总结，形成书面记录，为确定审计重点和审计步骤提供参考依据。

监盘

监盘是指审计人员通过观察、检查被审计单位实物资产的盘点过程及相关信息，以获取和评价审计证据的过程。

1. 监盘的原则

审计人员在确定是否有必要实施监盘程序以获取充分、适当的审计证据时，应当考虑评估的重大错报风险，以及如何通过实施其他审计程序获取的审计证据将检查风险降低至可接受的水平；同时应考虑被审计单位的经营环境、内部控制的有效性、账户或交易的性质。原则上审计人员应当实施监盘，除非有充分证据表明实物资产对财务报表不重要。若不实施监盘，审计人员应在审计工作底稿中对不实施监盘的原因做详细说明。如果认为监盘很可能无效或无法实施，审计人员应当实施替代审计程序，获取充分、适当的审计证据。

2. 监盘的范围

在审计现场工作中，审计人员针对实物资产的重要性，确定盘点范围，通常提请被审计单位对现金、应收票据、有价证券、存货、生物资产进行全面盘点。审计人员实施监盘程序，对投资性房地产、固定资产、在建工程抽取的样本实施监盘。

3. 监盘的内容

主要内容包括：

①了解上述被盘点资产（以下简称"资产"）的内容、性质、资产项目的重要程度及存放场所；

②了解与资产相关的内部控制；

③评估与资产相关的重大错报风险和重要性；

④查阅以前年度的资产监盘工作底稿；

⑤考虑实地察看资产的存放场所，特别是金额较大或性质特殊的资产；

⑥考虑是否需要利用专家的工作；

⑦复核或与管理层讨论资产盘点计划。

4. 监盘程序的实施

①了解实物资产的保管制度和责任人，选择适当的盘点 / 监盘时间。如现金、银行存单、有价证券、应收票据等应选择业务较少的时间（如刚上班或临下班）提请被审计单位进行盘点，应在通知被审计单位的相关人员后立即实施。

②要求被审计单位盘点实物资产前取得盘点日当日或上一日的实物资产记录，上一日到报表日间的资产变动记录，以及盘点日当日未入账的单据。

③实物盘点应由被审计单位的人员执行。审计人员应观察盘点的全过程，当对盘点过程存在疑问或程序执行不当，可要求被审计单位重新盘点，盘点结束后应要求保管人、财务负责人在盘点现场对实物盘点结果进行确认。

④通过合理的检查程序确认资产变动记录的准确性，核实未入账单据的可靠性，确认盘点日到报表日实物资产的变动情况，通过计算获得报表日实物资产的数量，与报表日账面记录核对。

5. 对被审计单位管理当局要求不予盘点的处理

当被审计单位管理当局要求对实物资产不实施盘点时，审计人员应当分析管理当局要求不实施盘点的原因，主要包括管理当局是否诚信、是否可能存在重大错报或舞弊、替代审计程序能否提供与这些实物资产或其他信息有关的充分且适当的审计证据等因素。如果认为管理当局的要求合理，审计人员应当实施替代审计程序，以获取与这些实物资产或其他信息有关的充分、适当的审计证据。如果认为管理当局的要求不合理，且被其阻止而无法实施监盘，审计人员应当视为审计范围受到限制，并考虑对审计报告的影响。

询问

询问指对审计过程中发现的疑点和问题，通过口头询问或质疑的方式弄清真相，并取得口头或书面证据的一种调查方法。如对可疑账项或异常情况、内部控制制度、经济效益等的审查，都可以向有关人员提出口头或书面的询问。对一般问题，口头或书面询问均可，<u>但对重要问题，则尽量采用书面询问并取得书面证据。书面证据是非常重要的，有时是审计成败的最重要因素。</u>

询问在审计调查中的运用比较普遍，也是审计人员应该具备的基本技能。日常审计调查中的询问，主要是与被审计单位相关人员的谈话，包括证人、被审计人、知情人或检举揭发人。询问技巧的高低、运用是否得当，是检验审计人员实际工作能力的重要标志，学习和掌握询问的方法，提高审计谈话水平，对于提高审计工作水平具有重要意义。

以下是审计中获取谈话成功的方法和技巧。

审计中获取谈话成功的方法和技巧

一、获取信息的方法技巧

1. 重复谈话。对较复杂的重大问题进行反复的提问，让被审计人反复陈述。如果他的陈述是假的，那么总会出现前后陈述矛盾，审计人员可以从矛盾中获得其编造的假内容，以及掌握他想掩盖什么问题等信息，达到获取信息的目的。

2. 利用矛盾。由于被审计人在违纪违规中的角色、地位不同，面对调查的态度不同，他们互相之间会存在矛盾，其陈述也难以完全一致。审计人员可以利用他们之间的矛盾，使其互相推诿、指责，查清所需要澄清的问题。

3. "容许"编造谎言。在某种情况下，审计人员可允许被审计人自由陈述他想说的一切和编造的谎言，并如实做好记录，从谎话的侧面完全可以弄清楚他想回避什么、注意什么，在适当时机揭穿谎言，促使其真实陈述。

二、分散注意力的方法技巧

1. 自由交谈。对于那些对谈话感到压抑，用消极态度对待谈话的被审计人，审计人员要改变谈话的方式，创造轻松和谐的气氛，使其在不知不觉中顺从和接受审计人员的谈话，把谈话内容逐渐引向实质问题，取得谈话效果。

2. 声东击西。其可以分为两个阶段。第一，"声东"阶段。在谈话中，审计人员要隐蔽主攻方面，从表面上与主要问题无关的情节谈起，向次要问题发起进攻，使被审计人产生错觉和思想麻痹，觉察不出审计人员的真实意图。第二，"击西"阶段。当被审计人的注意力已被转移，防御出现漏洞，审计人员便立即扭转锋芒，使被审计人猝不及防，其觉察时已无法挽回。

3. 四面出击。当被审计人想隐瞒问题、心理处于紧张状态、注意力无法集中时，审计人员应精心选择出击点，谈话提问转得突然，使被审计人猜想不到审计人员所针对的是哪个问题、忙于应付，使其顾此失彼，防不胜防。

三、促使被审计人形成一定观念的方法技巧

1. 连续使用证据。在谈话中审计人员针对被审计人的一个或几个问题，选择一些直接或间接的证据，连续使用证据，使其内心产生一定压力，为其如实回答打开通道。

2. 揭露谎言。重点是对谎言要揭得准，掌握确实的证据，选择不同的时机，从整体上进行揭露，使被审计人形成"靠撒谎是不能混过去的，审计人员是不容易被欺骗的"的观念，把被审计人引导到如实回答问题上来。

3. 跳跃发问。当一些被审计人熟悉审计的谈话方法，知道将要问些什么内容、怎样发问等，审计人员可在常规的问话过程中选取适当的时机突然跳过其防线，直击其尚未防御的要害问题。

4. 引而不发。审计人员发出一种信息，让被审计人明显地意识到自身已经掌握了问题，但又不清楚是掌握了哪些问题，使他感到不回答又绕不过去，又不知该回答哪一个问题，最后使他把问题全部说出来。

四、影响思想情绪的方法技巧

1. 消除对立。对立情绪在被审计人员中比较普遍地存在着，原因主要是被审计人对审计检查不理解或审计人员执行政策有偏差等。要想消除对立情绪，首先要认真执行政策；其次要进行文明审计，说话要文明、语言要谦虚、平等待人；最后要注意方法技巧的综合运用。

2. 造成紧张。审计人员应在被审计人自满、缺乏防备的情况下，使其紧张起来，可以突然出示具有一定分量的证据，这种出乎意料的举动，会很快造成被审计人的紧张，使得被审计人既搞不清哪些问题暴露了，也无法马上用编造的谎言欺骗审计人员。这样被审计人自满和侥幸的心理必然有所收敛和转变，从而达到谈话目的。

3. 减轻压力。在谈话中，被审计人由于惧怕暴露问题，或矢口否认，或既不拒绝问话，又不进行回答。对于这种情况，审计人员应从被审计人愿意谈的话题谈起，使双方先实现心理上的接触，建立起共同谈话的基础，相互产生信任感，这样就会使谈话取得进展。

4. 提高谈话速度。其实质在于，一方面审计人员利用自己的主动地位，把主动权掌握在自己手中，利用事先准备好的一连串问题，不让被谈话人把编好的供词讲出来，及时打断笼而统之的答话，使其回答不偏离问话的实质内容；另一方面提高谈话速度，可使被审计人不可能深思熟虑、无暇周密考虑和拖延回答，减弱被审计人急于结束谈话的情绪，可取得明显效果。

5. 出其不意。对于那些事先已有准备的被审计人，审计人员骤然地提出一个与谈话内容毫无联系，而被审计人又意想不到的问题，打乱被审计人编造和准备好的对答，为谈话顺利进行打开缺口。

函证

函证是指内部审计师为了获取与被审计事项相关的信息，通过直接来自第三方对有关信息和状况的声明，获取和评价审计证据的过程。

从上述定义可知，函证是一个获取和评价与被审计事项相关的审计证据的过程。在这个过程中，内部审计师通常以被审计单位的名义向拥有相关信息的第三方提出书面请求，要求该第三方提供与被审计事项相关的信息。在得到第三方对有关信息和现存状况的声明后，内部审计师再进行跟进和评价。值得注意的是，函证强调从第三方直接获取有关信息。

1. 需要实施函证的项目

如果对被审计事项的确认需要通过第三方才能证实，或通过第三方获得的审计证据更可靠、更有说服力，则该项目就需要实施函证程序。通常，内部审计师需要实施函证的项目主要如下。

①银行存款、借款及与金融机构往来的其他重要信息。内部审计师应当了解被审计单位实际存在的银行存款余额、借款余额以及抵押、质押及担保情况；对于零余额账户和在本期内注销的账户，内部审计师也应当实施函证，以防止被审计单位隐瞒银行存款或借款。

②应收账款、应收票据、其他应收款。

③短期投资、长期投资、委托贷款。

④预付账款、预收账款、应付账款。

⑤由其他单位代为保管、加工或销售的存货。

⑥保证、抵押或质押情形。

⑦或有事项。

⑧重大或异常的交易。

可见，函证通常适用于账户余额及其组成部分（如应收账款明细账），但是不一定限于这些项目。例如，为确认合同条款没有发生变动，内部审计师可以向第三方函证被审计单位与第三方签订的合同条款。内部审计师还可向第三方函证，了解是否存在影响被审计单位收入确认的背后协议或某项重大交易的细节。

2. 实施函证的范围

如果采用审计抽样的方式确定函证程序的范围，无论是采用统计抽样方法，还是非统计抽样方法，选取的样本应当足以代表总体。根据对被审计单位的了解、评估的重大错报风险以及所测试总体的特征等，内部审计师可以确定从总体中选取特定项目进行测试。选取的特定项目可能包括：

①金额较大的项目；

②账龄较长的项目；

③交易频繁但期末余额较小的项目；

④重大关联方交易；

⑤重大或异常的交易；

⑥可能存在争议以及产生重大舞弊或错误的交易。

3. 函证时间的选择

与注册会计师审计不同，内部审计师可在任何时间内进行函证。当然，如果是财务审计，内部审计师在资产负债表日后适当时间内实施函证更为合适。

4. 函证的方式

内部审计师可采用积极的或消极的函证方式实施函证，也可将两种方式结合使用。如果采用积极的函证方式，内部审计师应当要求被询证者在所有情况下必须回函，确认询证函所列示信息是否正确，或填列询证函要求的信息。如果采用消极的函证方式，内部审计师只要求被询证者仅在不同意询证函列示信息的情况下才予以回函。在采用消极的函证方式时，如果收到回函，能够为被审计事项的认定提供说服力强的审计证据；未收到回函可能是因为被询证者已收到询证函且核对无误，也可能是因为被询证者根本就没有收到询证函。

因此，积极的函证方式通常比消极的函证方式提供的审计证据更可靠。在采用消极的函证方式时，内部审计师通常还需辅之以其他审计程序。

5. 函证实施过程的控制

内部审计师应当采取下列措施对函证实施过程进行控制。

①将被询证者的名称、地址与被审计单位有关记录核对。

②将询证函中列示的账户余额或其他信息，与被审计单位有关资料核对。

③在询证函中指明直接向正在进行审计的内部审计部门回函。

④询证函经被审计单位盖章后，由内部审计师直接发出。

⑤将发出询证函的情况形成审计工作记录。

⑥将收到的回函形成审计工作记录，并汇总统计函证结果。

此外，内部审计师还应当考虑回函是否来自所要求的回函人。

6. 积极式函证方式下未收到回函的处理

如果采用积极的函证方式实施函证而未能收到回函，内部审计师应当考虑与被询证者联系，要求对方回应或再次寄发询证函。

如果未能得到被询证者的回应，内部审计师应当实施替代审计程序。所实施的替代审计程序因所涉及的账户和认定而异，但替代审计程序应当能够提供实施函证所能够提供的同样效果的审计证据。例如，对应付账款的存在性认定，替代审计程序可能包括检查期后付款记录、对方提供的对账单等；对完整性认定，替代审计程序可能包括检查收货单等入库记录和凭证。

7. 评价函证的可靠性

函证所获取的审计证据的可靠性，主要取决于内部审计师设计询证函、实施函证程序和评价函证结果等程序的适当性。在评价函证的可靠性时，内部审计师应当考虑。

①对询证函的设计、发出及收回的控制情况。

②被询证者的胜任能力、独立性、授权回函情况、对函证项目的了解及其客观性。

③被审计单位施加的限制或回函中的限制。

因此，如果可行，内部审计师应努力确保询证函被送交给适当的人员。例如，如果要证实被审计单位某项长期借款合同已经被终止，内部审计师应当直接向了解这笔终止长期贷款事项和有权提供可靠信息的贷款方人员进行函证。

如果有迹象表明收回的询证函不可靠，内部审计师应当实施适当的审计程序予以证实或消除疑虑。例如，内部审计师可以通过直接打电话给被询证者等方式，以验证回函的内容和来源。

计算

计算是指内部审计师以人工方式或使用计算机辅助审计技术，对记录或文件中的数据进行重新计算，以验证其准确性。重新计算通常包括计算销售发票和存货的总金额、加总日记账和明细账、检查折旧费用和预付费用的计算、检查应纳税额的计算等。

计算时，要注意账簿前后页次的转接关系，报表数据的相互对应关系；注意有无变造账簿的可能，若属于无意的差错，要求被审单位更正，若频繁发生差错，则有舞弊的可能。

电子证据的收集

电子证据是审计证据的一种特别形式，本部分对其收集的方法予以专门阐述。

1. 简单情况下电子证据取证的基本程序

当不涉及专门的计算机检查与维护技术时，审计人员可采取简单取证方式。

首先，由提供证据的操作人员打开计算机找到所需收集的证据。

然后，由审计人员确认该文件及该文件的形成时间，采用打印或复制的方式予以提取固定。如现场打印文件，审计人员必须监督打印过程，防止计算机操作人员在打印过程中修改文件。如采用复制方式取证，审计人员应当自备存储卡，复制后，将存储卡插入自备计算机中进行检查。在查找证据过程中，如遇技术问题，审计人员应及时邀请专家予以协助。

2. 复杂情况下电子证据取证的基本程序

对于涉及计算机技术问题的复杂情况取证，审计人员需要专业技术人员协助进行电子证据的收集和固定。一般程序是：

先由计算机专业技术人员检查硬件设备，切断可能存在的其他输入、输出设备，保证计算机储存的信息在取证过程中不被修改或损毁；与此同时，审计人员应当进行现场询问，询问计算机是否设置密码及密码的组成，使用的软件及软件的来源，谁负责软件的维护、调整，对软件做过哪些修改，计算机的日常管理情况，是否出现过故障（如病毒感染等）及如何解决，审计所涉及的资料存放于存储设备的什么位置、有无备份等。

检查时，审计人员应当注意对隐蔽文件的查找。有备份的，应由计算机专业技术人员同时检查备份文件，查明备份文件与原文件是否一致，然后审计人员按照前述方法打印和复制计算机文件，固定电子证据。

3. 取证笔录

无论采取哪种取证方式，在固定或保存证据后，审计人员都应当现场制作取证笔录。取证笔录主要包括：

①审计目的；

②参加检查的人员姓名及职务；

③检查的简要过程（检查时间、检查地点及检查顺序等）；

④检查中出现的问题及解决方法；

⑤取证方式及取证份数，注明数据信息在计算机中的位置（如存放于那个文件夹中等）；

⑥参与检查的人员签名。

4. 网络公证

在某些审计过程中（如财务舞弊审计），考虑到被审计单位的计算机操作人员可能不提供密码，计算机专业技术人员应当携带解密工具；对可能需要进行数据测试的，计算机专业技术人员应当携带相应的测试软件；必要时，可以对整个审计取证及软件测试过程进行录像或网络公证。

网络公证（CNA，Cybe Notary Authority），指由特定的网络公证机构，利用计算机和互联网技术，对互联网上的电子身份、电子交易行为、数据文件等提供增强的认证和证明，以及证据保全、法律监督等公证行为的一个系统。网络公证保全电子证据必须借助先进的网络技术和特定的软件程序进行，它具有快捷与远程保全的优势。双方当事人只需在自己的计算机中下达指令，数据电文就会被加密传送到网络公证（电子认证）机构。网络公证员对双方的数据核实无误后，加上自己的数字公证，并存档备查，至此网络公证完成。网络公证需要法律和技术两个方面的完善，所以我国法律规定，从事网络公证（电子认证）服务，应当向国务院信息产业主管部门提出申请，并提交相关材料，经国务院信息产业主管部门依法审查和决定批准。

审计抽样

1. 认识审计抽样

鉴于审计资源短缺、无法开展详细审计等情况，需要开展审计抽样。《第 2108 号内部审计具体准则——审计抽样》规定，审计抽样是指内部审计人员在审计业务实施过程中，从被审查和评价的审计总体中抽取一定数量具有代表性的样本进行测试，以样本审查结果推断总体特征，并作出审计结论的一种审计方法。

上述概念包含几层意思：

①审计抽样是一种审计技术方法；

②审计抽样是从被审查和评价的审计总体中通过专门的技术方法抽取一定数量具有代表性的样本，并对样本进行测试；

③审计抽样是以样本审查结果推断总体特征。

2. 审计抽样的原则

根据《第 2108 号内部审计具体准则——审计抽样》的规定，审计抽样的一般原则如下。

①确定抽样总体、选择抽样方法时，应当以审计目标为依据，并考虑被审计单位及审计项目的具体情况。

②抽样总体的确定应当遵循相关性、充分性和经济性原则。相关性是指抽样总体与审计对象及其审计目标相关；充分性是指抽样总体能够在数量上代表审计项目的实际情况；经济性是指抽样总体的确定符合成本效益原则。

③选取的样本应当有代表性，具有与审计总体相似的特征。

④内部审计人员在选取样本时，应当对业务活动中存在重大差异或者缺陷的风险以及审计过程中的检查风险进行评估，并充分考虑因抽样引起的抽样风险及其他因素引起的非抽样风险。

⑤抽样结果的评价应当从定量和定性两个方面进行，并以此为依据合理推断审计总体特征。

⑥审计抽样方法包括统计抽样和非统计抽样。在审计抽样过程中，可以采用统计抽样方法，也可以采用非统计抽样方法，或者两种方法结合使用。

3. 审计抽样的程序

①根据审计目标及审计对象的特征制订审计抽样方案（包括审计总体、抽样单位、样本、误差、可容忍误差、预计总体误差、可靠程度、抽

样风险、样本量等内容）。

②选取样本。

③对样本进行审查。

④评价抽样结果。

⑤根据抽样结果推断总体特征。

⑥形成审计结论。

4. 审计抽样的方法

①根据审计重要性水平，合理确定预计总体误差、可容忍误差和可靠程度。

②根据审计目标和审计对象的特征，选择确定统计抽样、非统计抽样等审计抽样方法。

统计抽样，是指以数理统计方法为基础，按照随机原则从总体中选取样本进行审查，并对总体特征进行推断的审计抽样方法。其主要包括发现抽样、连续抽样等属性抽样方法，以及单位均值抽样、差异估计抽样和货币单位抽样等变量抽样方法。非统计抽样，是指内部审计人员根据自己的专业判断和经验抽取样本进行审查，并对总体特征进行推断的审计抽样方法。统计抽样和非统计抽样审计方法相互结合使用，可以降低抽样风险。

③根据审计总体、可容忍误差、预计总体误差、抽样风险、可靠程度等要素，确定样本量。

④从随机数表选样法、系统选样法、分层选样法、整群选样法、任意选样法等方法中，选择适当的审计抽样方法。

5. 抽样结果的评价

在选取样本后，应当对样本进行审查，获取相关、可靠和充分的审计证据。

①根据预先确定的误差构成条件，确定存在误差的样本；应当对抽样风险和非抽样风险进行评估，以防止对审计总体作出不恰当的审计结论。

②抽样风险主要包括两类：误受风险，是指样本结果表明审计项目不存在重大差异或者缺陷，而实际上却存在着重大差异或者缺陷的可能性；误拒风险，是指样本结果表明审计项目存在重大差异或者缺陷，而实际上并没有存在重大差异或者缺陷的可能性。

③非抽样风险是由抽样之外的其他因素造成的风险，一般包括审计程序设计及执行不恰当、抽样过程没有按照规范程序执行、样本审查结果解释错误、审计人员业务能力不足等原因。

④根据样本误差，采用适当方法，推断审计总体误差。

⑤根据抽样结果的评价，确定审计证据是否足以证实某一审计总体特征。如果推断的总体误差超过可容忍误差，应当增加样本量或者执行替代审计程序。

⑥在上述评价的基础上，还应当考虑误差性质、误差产生的原因，以及误差对其他审计项目可能产生的影响等。

5.5
审计发现、审计工作底稿与审计结论

　　审计发现是内部审计的核心、重点工作。内部审计人员通过辛勤工作，发现与审计目标相关的信息或材料，并收集审计证据，以证明某种事实或真相。这些审计发现如何转化成支持审计意见的依据？可以通过编制审计工作底稿来完成。**审计工作底稿**有规定格式，要按照要求编制，专职（很多内部审计部门目前兼职，无法做到专职）审计复核人员把关审核。形成审计工作底稿后，审计组要提出**审计结论**，即判断审计发现的某个事项到底属于哪种性质的问题或情况，确定问题性质后，才能提出有针对性的审计意见或审计建议。

　　审计发现及以后的审计工作流程见图 5-2。

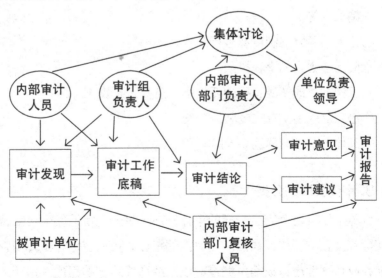

图 5-2　审计发现及以后的审计工作流程

什么是审计发现

1. 审计发现的定义

审计发现是内部审计人员在对被审计单位的经营活动与内部控制的调查和测试过程中所得到的肯定的或否定的事实。审计发现是基于标准和实际情况之间的差异而形成的。若实际情况与标准吻合、达到或超过标准的要求，在报告中肯定其出色业绩是恰当的。若实际情况大大低于标准的要求，则内部审计人员应该在报告中提出建议。也就是说，审计发现既有肯定的、值得表扬的发现，也有否定的、需要改进的发现。这里主要讨论后一种审计发现，又称为缺陷发现。

2. 审计发现的形式

审计发现通常是描述以前或现在的错误，也可能是描述尚未发生的错误的潜在风险。审计发现以各种形式出现，具体情况如下。

①应采取而实际没有采取的行动，即不作为。

②被禁止实施的行为。如舞弊行为、违法行为，即乱作为。

③不适当处置或没有处置的行为，包括业务处置不当、业务处理差错、遗漏业务等。

④令人不满意的制度或运行系统。

⑤应当考虑到的潜在风险。

⑥工作开展或资源运行的低效率、浪费、无效。

⑦潜在的或现实存在的利益冲突。

⑧其他内部控制薄弱环节等。

3. 审计发现的分类

世界上没有两个完全一样的审计发现。每一个审计发现代表特定程度的实际或潜在的损失或风险。因此内部审计人员在将审计发现向管理层报告前，应认真考虑该缺陷可能造成或已经造成损害的程度。审计发现通常分成三类：**无关紧要的、次要的和重要的**。

（1）无关紧要的审计发现

对于无关紧要的审计发现，内部审计人员既不应掩饰，也不应忽视。如果这些错误属于严重问题的征兆，进行报告则是适当的。这些错误可能表明员工缺乏培训、监管不到位或书面指引不够清晰等问题。偶然的错误有时证明缺陷的存在，需要引起被审计单位管理层的重视。

以下是可以接受的做法：

①与该事项的负责人进行讨论；

②确定该情况已得到纠正；

③在审计工作底稿中记录该问题；

④由内部审计相关人员决定，是否列入正式审计报告。

（2）次要的审计发现

次要的审计发现需要报告，因为它比偶然的错误严重。如果不加以纠正，它会继续存在或造成坏的影响。尽管它可能不会阻碍被审计单位主要经营目标的实现，但其重要性足以引起被审计单位管理层的注意。有些次要的审计发现，最好在审计报告中以审计建议形式体现，或者以审计建议书的形式单独出具。

（3）重要的审计发现

重要的审计发现是指那些阻碍被审计单位或被审计单位部门实现其重要目标的一种发现。次要的与重要的审计发现之间的界限可能变得非常模糊，在辨别两者时需要很好的审计判断，建议在坚持审计独立性前提下，结合本单位实际，本着审计职业谨慎精神审慎操作，切实履行报告或披露的责任。

审计发现的四个要素

审计发现应该包括**标准、情况、原因、后果**四个要素。

1. 标准

标准是指内部审计师在进行评估和查证时运用的法律法规、政策、程序以及规划、指标等，即希望达到的目的和目标、实现目标的控制措施，以及所要取得的成绩的质量。标准是内部审计师判断审计事项是非、优劣的准绳，是提出审计意见、作出审计决定的依据。任何审计必须有一个标准，而且标准应当是既定（已确定）的。

标准也可以是政府主管部门或国家认可的专业团体或社会组织公开发布的正式规定，如《企业会计准则》《政府会计准则》《内部审计准则》；也可以是单位内部制订的专门规定，如单位内部控制制度或确定的绩效水平（如业务控制流程、产品合格率不低于98%等）。

对于外部公开发布的准则、标准，内部审计师通常不需要对标准"适当性"进行评价，只需评价该标准对具体业务的"适用性"（如企业采用的是《企业会计准则》，还是《小企业会计准则》等）。

对于单位内部专门制订的标准，内部审计师可能需要对这些标准本身的"适当性"加以评价。如果认为已有标准不合适，应与被审计单位沟通；如果被审计单位没有制定合适标准，或标准模糊时，内部审计师可基于组织利益最大化的原则选择适当的评价标准，或寻求内部高级管理层的权威性解释。不管如何，内部审计师选择标准时，应该与被审计单位就衡量经营业绩所需标准达成一致。

2. 情况

情况是指由内部审计师通过观察、询问、分析、复核和调查所得到的事实（目前情形）。情况是审计发现的核心，其信息应该是充分、可靠和相关的，并应经得起任何质疑。被审计单位可能会不同意审计发现的结论或解释，但不应当对作出审计结论依据的审计事实有异议。如果被审计单位反馈内部审计师得到的事实不准确，内部审计师应对该发现不准确的情形进行进一步了解和评估。

3. 原因

原因是用来解释为什么存在偏离标准的偏差、目标为何没有实现以及目的为何没有达到。找出原因是解决问题的关键。确定原因是解决问题的一项工作。内部审计师要找出那些产生偏离的根本性原因，而不能仅仅停留在表面；原因必须能够完全解释偏离，即解释每一次偏离，以及每一部分的偏离。

4. 后果

后果是指情况与标准不一致，对被审计单位或其部门带来的风险（即差异的影响）。在确定风险程度时，内部审计师应考虑其发现或建议，可能会对被审计单位运营和财务报表产生的后果。在财务审计、经营审计的发现中，后果（或影响）常常以金额来衡量。在管理审计发现中，后果通常表示如无法实现可能得到的或法定的结果。对后果的描述应有说服力，它对审计发现来说是不可缺少的。

关于审计发现的规定

《**第 3101 号内部审计实务指南——审计报告**》（自 2020 年起施行）第十八条规定："审计发现是对被审计单位的业务活动、内部控制和风险管理实施审计过程中所发现的主要问题的事实、定性、原因、后果或影响等。"审计发现一般包括以下内容。

①审计发现问题的事实。其主要是指业务活动、内部控制和风险管理在适当性和有效性等方面存在的违规、缺陷或损害的主要问题和具体情节。如经济活动存在违反法律法规和内部管理制度、造假和舞弊等行为；财政财务收支及其会计记录、财务报告存在不合规、不真实或不完整的情形；内部控制、风险管理或信息系统存在的缺陷、漏洞；以及绩效方面存在的问题等。

②审计发现问题的定性。其主要是指审计发现问题的定性依据、定性

标准、定性结论。必要时可包括责任认定。

③审计发现问题的原因，即针对审计发现的事实真相，分析研究导致其产生的内部原因和外部原因。

④审计发现问题的后果或影响，即从定量和定性两方面评估审计发现问题已经或可能造成的后果或影响。

审计工作底稿的编制

1. 审计工作底稿概述

审计工作底稿是指内部审计人员在审计过程中，对指定的审计计划、实施的审计程序、获取的相关审计证据以及得出的审计结论所做的工作记录。2013年8月，中国内部审计协会发布《**第2104号内部审计具体准则——审计工作底稿**》，2014年1月1日起施行。

2. 编制审计工作底稿应当实现的目标

①为编制审计报告提供依据。

②证明审计目标的实现程度。

③为检查和评价内部审计工作质量提供依据。

④证明内部审计机构和内部审计人员是否遵循内部审计准则。

⑤为以后的审计工作提供参考。

3. 审计工作底稿的组成要素和相关要求

（1）组成要素

①被审计单位的名称。

②审计事项及其期间或者截止日期。

③审计程序的执行过程及结果记录。

④审计结论、意见及建议。

⑤审计人员姓名和审计日期。

⑥复核人员姓名、复核日期和复核意见。

⑦索引号及页次。

⑧审计标志与其他符号及其说明等。

（2）审计工作底稿的相关要求

审计工作底稿模板见表 5-2。

表 5-2　审计工作底稿

编号：　　　　　　　　　　　　　　　　　　　　　　　共　页第　页

被审计单位名称：××××单位（部门）	
审计项目名称：组织××××经费投入、使用及管理情况	审计事项：固定资产购置入库和管理的合规性
审计事项期间：××××年1月至××××年12月	
审计事实描述	××××系统建设配套的计算机购置和资产入库问题 　　审计组抽查了××××单位（部门）项目经费购置××××系统（一期）等×套，购置便携式计算机××台，台式机××台，合计××台。其中列入相关部门管理的资产中便携式计算机××台、台式机××台，列入信息中心管理的资产中便携式计算机××台、台式机××台，经审核相关会计账簿和凭证，上述计算机资产都按要求进行了转资。但没有按照规定粘贴固定资产标签，应进一步强化固定资产管理，加强平时的监督检查（详见附件） 附件：5份10页
	审计人员：××× ／ 编制日期：201×年×月×日
复核意见	同意（不同意，要注明审计工作底稿中存在的情况或原因，要补充××资料）
	复核人员：×× ／ 复核日期：201×年×月×日
被审计单位意见	情况属实（不属实，现补充提供××资料）
	签字： ／ 盖章：

从表 5-2 可以看出以下几点。

①审计工作底稿应当内容完整、记录清晰、结论明确，客观地反映项目审计方案的编制及实施情况，以及与形成审计结论、意见和建议有关的所有重要事项。项目审计方案的编制及调整情况，应当编制审计工作底稿。

②内部审计机构应当建立审计工作底稿的分级复核制度。

③审计工作底稿可以使用各种审计标志，但应注明含义并保持前后一致。

④审计工作底稿应当注明索引编号和顺序编号。相关审计工作底稿之间如存在钩稽关系，应当予以清晰反映，相互引用时应当交叉注明索引编号。

⑤审计工作底稿的复核工作应当由比审计工作底稿编制人员职位更高或者经验更为丰富的人员承担。

⑥如果发现审计工作底稿存在问题，复核人员应当在复核意见中加以说明，并要求相关人员补充或者修改审计工作底稿。

⑦内部审计人员在审计项目完成后，应当及时对审计工作底稿进行分类整理，按照审计工作底稿相关规定进行归档、保管和使用。审计工作底稿归本组织所有，由内部审计机构或者组织内部有关部门具体负责保管。

审计结论

1. 审计结论的定义

《第 3101 号内部审计实务指南——审计报告》（自 2020 年起施行）第十七条规定："审计结论是根据已查明的事实，对被审计单位业务活动、内部控制和风险管理的适当性和有效性作出的评价。"审计人员应当围绕审计事项做总体及有重点的评价，既包括正面评价，概述取得的主要业绩和经验做法等；也包括对审计发现的主要问题的简要概括。审计结论包括以下内容。

（1）业务活动评价

业务活动评价是内部审计人员根据已审计的业务查明的事实，运用恰当的标准，对其适当性和有效性进行评价，主要包括对财政财务收支和有关经济活动进行的评价。

（2）内部控制评价

内部控制评价是对内部控制设计的合理性和运行的有效性进行评价。它既包括对组织层面的内部环境、风险评估、控制活动、信息与沟通、内部监督五个要素进行的评价；也包括根据管理需求和业务活动的特点，对某项业务活动内部控制进行的评价。

（3）风险管理评价

风险管理评价是对风险管理的适当性和有效性进行评价。其主要包括：对风险管理机制进行评价；对风险识别过程是否遵循了重要性原则进行评价；对风险评估方法的适当性进行评价；对风险应对措施的适当性及有效性进行评价等。

审计结论一般以书面形式在审计报告或审计处理决定中表示。审计结论具有很强的权威性，内部审计人员作出审计结论应事先征求被审计单位的意见。

2. 关于审计结论的思考

其实，实施一个审计项目，不管多长时间，都要认真、及时地做好对审计发现（审计证据）揭露事实的判断、认定（即问题事实及性质）。为什么要"认真"？ 因为要保证认定事实及性质的严谨性，即不存在重大偏差。为什么要"及时"？ 因为及时、全面理解和掌握审计发现，对内部审计人员特别是审计组负责人、项目主审来说，对理解被审计单位来说，是一个全新的角度和信号。审计工作繁忙，如果没有及时领悟，很可能会导致不同内部审计人员之间关于同一或相近审计事项的重复进行，降低了审计工作效率；如果没有及时了解一个新信号，也有可能导致审计工作方向的偏差，给审计工作带来麻烦。

为此，提出以下建议。

①建立审计期间的定期审计情况通报的审计业务例会制度，一般一周

召开一次，可以根据项目实际需要进行调整。

②定期召开审计工作例会，及时通报审计工作进展情况，相互提醒，相互启发，可以避免遗留重要问题，否则可能造成审计失误或形成审计重大风险。

3. 审计意见和审计建议

对审计发现进行判断，作出审计结论后，审计组负责人或项目主审可以开始草拟审计报告（审计报告详细内容在本书第 6 章详细阐述）。这里需要说明的是，在审计报告中需要对在本次审计获得的审计发现（审计证据）进行分别阐述，区分问题或情况的不同性质，对需要进行审计处理处罚的，出具审计决定或审计意见（需要审计处罚的，一定要出具审计决定），对其他问题，直接出审计意见或提出审计建议。

审计意见是针对审计发现的被审计单位在业务活动、内部控制和风险管理等方面存在的违反国家或组织规定的行为，在组织授权的范围内，提出的审计处理意见，或者建议组织适当管理层和相关部门作出的处理意见。

审计建议是针对审计中发现的被审计单位业务活动、内部控制和风险管理等方面存在的主要问题，以及其他需要进一步完善的事项，在分析原因和影响的基础上，提出的有价值的建议。

以上两种形式的审计结论，不管是审计意见，还是审计建议，一旦形成，在审计报告正式发文后，对被审计单位就具有约束力，被审计单位必须认真执行。内部审计机构应监督被审计单位和有关部门执行，在审计报告正式发文的一定期间内，被审计单位应向内部审计机构报送审计整改报告（详细内容在本书第 7 章阐述）。

5.6 本章思考和探索

①在审计实施阶段，与被审计单位的沟通为什么非常重要？

②假定你对被审计单位某项业务的会计处理与该单位的财务经理有不同的看法，你决定与财务经理进行一次正式的沟通。请问，对于沟通的场所你会特别在意吗？你觉得，选在内部审计部门办公室与被审计单位办公室有区别吗？

③什么是审计发现？审计发现包括哪四个要素？

④审计建议与审计发现一定有着必然的联系吗？没有审计发现是否可以有审计建议呢？

⑤（案例分析）一次审计工作中，内部审计小组有以下审计发现。

现状：现行生产率每天每机 120 件，导致交货延误两周以上。

标准：标准生产率为每天每机平均 150 件。

原因：原材料质量不稳定导致产品的质量也不稳定，很多产品不合格并出现机器故障。

后果：由于交货延误，头三个月中超过 10％ 的订单被取消，新订单从平均每周 100 件下降到 90 件。订单和新客户减少，使月收入下降约 20 万元。生产成本中的材料费用每月增加 15 000 元，机器的维修费用每月平均增加 5 000 元。

要求如下。

a.评价下列审计建议，根据本章所述标准给出你的答案：生产部经理应考虑该问题并尽可能解决；生产部经理应采用加班的方法以达到预定的生产标准；采购部应更换材料的供应商；生产部应对几个供应商提供的材料进行测试，以便选择最接近标准质量和硬度的材料。

b. 请你给出自己的审计建议。

⑥（案例分析）内部审计师实地考察了公司的一个生产车间。在实地考察设施后，有几件事引起了内部审计师的注意。

a. 旧机器放在厂房的后面，已是污迹斑斑。机器周围长满大量杂草，且污水横流。内部审计师知道这种机器使用价值。

b. 备件仓库被用来储存生产用原料，储备量足够用 6 个月。仓库离主厂房约 1 000 米，主厂房围墙有门通向仓库，该门 24 小时有保安员值班。在晚上停止生产时仓库大门用挂锁锁住。

c. 一个内部审计师滑倒在厂房楼梯间的地板上的水渍中。内部审计师在滑倒之前没有看见地上有水，建议清理干净。引导内部审计师巡视的经理说，要清理干净是很困难的，因为楼梯附近的水管有小裂缝。他又说，这个问题不大，大家都知道那有水，都绕着走。

要求：建议根据这些情况提出一些问题；思考这些情况对审计程序有什么影响。

⑦（案例分析）连锁超市的审计小组被指派抽查某商店的销售业绩。审计目标是确定销售业绩是否符合公司标准。初步分析性测试证明，商店每平方米的销售额大约是公司同年标准 1 300 元的 75%。

研究商店的情况后，内部审计师发现陈列走廊特别宽，约 10 米，标准规定走廊最宽为 8 米。按规定该商店的平均存货是 100 万元。在审计期间，被审计商店的平均存货约 80 万元。走廊缩小了放货架的地方，商店倾向于少持存货，管理层重视的重要商品也常有缺货现象。

平均每位顾客销售额大约是 300 元。在其他连锁店平均每位顾客销售额超过 400 元。根据分析性销售测试，内部审计师认为多数顾客是初次光顾商店。目前的情况是商店不赔也不赚。内部审计师认为这是商店倾向于少持存货的结果。

要求如下。

为本案例准备一个内部论证矩阵，设五个栏目——审计目标、初步调查、风险、适当的论证和内部审计师评价。在最后一栏中你需要作出自己的评价。

第 6 章

审计报告

内部审计要在"确认"基础上提升"咨询"功能。

——沈立强

6.1
审计报告对象

审计报告是展示审计工作成果的重要形式。撰写审计报告时，需要吃透本次内部审计的目的和意图，遵循真实客观、专业严谨、重点突出、可操作等原则，全面展示审计发现成果。

什么是审计报告

1.审计报告定义

审计报告，是指内部审计人员完成审计工作后出具的书面文件。审计报告记录了内部审计人员对受托责任的履行情况的评价与建议，也记录了内部控制机制的运行过程与运行效果，是内部审计人员与被审计单位沟通的重要载体。

2020年1月1日开始施行的《**第3101号内部审计实务指南——审计报告**》第三条指出："其他组织或者人员接受委托、聘用，承办或者参与内部审计业务，也应当参照本指南。"其实，中国内部审计协会发布的所有准则和指南都秉承该原则。

2.审计报告含义的演变

审计报告的含义，随着内部审计的发展和社会对内部审计的要求变化而变化。从2000年起，中国内部审计协会开始着手制订内部审计相关准则的建设。2003 年 4 月 12 日，中国内部审计协会发布了**《内部审计基本准则》《内部审计人员职业道德规范》**和 10 个内部审计具体准则，其中就有**《内部审计具体准则第 7 号——审计报告》**，于 2003 年 6 月 1 日施行。2008 年发布的**《内部审计实务指南第 3 号——审计报告》**于 2009 年 1 月 1 日开始施行。2013 年 8 月，中国内部审计协会发布了修订的**《第 2106 号内部审计具体准则——审计报告》**。2019 年 12 月 26 日，中国内部审计协会根据修订的具体准则，印发**《第 3101 号内部审计实务指南——审计报告》**，自 2020 年 1 月 1 日起实施。上述部分文件的情况及各自关于审计报告的含义，见表 6-1。

表 6-1　各相关文件的情况及各自关于审计报告的含义

施行时间	发布主体	规范名称	关于审计报告的含义
2003 年 6 月 1 日	中国内部审计协会	《内部审计具体准则第 7 号——审计报告》	审计报告，是指内部审计人员根据审计计划对被审计单位实施必要的审计程序后，就被审计单位经营活动和内部控制的适当性、合法性和有效性出具的书面文件
2009 年 1 月 1 日	中国内部审计协会	《内部审计实务指南第 3 号——审计报告》	审计报告是指内部审计人员根据审计计划对被审计单位实施必要的审计程序后，就被审计单位经营活动和内部控制的适当性、合法性和有效性出具的书面文件
2014 年 1 月 1 日	中国内部审计协会	《第 2106 号内部审计具体准则——审计报告》	审计报告，是指内部审计人员根据审计计划对被审计单位实施必要的审计程序后，就被审计事项作出审计结论，提出审计意见和审计建议的书面文件
2020 年 1 月 1 日	中国内部审计协会	《第 3101 号内部审计实务指南——审计报告》	审计报告，是指内部审计人员根据审计计划对审计事项实施审计后，作出审计结论，提出审计意见和审计建议的书面文件

比较上述审计报告的四个定义，分析如下。

①关于审计报告反映的审计对象内容，**前两个文件**（2003年的具体准则和2009年的实务指南）均称之为"被审计单位经营活动和内部控制的适当性、合法性和有效性"，而**后两个文件**（2014年的具体准则和2020年的实务指南）均称之为"被审计事项"，并就被审计事项"作出审计结论，提出审计意见和审计建议"，后两个关于审计报告概念的外延没有约束，大幅度扩大了内部审计工作领域，适应了当前内部审计工作发展的趋势和需要。后两个文件均重点突出了"审计意见和审计建议"这两个关键词，高度体现了新时代内部审计职能由以前侧重鉴证职能向侧重建议职能转变，也契合了"促进单位完善治理"的定位。

②前三个关于审计报告的含义中，均有"实施必要的审计程序"，而第四个没有类似表述。但我们不能认为不用遵循任何程序，这只是为了更好实现审计目标，不必太拘泥于审计程序而已，有的情况是可以适当简化程序的。

3. 中期审计报告概述

审计报告一般是在对审计事项实施审计后提交的，但在有些情况下，在审计实施过程中也需要提交中期审计报告，以便被审计单位及时采取有效措施改善业务活动、内部控制和风险管理。

需要提供中期审计报告的情况包括：

①审计周期过长。

②审计项目内容复杂。

③突发事件导致对审计的特殊要求。

④组织适当管理层需要掌握审计项目进展信息。

⑤其他需要提供中期审计报告的情形。

审计人员可以根据具体情况，适当简化中期审计报告的要素或内容，但需要特别注意的是，中期审计报告并不能取代项目结束后的审计报告，项目结束后仍然需要提交正式的审计报告。

4. 审计报告的意义

（1）审计报告是内部审计工作成果的重要体现

现代内部审计之父劳伦斯·索耶认为，审计报告具有沟通、解释、说服和必要时发出采取行动的呼吁的功能，内部审计应通过审计报告展现自身的价值。王光远（2009）认为，"内部审计本质上属于受托责任问题，现代内部审计是确保组织的各类复杂的受托责任得以有效履行的控制机制，内部审计报告是这种控制机制的重要组成部分，它记录着控制机制的运行过程与运行效果，记录着对受托责任履行情况的评价与建议，既是联系内部审计师与审计客户的纽带，也是控制机制见之于文、践之于行的保障"。审计报告是内部审计工作的成果展示，也是内部审计部门与其他部门和管理者沟通交流的媒介，更是内部审计活动增加单位价值的工具。

（2）内部审计报告是为单位重大决策提供支撑的重要载体

内部审计报告是掌握被审计单位真实情况，独立、客观评价其经营成果、工作业绩和管理水平，指出其存在的问题，分析原因，并提出改进建议，促使其提高管理水平的成果文件。凭借内部审计报告，单位管理层可以作出有针对性的正确决策，如改善管理、出台新的制度流程、作出奖惩决定等。

公司、企业内部报送审计报告的对象

内部审计报告关系的核心问题是明确内部审计报告的对象是谁或者说谁需要内部审计报告。内部审计报告的对象关系着内部审计的职能定位。毫无疑问，内部审计报告要发布给那些能采取纠正措施的人员。因为只有他们才有权力对发现的问题进行解决，这与全球内部审计专业机构——国际内部审计师协会的观点是一致的，国际内部审计师协会认为应该把最终审计报告发布给那些能保证对业务结果给予应有注意的人员。

实际上，内部审计报告的对象确定要受到很多因素影响：企业所有制性质（国有、民营）、出资主体（独资、合资）、规模大小、发展阶段、复杂程度等。所以在确定内部审计报告的对象究竟是董事会，还是管理层，或两者并行时，并没有一成不变的答案，应结合情况确定。

在我国企业中，内部审计独立性越来越强。在上市公司，按照证监会的相关规定，内部审计机构隶属于董事会下设的审计委员会，向其报告工作，以体现对管理层的独立监督。在非上市公司，越来越多的公司内部审计机构也从原来的财务总监领导体制下独立出来。2020 年 9 月 28 日，国务院国资委发布《关于深化中央企业内部审计监督工作的实施意见》。这一意见实际上明确了在中央企业，党组织和董事会是内部审计报告的对象。党组织和董事会是企业的决策机构。内部审计机构在党委领导下，向党委和董事会报告工作，是规范公司治理的需要。内部审计机构将更为独立和超脱，较少受到管理层干扰，有利于更好发挥内部审计对执行层的监督功能。

内部审计的具体实践也支持了这一观点。Prawitt 等（2006）以国际内部审计师协会的 GAIN 数据库中的 169 家公共贸易公司 1998—2002 年的数据为对象，检验了其内部审计的特征与公司盈余管理之间的关系，发现当内部审计向董事会下设的审计委员会报告而不是向管理层报告时，非正常应计项目的绝对值更小。也就是说，内部审计机构向董事会下设审计委员会报告，的确能加强公司治理。

内部审计机构作为企业内部监督体系的重要部门，无法完全自我割裂，也没有必要置外于企业经营管理层，应争取其必要的支持和配合，充分发挥身处企业内部的优势。所以，为强化企业治理机制，促进企业发展，建议内部审计报告的对象，不仅包括审计委员会，而且应包括高管层。如，四川长虹集团设置特有的审计汇报流程和方式，既保证整个集团经营管理有效受控，将各业务层，如销售、采购、生产等一线重要信息及时传递到最高层，也保证审计意见传递到平台管理部门和被审计单位，起到了很好的作用。

除此之外，根据相关制度政策要求或工作需要，内部审计报告还可以发送到其他感兴趣的或受内部审计报告影响的人员，如外部审计人员和企业董事。

行政事业单位和其他组织内部报送审计报告的对象

审计署令第 11 号——《审计署关于内部审计工作的规定》第六条规定："国家机关、事业单位、社会团体等单位的内部审计机构或者履行内部审计职责的内设机构，应当在本单位党组织、主要负责人的直接领导下开展内部审计工作，向其负责并报告工作。"

具体来说，明确本单位党组织在本组织内部中发挥领导核心作用，有效发挥"把方向、管大局、保落实"的作用，根据本单位实际，组建本单位党组织领导下的审计委员会，正是落实党组织领导的具体体现。

6.2 审计报告内容与格式

由于审计报告的重要作用，审计报告应该从报告使用者的角度出发，满足其期望，便于其理解，采用恰当的报告格式和内容框架，运用较高的语言表达技巧。许多内部审计理论表明大家都非常重视审计报告内容和格式。劳伦斯·索耶的《现代内部审计实务》、莱特里与人合著的《内部审计：原理与技术》都花了较大篇幅来论述审计报告模式和撰写审计报告的艺术性。安杰拉·马尼科在其著作《内部审计师的报告撰写问题》中提出，有效的审计报告应当满足三个要求。

①**告知**。将发现的问题告知管理层。

②**说服**。使管理层相信审计发现的价值和真实性。

③**得到结果**。促使管理层采取适当的变革和改善措施。

在撰写审计报告时，审计人员需要吃透本次内部审计的目的和意图，清楚项目实施的背景、当前的经营管理形势，以及监管层和领导层的总体要求等，才能辩证、客观地审视发现的问题，出具的审计报告才能经得起推敲。

审计报告编制的原则及实务要点

1. 真实客观

审计人员必须以第三者的视角，实事求是地在审计报告中反映被审计事项，不歪曲事实真相，不遗漏、不隐瞒审计发现的问题；不偏不倚地评价被审计事项，客观公正地发表审计意见。

2. 专业严谨

专业严谨体现为审计报告要素要齐全，行文格式要规范，要完整反映审计中所执行的程序、发现的所有重要问题。审计报告要逻辑清晰、脉络贯通，主次分明、重点突出，用词准确、简洁明了、易于理解。为了更好反映和便于使用人理解信息，审计人员也可以适当运用图表描述事实、归类问题、分析原因。

特别需要注意的是，在归纳审计发现问题时，要在"问题标题"上下功夫，既要归纳问题的、准确把握问题（尊重事实，不能过分渲染），又要使其通俗易懂。

3. 重点突出

首先，除审计报告要求按照规定顺序列示审计问题外，为提高审计报告效果，审计报告可按照审计发现问题的情节严重程度列示，一般，重要问题放在前面，一般问题放在后面。其次，审计人员应该根据所确定的审计重要性水平，聚焦重要领域和关键环节，对重要事项和重大风险做重点说明，不能在审计报告里眉毛胡子一把抓，把所有问题都一股脑地罗列出来，走入"发现问题越多，个人功劳越大"的误区。对于一些微小的、没有重复发生的、不具备严重后果并且已经改正的问题，可以点到为止，或者可以不在正式审计报告里列出。

4. 可操作性强

内部审计的目的是促进被审计单位完善治理。可操作性强是指审计报告不能只提问题不讲建议，或者提的建议无法落地实施，而是要针对被审计单位业务活动、内部控制和风险管理中存在的主要问题，深入分析原因，提出可行的改进意见和建议；或者针对审计发现的其他情况提出完善改进的建议，以促进被审计单位实现目标。

审计报告内容

与注册会计师出具的多为标准格式、仅发表对被审计单位的财务报表
"是否在所有重大方面客观、公允反映了财务状况、经营成果和资金变动
情况"的意见的标准或非标准审计报告不同，内部审计报告根据审计的不
同内容、对象、需求而不同，内部审计报告内容不要求也无法做到基本一
致。一份完整的内部审计报告，一般包括以下几项内容。

1. 标题

与注册会计师审计报告标题一般只是"审计报告"不同，内部审计报
告标题应当言简意赅，明确反映被审计单位名称与审计事项，让人一看就
知道这份审计报告是关于哪方面的，如"关于某公司总经理任期经济责任
审计报告""关于某项制度落实情况的审计报告"等。正式的内部审计报
告还应有由发文组织代字、发文年份和文件顺序号三个部分组成的发文字
号，必要的情况下，可以设置内部审计报告密级和保密期限。

2. 收件人

内部审计报告的收件人也就是内部审计报告的对象，通常为委托人。
但根据被审计单位的治理结构、内部审计领导体制、审计类型与审计方
式，收件人也可以为组织的权力机构或主要负责人、被审计单位、其他相
关单位（部门）或人员。

3. 正文

内部审计报告正文通常包括以下内容。

（1）审计概况

审计概况是对审计项目总体情况的介绍和说明，开宗明义介绍：于什
么时间接受谁的委托，进行了什么内容、什么时段的审计，履行了哪些必
要的审计程序。具体包括立项依据、背景介绍、上次审计后的整改情况、

本次审计目标与审计范围（审计项目涉及的单位、时间和事项范围）、审计内容和重点等。

（2）审计依据

要交代开展本次审计的依据，列出相关法律、规定、内部审计准则、单位规章制度等，以显示本次审计是有章可循、有据可依的，而非主观随意，是专业、规范、严谨的。

（3）审计结论

内部审计报告要根据已查明的事实，围绕审计事项，对被审计单位的经营活动、内部控制和风险管理作出总体及有重点的评价。审计结论既包括正面评价，概述取得的主要业绩和经验做法等；也包括对审计发现的主要问题的简要概括。

（4）审计发现

要列出审计发现的问题事实、性质、原因分析、问题造成的后果和影响。

（5）审计意见

针对审计发现的被审计单位存在的问题，审计人员要提出审计处理意见；或者建议组织适当管理层和相关部门作出处理意见。审计意见一般包括：纠正、处理违法违规行为的意见；对违法违规和造成损失浪费的被审计单位和相关人员给予通报批评或者追究责任的意见和建议。

（6）审计建议

审计建议是针对审计中发现的主要问题，以及其他需要进一步完善的事项，在分析原因和影响的基础上，提出有价值的建议。它可以是对被审计单位经营活动和内部控制存在的缺陷和问题提出的改善和纠正的建议；也可以是对显著经济效益和有效内部控制提出的表彰和奖励的建议。提出审计建议时，审计人员既要避免大而无当的空话套话，也要有的放矢，使其能够落实。

4. 附件

附件是对内部审计报告正文中提到、不方便在正文中展开或需要进行补充说明的文字和数据等支撑性材料。附件一般包括审计发现问题的详细说明、被审计单位的反馈意见、相关问题的计算及分析过程、记录审计人员修改意见、明确审计责任、体现内部审计报告版本的审计清单、需要提供解释和说明的其他内容等。审计人员可根据具体需要决定其是否包括的具体内容。

5. 签章

最终出具的正式内部审计报告应由内部审计机构负责人签发或盖内部审计机构公章。

6. 报告日期

一般以签发的日期为出具报告的日期。日期使用阿拉伯数字，需将年、月、日标全，年份应当标全称，月、日不编虚位。

7. 其他

其他部分根据情况而定，如果在内部审计报告形成后提交前出现了需要特别说明的事项，可以在此予以补充说明，以便更完整地呈现相关信息。

以下是某公司的经济责任审计报告。

××××股份有限公司经营班子任期经济责任审计报告

××审〔2019〕××号

××××股份有限公司董事会：

我们根据××××人力资源部委托，对××××股份有限公司经营班子自2016年1月1日至2018年12月31日期间的经济责任履行情况进行了审计。我们的审计是根据《中华人民共和国审计法》《中华人民共和国会计法》《××××公司经济责任审计管理暂行办法》《中华人民共和国国家审计准则》等规定进行的。提供真实、合法的财务会计及其他有关资料是被审计单位的责任，我们的责任是对经营班子的履职情况发表审计意见。在审计过程中，我们审核了有关的财务会计资料、重要经济合同及其他有关资料，实施了包括检查会计账目、抽查原始凭证、查阅有关资料、访谈等审计程序。现将审计结果报告如下。

一、基本情况

（一）公司概况

（二）公司治理结构

（三）人员情况

（四）对外投资情况

（五）审计范围

二、企业财务绩效分析

（一）企业财务状况

（二）审计期间经营成果

（三）资产保值增值以及预算执行情况

（四）审计期间财务状况变动情况分析

三、审计发现的问题

四、风险提示

五、审计建议

六、审计结论

附件：

1.××××股份有限公司投资情况表

2.经营班子分工表

3.比较资产负债表、比较利润表、比较现金流量表

审计报告格式

格式对审计报告并不是可有可无的，而是非常重要的，不能等闲视之。一份高质量的审计报告应该内容齐全、陈述客观、文字简明、程序规范、编制及时、建议可行。规范的审计报告格式不但体现审计人员的专业水平和严谨态度，而且有利于增强审计报告权威，提高审计报告效用，让审计报告使用人高效获取审计报告信息，并及时采取必要措施。

正因为如此，新的内部审计实务指南对审计报告格式进行了全面规范，并且对排版也做了明确要求，以体现审计报告严肃性。新的内部审计实务指南单列一章具体阐述审计报告的一般格式，还增加了《审计报告参考格式》《审计报告征求意见函参考格式》两个附件，对报告内容逐项说明。

审计报告对各部分内容的一般格式要求如下。

1. 标题

审计报告标题在版头居中排布，由于内部审计报告的标题一般会明确反映被审计单位名称与审计事项，有时一行不够需回行，这时就要注意词意完整、排列对称、长短适宜、间距恰当，排列可以使用梯形或菱形格式。有文头的审计报告，标题编排在红色分隔线下空二行位置；没有文头的审计报告，标题编排在分隔线上空二行位置。

2. 发文字号

发文字号由发文组织代字、发文年份和文件顺序号三个部分组成。年份、发文顺序号用阿拉伯数字标注；年份应当标全称，用六角括号"〔〕"括入；发文顺序号不加"第"字，不编虚位（即1不编为01），在阿拉伯数字后加"号"字。例如，×审〔20××〕×号。有文头的审计报告，发文字号在文头标志下空二行、红色分隔线上居中排布；没有文头的审计报告，发文字号在分隔线下右角排布。

3. 密级和保密期限

审计报告如需标注密级和保密期限，顶格编排在版心左上角第二行；保密期限中的数字用阿拉伯数字标注，自标明的制发日算起。密级一般分为绝密、机密、秘密三级。保密期限在一年以上的，以年计，如秘密 5 年；在一年以内的，以月计，如秘密 6 个月。

4. 收件人

有文头的审计报告，收件人编排于标题下空一行位置；没有文头的审计报告，收件人编排于发文字号下空一行位置。收件人居左顶格，回行时仍顶格，最后一个收件人名称后标全角冒号。

5. 正文

编排于收件人名称下一行，每个自然段左空二字，回行顶格。文中结构层次序数依次可以用"一、""（一）""1.""（1）"标注；一般第一层用黑体字，第二层用楷体字，第三层和第四层用仿宋体字标注。在正文中，尤其需要注意的是对审计发现的问题要从性质和金额两个方面评估其重要性，合理归类并按照重要性排序，必要的情况下可以增加图表等。

6. 附件

如有附件，在正文下空一行，左空二字编排"附件"二字，后标全角冒号和附件名称。如有多个附件，使用阿拉伯数字标注附件顺序号，如"附件：1.××××"；附件名称后不加标点符号。附件名称较长需回行时，应当与上一行附件名称的首字对齐。

7. 内部审计机构署名或盖章

一般在报告日期之上，以报告日期为准居中编排内部审计机构署名，如使用机构印章，加盖印章应当端正、居中下压内部审计机构署名和报告日期，使内部审计机构署名和报告日期居印章中心偏下位置，印章顶端应当上距正文或附件一行之内。如不使用机构印章，一般在正文之下空一行编排内部审计机构署名及其负责人签名（主要用于征求意见阶段的审计报告），并以报告日期为准居中编排。

8. 报告日期

使用阿拉伯数字将年、月、日标全，年份应当标全称，月、日不编虚位（即 1 不编为 01）。报告日期一般右空四个字编排。

6.3
审计报告的修订与发送

对审计报告的复核与监督，是审计报告撰写过程不可割裂的组成部分。在审计报告审批正式成稿前进行修订，是保证审计报告质量的重要途径。审计报告的修订可以体现在三级复核当中，每一级复核都可能对审计报告进行必要调整。

IIA 在《内部审计职业实务准则》中要求内部审计活动的管理者对记录业务活动的审计工作底稿进行复核，通过复核保证审计工作底稿充分支持审计发现、审计结论与审计建议，保证审计报告客观、准确、简明、及时、富有建设性。

内部审计各级人员的复核与修订工作

1. 内部审计审计项目组长的复核与修订

内部审计人员较少，审计项目组长与审计报告撰写人一般是同一人。审计项目组长应当复核：审计方案和审计程序是否得到完整、正确的实施，审计工作底稿是否完备，对审计过程中发现的问题或线索是否搞清楚或是否有充分的证据支持。如果另外有人撰写审计报告，审计项目组长应对报告撰写人起草的审计报告按照上述要素进行必要复核，以保证审计报告如实反映了审计方案执行、调整及审计程序实施情况，使审计方案与审计过程、审计结果相互衔接。如发现审计报告中存在文字性错误、前后矛盾、数据不准等问题，需要对审计报告进行及时、必要的修订。

2. 内部审计机构的业务主管进行重点复核与修订

在审计项目组长复核的基础上，内部审计机构的业务主管需要对审计方案、审计程序、审计工作底稿等进行复核（如部分内部审计机构没有设立业务主管岗位，建议内部审计人员之间实施交叉复核），包括：

①对审计发现的主要问题是否全部得到如实反映；

②审计组对重要性的判断是否恰当，是集体讨论还是个别人决定，有无对审计发现的问题轻拿轻放甚至故意放水等情况；

③问题原因分析是否准确、透彻。

业务主管需要根据审计工作底稿、与内部审计人员沟通等，来发现可能的问题。如果有上述情况，需要对审计报告进行修订，以保证主要问题的判断是适当的，并且全部在审计报告中得到如实反映。同时，业务主管还要做好审计项目组长和内部审计机构负责人审核的沟通工作。

3. 内部审计机构负责人进行审核

内部审计机构负责人应从整体上对审计报告进行复核，包括：

①审计报告对被审计事项的总体评价是否真实，审计结论是否客观全面，是否有相应的审计证据支持；

②审计发现问题是否准确，审计结论、审计意见和审计建议是否恰当、有的放矢、能够落实等。

审计报告征求意见、报送和使用

1. 审计报告征求意见

对审计报告征求意见，根据《第 3101 号内部审计实务指南——审计报告》第三十四条、第三十五条的规定，要做好以下几点。

①审计组提出的审计报告在按照规定程序审批后，应当以内部审计机

构的名义征求被审计单位的意见。也可以经内部审计机构授权，以审计组的名义征求意见。被审计单位应当以书面形式在规定时间内反馈意见，否则视同无异议。

②审计报告中涉及重大案件调查等特殊事项，经过规定程序批准，可不征求被审计单位的意见。

③被审计单位对征求意见的审计报告有异议的，审计组应当进一步核实，并根据核实情况对审计报告作出必要的修改。

④审计组应当对采纳被审计单位意见的情况和原因，或者被审计单位未在规定时间内提出书面意见的情况作出书面说明。

关于审计报告征求意见的期限，《审计法》第四十条规定是"十日"；《党政主要领导干部和国有企事业单位主要领导人员经济责任审计规定》第三十二条规定是"10 个工作日"；审计署令第 11 号第十七条规定，内部审计实施经济责任审计"可以参照执行国家有关经济责任审计的规定"，即"10 个工作日"；而《第 3101 号内部审计实务指南——审计报告》第三十四条规定为"在规定时间内"。所以，建议将"十日"作为除经济责任审计外的其他审计报告征求意见的期限。

对被审计单位提出的审计报告修改意见，审计组或内部审计机构要经过研究后，考虑是否修改审计报告。如情况属实，即使在内部审计机构负责人审核后、正式签发前提出意见，也应据实调整。

2. 审计报告的报送和使用

根据《第 3101 号内部审计实务指南——审计报告》第三十八条、第三十九条、第四十条的规定，审计报告的形成和报送依照下列要求执行。

①审计报告经复核和修改后，由总审计师或内部审计机构负责人按照规定程序审定、签发。

②审计报告的报送一般限于组织内部，通常根据组织要求、审计类型和形式确定报送对象。需要将审计报告的全部或部分内容发送给组织外部单位或人员的，应当按照规定程序批准。

③审计报告按照规定程序批准后，可以在组织内部适当范围公开。

另外，对于内部审计机构形成报告的使用，在符合情形下，应根据审计署令第 11 号第二十二条的规定执行，具体为：审计机关在审计中，特别是在国家机关、事业单位和国有企业三级以下单位审计中，应当有效利用内部审计力量和成果。对内部审计发现且已经纠正的问题不再在审计报告中反映。

6.4 本章思考和探索

①内部审计报告对象对内部审计作用发挥有什么影响？你认为谁是内部审计报告的合适对象，理由是什么。

②在实务中，内部审计报告格式和内容哪个更重要？

③要编制一份好的内部审计报告，应该注意哪些方面？

④（案例分析）某公司审计部门向审计委员会提交的一份标题为《××××公司审计报告》的审计报告，正文中没有收件人，正文列出了发现的审计问题：

a. 用境内思维去经营境外项目，中标项目质量缺乏保障；

b. 人员属地化管理问题层出；

c. 管理人员水平不高，效率低下。

审计部门也提出了审计建议，如：立足集团战略，发挥整合优势，提高管理水平等。审计委员会却对该报告很不满意，你觉得可能的原因是什么？

第 7 章

审计结果运用与后续审计

内部审计就是要发挥"治已病，防未病"的作用。

——李若山

7.1 认识审计结果运用

审计工作的最大绩效在于审计结果运用。被审计单位通过运用审计结果，开展审计整改工作；内部审计部门开展后续审计，扎实推进审计整改，提高审计结果运用效果，提高被审计单位工作水平，这是审计工作的本意和目的所在。

什么是审计结果运用

1. 审计结果的基本含义

所谓审计结果，是指内部审计机构和人员依据相关规定、履行相关程序、发挥审计职能的过程中形成的工作成果，主要包括：真实客观的信息、审计发现的问题、审计意见和建议、审计经验和方法等。审计结果是审计工作的直接输出，是内部审计发挥作用的载体。

2. 审计结果运用的基本含义

审计结果运用，就是指相关主体对审计结果进行科学、合理的开发、整合和转化利用。审计结果能否得到运用，关系到内部审计作用的发挥。所以，党和国家在关于审计工作的各项政策文件中，都对建立、完善审计结果运用提出了明确要求。

领会审计结果运用的政策精神

1. 党和国家关于审计结果运用的政策精神

《国务院关于加强审计工作的意见》（国发〔2014〕48 号）赋予审计"保障国家经济安全和重大政策落实"的重要职能，要求"狠抓审计发现问题的整改落实，建立整改检查跟踪机制，严肃整改问责"。

2015 年，中共中央办公厅、国务院办公厅印发《关于完善审计制度若干重大问题的框架意见》，要求"完善审计结果运用机制……把审计监督与党管干部、纪律检查、追责问责结合起来，把审计结果及整改情况作为考核、任免、奖惩领导干部的重要依据"。

2018 年 5 月，中央审计委员会第一次会议强调："认真整改审计查出的问题，深入研究和采纳审计提出的建议，完善各领域政策措施和制度规则。"

2. 中央部门关于审计结果运用的政策精神

2019 年 4 月 25 日，审计署办公厅印发的《2019 年度内部审计工作指导意见》（审办内审发〔2019〕39 号）指出："六、强化内部审计结果运用，推动完善制度和加强管理……加强内部审计结果的运用，加强内部审计与内部纪检、巡视巡察、组织人事等部门的沟通协作，建立信息共享、结果共用等机制。推动将内部审计结果及整改情况作为考核、任免、奖惩干部和相关决策的重要参考，将经济责任审计结果及整改情况纳入领导班子民主生活会及党风廉政建设责任制检查考核的范围。对内部审计发现的违纪违法问题线索，应按照管理权限和法定程序依法依规移送相关主管机关，努力提升内部审计工作成效。"

2020 年，国务院国资委《关于深化中央企业内部审计监督工作的实施意见》（国资发监督规〔2020〕60 号）第八条要求："压实整改落实责任，促进审计整改与结果运用……密切结合国家审计、巡视巡察、国资监管等各类监督发现问题的整改落实，建立和完善问题整改台账管理及

'销号'制度，由内部审计机构制订统一标准，并对已整改问题进行审核认定、验收销号。对长期未完成整改、屡审屡犯的问题，开展跟踪审计和整改'回头看'等，细化普遍共性问题举一反三整改机制，确保真抓实改、落实到位……将内部审计结果及整改情况作为干部考核、任免、奖惩的重要依据之一，对审计发现的违规违纪违法问题线索，按程序及时移送相关部门或纪检监察机构处理。"该文件从总体上要求强化审计结果运用，通过审计真正"促进中央企业落实党和国家方针政策以及国有资产监管各项政策制度。深化企业改革，服务企业发展战略，提高公司治理水平和提升风险防范能力，助力中央企业加快实现转型升级、高质量发展和做强做优做大"。

近年来，全国各单位内部审计机构在促进内部审计结果运用方面积累了丰富经验，取得良好效果。2019年4月—11月，中国内部审计协会专门组织开展"内部审计结果运用"典型经验展示活动，评选出50篇经验材料，如中国建设银行股份有限公司《坚持审计与业务协同，力促实物贵金属库存管理问题得到深层次整改》、国网内蒙古东部电力有限公司《"成果+N"为驱动的多维审计成果运用机制》。

审计结果运用的现实效应

内部审计目的是防范风险、完善管理、提升和提高组织治理能力和水平。这个目的的实现，需要把审计结果运用到组织的各项工作过程中。内部审计机构是审计问题的发现者和审计建议的提出者，但作为组织中相对独立的机构，多数情况下并不能直接运用审计结果。只有审计结果得到适当运用、问题得到整改、管理建议得到采纳和施行、内部审计形成完整闭环，才能说内部审计发挥了作用。

内部审计结果运用的高质量，是内部审计高质量发展的应有之义，也是实现内部审计高质量发展的根本目标和落脚点。

1. 为领导决策提供重要参考

审计报告通常是对被审计单位的全面扫描和重点检查，即使原来对被审计单位不了解的人员通过阅读审计报告，对该单位的基本情况、历史沿革、经营情况、存在问题等也会有个大致的掌握，加上审计的独立性、客观性，审计报告更是高效了解情况的途径。所以实践中，很多单位高层领导，如国网安徽省电力公司董事长在调研前，都会专门把需要调研单位最近几年的审计报告阅读一下，以有的放矢，将了解的信息作为决策的切入点和支撑。又如，为支撑公司推进实施"大连接"战略关键举措，中国移动通信集团河南公司内部审计部门于 2017 年组织开展了家庭宽带业务管理专项审计，审计报告系统分析了网络建设与利用、业务办理与用户质量、市场营销与服务支撑等主要业务环节的发展现状和存在的问题，提出了 12 项管理建议，得到了领导重视，成为决策的重要参考。

2. 纠正发现单位存在的问题

内部控制是持续改进的，很多单位都存在各式各样的问题，区别只在于性质、严重程度不同而已。通过内部审计，通常会发现这些问题尤其是突出问题，通过运用审计结果，可以使问题得到解决，进一步弥补制度短板，促进管理不断改善。如，四川长虹集团内部审计及时总结集团内共性或重大问题，通过审计结果共享会议、审计工作简报、审计专项通知、审计通报等形式，向财务、运营、人力资源等部门及产业集团通报，促进相关部门不断修正集团核心管理制度，持续促进集团管理水平提高。

3. 督促相关责任是否得到落实

组织要良好运行，实现目标，离不开各个机构各司其职，相互配合，一旦某些机构或个人不正确履行职责，出现问题就是不可避免的。通过内部审计，把内部审计结果运用到工作中，可以及时督促相关责任得到切实落实。如，国网西藏电力公司提高审计结果运用利用率，向公司人力资源部门、工程项目管理部门、监察部门通报审计情况，促进监督主体之间的信息共享，避免重复监督。又如，北京市公共交通控股（集团）有限公司在经济责任审计中，对相关责任人进行严肃问责，对相关经营单位经营者进行考核扣罚，确保相关责任得到有效落实。

4. 为组织增加新价值

内部审计可以发现内控和经营的薄弱环节，尤其对于具有普遍性、典型性、倾向性的问题，运用内部审计结果更是可以完善内控、规范管理、降低营运风险、提高营运效率、取得良好的经济效益。如，四川长虹集团审计部通过投资项目的源头控制、工程造价审减、采购价格降本增效、废旧物资增收、销售费用降低、收取违规套取资金和账外资产，仅 2011 年为公司挽回直接经济损失 8 000 余万元。又如，乐凯华光公司审计部门运用采购审计结果，主持内部招标采购，运用三家比价采购、成本测算谈价、集体议价等方式，2011 年为公司节约采购资金 2 000 万元左右。承担公共服务职能的组织，有效运用内部审计结果，可以提高组织效率，产生明显的社会效益。

7.2 如何开展审计结果运用工作

审计结果运用的主要形式

1. 对审计发现问题的整改

各单位开展审计整改工作，不能仅就审计发现问题进行整改，而应认真研究分析审计建议，举一反三，注重建立健全审计查出问题整改的长效机制，建章立制，完善工作流程，堵塞管理漏洞，提高管理绩效。

①明确单位主要负责人为整改第一责任人。真正做到"新官理旧账"，对历史遗留问题，要"新官"牵头、"旧官"协助，携手推进问题的全面整改。

②建立审计发现问题整改台账，完善审计整改问题立号、销号记录，最终形成审计整改资料档案。

③探索采取审计整改结果内部通报或在一定范围公告等方式，对纠正不及时、不到位的问题，建立责任追究机制。

④审计整改过程中的建章立制，与单位的事业发展相结合，与单位内部已经出台的制度文件相配套。

⑤加强内部审计与内部纪检、巡视巡察、组织人事等部门的沟通协作，建立信息共享、结果共用等机制。

如中国航天科工集团公司按照"过程清楚、责任明确、措施落实、严肃处理、完善规章"的要求，对审计发现的问题均从事项整改、举一反三整改和源头整改等三个层面进行整改，并对整改结果进行复查，加大审计问题整改力度。

2. 移送违纪违法问题线索

内部审计发现违纪违法问题后，应在报告单位主要领导后，按照管理权限和法定程序依法依规向上级相关政府部门移送违纪违法问题线索。

《审计署关于内部审计工作的规定》第十五条规定："下属单位、分支机构较多或者实行系统垂直管理的单位，其内部审计机构应当对全系统的内部审计工作进行指导和监督。系统内各单位的内部审计结果和发现的重大违纪违法问题线索，在向本单位党组织、董事会（或者主要负责人）报告的同时，应当及时向上一级单位的内部审计机构报告。单位应将……审计中发现的重大违纪违法问题线索报送同级审计机关备案。"

第二十一条规定："单位对内部审计发现的重大违纪违法问题线索，应当按照管辖权限依法依规及时移送纪检监察机关、司法机关。"如，《广西壮族自治区内部审计工作规定》明确规定，"未及时移送内部审计发现的重大违纪违法问题线索的，由有权机关对直接负责的主管人员和其他直接责任人员进行处理；涉嫌犯罪的，移送监察机关、司法机关依法追究法律责任"。

3. 参与单位的考核和评价

积极探索将内部审计结果及整改情况作为单位对内部各部门进行考核和评价的重要参考依据，服务和支撑单位的重大决策。如，中国中煤能源集团公司通过逐条登记台账、定期召开联席会议、职能部门共同督办、考核评价落实效果和加强审计结果的公开性五种方式，加大审计意见的落实力度。又如，奇瑞公司审计部选取数十家子公司开展关键绩效指标（KPI，Key Performance Indicator）审计，对子公司 KPI 体系设置的合理性以及收入、成本、利润等指标的真实性进行评估和核实，对相关原因进行分析和总结，直接推动了 KPI 考核的改进。

制约审计结果运用的主要因素

1. 内部审计质量不高

内部审计报告是内部审计工作的最终体现，其专业性、质量水平直接关系到审计结果能否得到认可，并发挥相应作用。客观上，有些审计机构和人员受能力水平、专业素养、职业道德等各方面因素的影响，编制的审计报告要么泛泛而谈，要么避重就轻，纠缠于细枝末节，忽略关键性、深层次的问题，要么主观色彩浓厚，客观性大打折扣。这样的审计报告当然很难被运用主体重视，即使得到运用，效果也不大。

与此同时，有些审计机构和人员认识不到位，成果意识不强，出了审计报告就算完成任务，不注意发掘审计过程中的大量有价值成果，忽视了在审计报告外，运用诸如审计专报、要情反映、分析报告等有效的成果形式来为审计结果运用主体提供增值服务。加上有的审计人员归纳概括能力不强，分析研判能力不强，在审计结果开发运用谋篇布局及文字表述上不得要领，就事论事多，深层次挖掘少，问题存在原因剖析不深刻、不透彻，审计建议操作性不够等。这些因素都制约了审计结果运用。

2. 被审计单位重视程度不够，整改落实不到位

（1）被审计单位对审计报告不重视，存在敷衍应付意识

有的被审计单位在整改过程中选择性整改，合意则落实，不合意则不整改，对于简单的、容易整改的乐于采纳，对于复杂的、深层次的甚至涉及个人利益的，则搪塞、推诿，企图蒙混过关、避重就轻，使整改流于形式。

（2）对整改落实情况监督检查不够

大多数内部审计都是让被审计单位自己整改，之后由被审计单位报给审计机构一个整改报告即可，即使后续审计时，对前期发现问题整改情况的检查也会受到时间和工作任务的制约而浅尝辄止，这使很多情况下的整改变成了书面整改，导致审计工作流于形式。

（3）审计整改跟踪问责机制不完善

大部分被审计单位都规定了内部审计的职责、权限、整改要求，但对于不整改的情况，应该如何处理，并没有明确的规定，即使个别单位有明确的问责机制，对于不整改的单位和个人，多数情况以"事出有因、情况复杂"等敷衍了事，导致流于形式。

3. 审计机构与审计结果运用主体之间沟通不畅

由于没有建立审计结果共享机制，相应的审计整改也基本上是审计机构"单打独斗"，无法多方联动，对于需要多个部门共同参与的建章立制工作，更是无法推动落实。对于有领导批示的审计问题，相应部门在整改后，通常也不会主动向审计机构反馈，形成审用脱节的现象。

4. 情况复杂，责任主体不明确

审计发现的问题，因为事情本身复杂，原因较多，有些可能是历史遗留问题，时代久远，找不到直接经办人，甚至很难搞清楚问题存在的真正原因；有些可能是主观原因，如班子集体决策，让班子集体承认决策错误并进行改正是很难的；有些是机制性的，涉及多个部门，边界不清，从而影响审计结果落实。

高效推进审计结果运用工作的思路

1. 以终为始，以结果运用为导向开展审计工作

审计的目的和价值在于结果能够被应用。内部审计机构要时刻牢记并强化审计结果意识，从过去只注重发现问题到发现问题与推动问题解决并重上来，使每个审计人员认识到发挥审计职能、实现审计目标、提升审计价值在很大程度上取决于审计结果得到运用的程度和深度。内部审计机构要紧紧抓住提升审计工作质量这个龙头，从审计计划、审计实施、审计报告各个阶段体现审计工作的专业性，将审计准则、审计质量控制标准、制

度落实到审计方案、取证、工作底稿编制和报告的各个环节，贯穿审计全过程。

另外，内部审计机构要加强审计分析研究，找准审计结果运用的着力点，换位思考，克服就事论事、"只见树木不见森林"的思维，注重举一反三、深挖根源，做到问题查找准、原因分析透、措施建议实；为成果运用主体整改、完善治理多提好建议。

2. 机制先行，完善审计问题整改机制

审计整改是一项系统工程，要建立分级负责、协调联动、多措并举的审计整改机制。审计发现的问题，尤其是体制机制性问题具有涉及面广、情况复杂的特点，单个部门和机构无法完全解决，这就需要相关部门，如财务部门、人事劳资部门、纪检部门等多部门联动才能推动解决，要积极为相关部门出谋划策，让其认识到审计是帮助它们更好履行职责的，调动它们的积极性。所以要完善审计问题整改机制，各部门共同构筑防火墙，把各部门原来的事不关己的态度转变为躬身入局，主动认领责任，实现互动双赢，共同推动审计问题解决。

3. 健全审计结果运用联动机制

（1）健全审计结果共享机制

内部审计机构要主动加大与审计结果运用主体的沟通力度，推行数据共享，多层次、多渠道使审计结果运用于各个相关部门的日常管理和工作中，步调协同，优势互补，达到"1+1 > 2"的效果，从而使审计结果得到充分运用。

（2）健全审计结果运用跟踪机制

内部审计机构要及时了解审计结果运用主体对审计结果的运用情况，加强对审计结果运用的反馈跟踪和督促检查，必要时开展后续审计，关注相关部门在决策、绩效、奖惩和问责中对审计结果的运用情况，以促进审计结果得到充分运用并取得实效。

4. 构建审计结果运用评价指标体系

系统完善的审计结果运用评价指标体系，不仅使审计结果运用评价有客观、可衡量的标准，也为审计结果运用提供了体系保障，有利于改变审计结果运用的主观性和随意性，督促审计问题整改落实和促进审计结果运用。

在选择审计结果运用评价指标时，内部审计机构要综合考虑内部审计结果的表现形式和成果运用的现实情况，要关注指标的相关性、完整性、准确性和可操作性。当然，评价指标体系要包含定性指标和定量指标，不求面面俱到，而要核心明确、重点突出，并明确各个指标的权重以及评分标准。指标体系确定后，要保持其相对稳定性，经过一段时间的使用，如发现有需要调整完善的地方，要通过正规严谨的程序进行调整，并保持公开透明。只有这样，审计结果运用评价指标体系才能发挥其应有的作用。

7.3
认识后续审计

　　依据《**第 2107 号内部审计具体准则——后续审计**》的定义，后续审计是指内部审计机构为跟踪检查被审计单位针对审计发现的问题所采取的纠正措施及其改进效果，而进行的审查和评价活动。后续审计是审计项目的一个重要阶段，是落实审计结果的关键环节，能够更好发挥审计职能，促进被审计单位提高管理水平和完善内部控制体系。

　　对审计中发现的问题采取纠正措施，是被审计单位管理层的责任。审计署令第 11 号——《**审计署关于内部审计工作的规定**》第十八条规定："单位应当建立健全审计发现问题整改机制，明确被审计单位主要负责人为整改第一责任人。对审计发现的问题和提出的建议，被审计单位应当及时整改，并将整改结果书面告知内部审计机构。"第十九条规定："单位对内部审计发现的典型性、普遍性、倾向性问题，应当及时分析研究，制订和完善相关管理制度，建立健全内部控制措施。"评价被审计单位管理层所采取的纠正措施是否及时、合理、有效，是内部审计人员的责任。该规定是内部审计机构开展后续审计的法理依据。

　　既然内部审计机构有责任评价被审计单位管理层所采取的纠正措施是否及时、合理、有效，那么就需要把后续审计列入审计计划。可以单独开展后续审计，也可以根据情况把后续审计作为下次审计的组成部分开展。

后续审计目标

后续审计目标从属于审计目标，是对先前审计的再监督，总目标是实现被审计单位内部既定控制目标和确保控制风险在可接受的范围内，从而达到经济并有效地为被审计单位增加价值和改进运营的目的。这些目标表现在以下方面。

1. 及时性

及时性，即被审计单位针对审计结论所采取的行动和措施是否适时，能否及时堵塞漏洞并改善控制。内部审计发现的问题有的是正在持续发生的，采取行动越晚，造成的损失越大，甚至可能造成相关责任人掩盖问题、灭失证据、逃跑等，给被审计单位造成无可挽回的损失。因此，针对审计结论及时采取行动和措施，及时堵塞漏洞并改善控制，是被审计单位的责任，并且也是内部审计机构开展后续审计需要关注的目标。

2. 合理性

合理性，即被审计单位对审计结论，有没有采取恰当、合理的措施进行纠正，合理保证类似情况不再发生，且满足成本效益原则。合理性是基于被审计单位整体利益考虑的，有两方面含义：一方面是措施能够纠正问题，另一方面是避免出现"用力过猛"的情况，浪费资源。因为资源都是有限和稀缺的，如果用于某个方面就必然会影响到其他方面，所以要讲究措施和问题相适应、匹配。合理性判断标准是：采取的措施产生的效益要大于相应的成本。

3. 有效性

有效性，即被审计单位针对审计发现的问题采取的整改手段，能不能够有效地降低控制风险。如果不能降低风险，就说明所采取的整改手段缺乏有效性。审计整改的目的是促进被审计单位目标的实现，而被审计单位目标包括战略目标、资产安全和完整、合规合法、信息真实可靠等，采取的整改措施只有有利于实现上述目标中的一个或多个目标，才能说是有效的，否则不能达到有效性的目的。

后续审计在四个方面的特殊性

后续审计既不同于后期审计，也不同于期后审计，具有自身的特点，具体如下。

1. 时间的特殊性

既然是之前审计的后续，在时间安排上就要有一定的考量，既不能与之前审计结束时间靠得过近，否则被审计单位没有足够的时间整改；也不能隔的时间太长，如间隔几年，这样后续审计的意义就不大了。所以在安排后续审计时，审计机构要考虑到审计整改的难度、所需的合理时间，半年或一年以后比较适宜。当然对特殊的、时效性高的，如不立即整改会造成损失或使损失扩大的情况，间隔时间可以更短。而独立的审计项目则不用考虑这些，可以自主开展。

2. 人员的特殊性

后续审计主要审计之前审计发现的问题是否整改，整改是否到位，审计结果是否得到合理运用。所以审计机构在安排后续审计人员时最好安排原来的审计组来实施，因为他们对情况更熟悉，对提出的审计建议初衷、预期效果更清楚，能够更好地起到后续审计的作用。如果不能完全用原来的审计组，最好有参与过前期审计的人员参加。

3. 目标的特殊性

后续审计是为了审查被审计单位是否落实整改而开展的专项审计，所以其目标聚焦在：及时性，即被审计单位是否及时采取了措施，能否及时完善内部控制，以降低风险；合理性，即被审计单位整改方式方法是否合理，是否符合成本效益原则；有效性，即采取的措施是否能够堵塞漏洞、降低风险，实现预期目标。

4. 内容的特殊性

被选择进行后续审计的项目，通常具有问题较多、较重要、风险较高、整改难度大的特点。所以审计机构在内容的选择上要把握重点，以整改问题清单为核心，找准重难点和关键问题，有的放矢，而不必像单独的审计项目那样全面审计。

开展后续审计的实务效应

开展后续审计，是完善审计闭环管理、发挥审计价值的需要，后续审计开展得好，会对多方面起到积极作用，主要体现在以下方面。

1. 有利于促进审计目标的实现

审计现场工作结束后，被审计单位是否按照审计结论的要求对审计发现进行整改或纠正，这其中的信息是不对称的，审计人员也是不知情的。很多被审计单位在内部审计机构出具审计报告后，将其束之高阁，或者表面应付、虚假整改，从而使内部审计为审而审，无法实现审计目标，这就要求内部审计机构追踪审查。后续审计不仅是审计人员对审计结论执行情况进行审查的有效手段，也能够发挥督促审计决定执行和落实纠正措施的作用，保证审计的权威性和严肃性。

2. 有利于发挥内部审计监督和服务的功能

后续审计既体现审计监督的职能，也体现服务的职能。后续审计既检查被审计单位审计结论的执行情况，体现监督职能；也评价被审计单位的整改纠正措施是否有效合理，从而为被审计单位发展服务；还促进内部审计机构和被审计单位实现转型的目的，发挥内部审计的增值效应。

3. 有利于验证审计工作质量

后续审计，既是对审计结论的执行情况检查，也是对审计工作质量的检验，有利于评价审计工作水平。对审计结论的合理性和执行情况进行回访，可以促使内部审计机构在下达审计结论时，与被审计单位的实际情况相结合，使审计结论具有较强的针对性、合理性和可操作性，这也有利于提高审计工作水平。

4. 有利于进一步完善审计反馈机制

后续审计不仅要让内部审计机构了解审计结论是否符合被审计单位实际、所提出的审计意见和建议是否切实可行，还要了解被审计单位在执行中暴露出的问题，以及是否存在需要补审的情况等。这样就建立了一个有效的信息沟通渠道，完善了审计信息的反馈机制。

5. 有利于被审单位提高治理水平

通过后续审计，从全局出发、从内部控制视角出发，重新审视以往审计中发现的问题和管理漏洞，重新评估面临的风险，对被审计单位的内部控制制度、措施进行再评估，从而促使被审计单位持续改善内部控制，提高治理水平。

7.4 如何进行后续审计

后续审计的检查内容

后续审计的任务是由其目标和特点所决定的。因此，在开展后续审计时，主要检查的内容包括以下几点。

①检查了解并核实被审计单位对审计结论所明确需要整改的事项的整改落实情况。要检查与整改措施相关的文档资料，与相关部门和人员沟通，了解实际落实情况。

②检查了解审计组织在审计结论中所提出的可增加经济效益等方面的审计建议的实现程度，被审计单位是否采取积极行动推动其实现。

③了解并确定审计结论中提出的审计意见和建议是否具有合理性和可行性。如果不切实际或不具有可行性，或者外部环境变化，影响审计结论的实施，则应明确告知被审计单位。

如，中国电科专门制订了《**后续审计暂行办法**》，对被审计单位进行再审计、再监督。其后续审计可作为下次审计工作的一部分进行，也可以单独进行，主要任务包括：对已被采纳的意见或建议，评价纠正措施是否及时、适当和有效；对未被采纳的意见或建议，说明不采纳的原因及其由此可能产生的风险；检查被审计单位是否执行审计决定、执行情况是否符合要求。

后续审计的实施及模板

后续审计的实施有其特殊的方法和程序，但也可以分为审前准备、审计开展、结果报告几个阶段。

1. 审前准备

在审前准备阶段，审计人员要以前期审计结论和建议所涉及的问题为焦点，仔细阅读被审计单位报送的审计整改情况回复报告，与被审计单位沟通整改报告中不清楚或未明确回复的问题，澄清可能误解，关注需要其纠正问题的整改情况，尤其要注意审计意见指出的管理薄弱环节与风险隐患、被审计单位是否完善相应的制度和流程，确定后续现场审计工作重点，视情况进行适当的延伸和扩展。

审前准备阶段要制订后续审计方案，综合考虑：审计决定和建议的重要性、纠正措施的复杂性；落实纠正措施所需要的期限和成本；被审计单位的业务安排等。同时要确定后续审计内容和目标，分析原来的审计结论和建议是否合适，如客观环境和条件发生变化导致原有建议不再适用，应进行必要修订。

2. 审计开展

后续审计需要对被审计单位实施现场审计。在后续审计中审计人员要对被审计单位报送的整改报告持合理怀疑态度。分析问题、由表及里、抽丝剥茧、探究原因，是后续审计应该采用的主要方法。在审计开展过程中，要通过询问、观察、测试等手段来确认实际的审计整改情况，并且获取有关纠正措施的文件，搜集足够的书面证据。

①在现场审计时，审计人员要检查被审计单位采取的纠正措施与审计回复是否一致，实际实现程度如何。

②审计人员要注意检查有无隐瞒行为或错审、漏审情况。进行顺延检

查，如延伸查阅资料、登录系统、进行穿行测试等，检查自上次审计截止日至本次后续现场审计截止日期间，有无新增的风险或问题线索，追踪上次审计发现的问题、风险点。

③在实施必要的审计程序后，审计人员要对整改情况进行评估，对被审计单位正在实施或准备实施的整改措施进行再评估。

④若被审计单位不采取纠正措施，审计人员要对被审计单位书面说明可能面临的风险，被审计单位应书面确认其已决定承担不采取纠正措施的风险。

3. 结果报告

后续审计报告是开展后续审计的最后一环。后续审计结束后，审计人员要及时编制后续审计报告，报告要说明审计目的、以前报告的审计发现和审计建议、纠正措施、效果评价等内容。后续审计报告要客观、清晰、简明扼要，对于未整改到位的要分析原因，可能的话，要对整改情况进行量化考核，计算问题整改率，并通过定量与定性分析相结合进行客观评价。

后续审计中发现的问题，可分为整改不到位问题和新发现问题。整改不到位问题又可以进一步分为表面整改而实际未整改问题和表面实际均未整改问题。新发现问题也可以分为屡查屡犯问题和首次发现问题。审计人员要以分门别类地剖析问题深层原因，并有针对性地提出审计建议。

以下为某企业后续审计报告的模板，可供参考。

××××企业内部培训情况的后续审计报告

审计委员会、人力资源部：

20××年6月×日—×日，我们组成审计组对企业内部培训开展情况进行了审计，并于7月×日提交了审计报告。在审计报告中，我们提出了以下审计问题。

1. 参加内训员工对课程内容不满意度高。在20××年全年举办

的 15 次培训中，总计 56% 的员工认为，培训内容与工作脱节，对实际工作帮助不大或没有帮助。

2. 外聘讲师水平不高，讲课效果差。80% 参训员工认为，讲师水平一般或较差。

8 月 × 日，人力资源部对整改情况进行了回复。

1. 针对内训员工对课程内容不满意度高的问题，人力资源部改善了流程，优化了需求调查流程，对员工更细致地进行需求调查，充分征求员工意见，以使需求调查结果具有更强的代表性，再有针对性地安排培训课程。

2. 针对讲师水平不高，讲课效果差的问题，经研究其原因主要是现行的讲师授课报酬标准过低，无法请到水平高的讲师。人力资源部已经调整提高外聘讲师授课报酬标准。

对于人力资源部的整改情况，我们于 9 月 5 日—6 日，进行了后续审计，审查并证实了人力资源部的整改措施。在这两个月内，内训员工对培训的内容和授课讲师的满意度提高至 70%，改善明显。培训需求调查流程调整增加费用 5 000 元，讲师授课报酬由原来的 1 000 元 / 小时提高到 2 000 元 / 小时。讲师水平和积极性有了较大提高。

我们认为，人力资源部整改措施有效改正了存在的问题，效果令人满意。

内部审计机构

20×× 年 9 月 × 日

本案例充分体现了后续审计的特点，即在前次审计结束后一段时间内，针对被审计单位的整改报告情况及效果进行审计，进行审前准备，开展审计检查，并且进行报告，构成了一个完整的审计闭环管理。

7.5 / 本章思考和探索

①审计结果运用与后续审计有什么联系？后续审计对推动审计结果运用效果有什么作用？

②在新时代背景下，如何理解审计结果运用的高质量是内部审计高质量发展的应有之义，也是内部审计高质量发展的根本目标和落脚点？

③在新常态下，提高后续审计有效性的具体策略有哪些？

第 8 章

内部审计信息化应用

创新审计理念与方法，促进内部审计更好为价值增值服务。

——顾奋玲

8.1
认识内部审计信息化

随着社会经济的不断发展，网络技术、计算机技术、通信技术、信息技术的发展极为迅速。这些技术在内部审计中也得到了广泛应用。新环境为内部审计发展带来了新机遇、新挑战。内部审计信息化建设逐步向标准化、网络化、分级化发展。云计算、大数据、智能化等新技术应用，提升了内部审计的质量及提高了效率，审计信息化建设已经成为内部审计发展的必然趋势。

什么是内部审计信息化

1. 信息化、内部审计信息化的含义

信息化是指利用信息技术，开发利用信息资源，促进信息交流和知识共享，培养、发展以计算机为主、以智能化工具为代表的新生产力。它有助于提高经济增长质量，推动经济社会发展转型的历史进程。

内部审计信息化是指企事业单位审计人员为了实现其审计目的，收集必要的审计证据，运用信息化技术方法开展内部审计工作。内部审计信息化包括审计信息管理和计算机审计两个方面的内容，核心是计算机审计。内部审计信息系统架构由应用系统、网络系统、人力资源系统、规范与标准系统、安全系统等组成。它将审计信息的开发、管理和使用、宏观经济动态、法律法规、审计对象、审计计划、审计项目管理等信息，

全部纳入同一平台，利用网络技术，了解并指导现场审计工作，实现科学管理。

2. 内部审计信息化的相关概念

审计信息管理是一个通过收集和评价审计证据，对信息系统是否能够保护资产的安全、维护数据的完整、使被审计单位的目标得以有效实现、使组织的资源得到高效使用等方面作出判断的过程。

计算机审计是指审计人员在审计实务过程和审计管理活动中，以计算机为工具，来执行和完成某些审计程序和任务的一种新兴审计技术。它并不涉及审计理念、审计模式、审计要求的变化，只是审计证据和审计工作底稿处理的技术手段发生了变化。利用计算机来完成某些大量、繁杂的审计计算、核对、检查、记录等工作，有利于提高审计效率和审计质量。

审计信息化建设不同于一般的业务信息化建设，它是指信息技术在审计监督中全方位、高效率的应用。近年来，审计信息化在我国各行业的审计工作中得到充分重视与发展。我国的党政机关、事业单位、企业以及各种咨询与审计中介机构，对审计工作进行了卓有成效的审计信息化探索和创新。

内部审计信息化的发展背景

1. 政策背景

2015 年 12 月，中共中央办公厅和国务院办公厅印发《**关于完善审计制度若干重大问题的框架意见**》《**关于实行审计全覆盖的实施意见**》等相关配套文件。《**关于实行审计全覆盖的实施意见**》的"六、加强审计资源统筹整合"指出，"加强内部审计工作，充分发挥内部审计作用"；"七、创新审计技术方法"提出，"构建大数据审计工作模式，提高审计能力、质量和效率，扩大审计监督的广度和深度"，以及"适应大数据审计需要，构建国家审计数据系统和数字化审计平台，积极运用大数据技术，加大业务数据与财务数据、单位数据与行业数据以及跨行业、跨领域数据的综合比对和关联分析力度，提高运用信息化技术查核问题、评价判断、宏观分析的能力。探索建立审计实时监督系统，实施联网审计"。2018 年 5月，中央审计委员会第一次会议指出，"要坚持科技强审，加强审计信息化建设"。

2019 年 4 月，审计署办公厅印发的《**2019 年度内部审计工作指导意见**》要求，"积极创新内部审计方式方法，加强审计信息化建设，强化大数据审计思维，增强大数据审计能力，综合运用现场审计和非现场审计方式，提升内部审计监督效能"，并指出"积极推进跨层级、跨区域审计或专项审计，做好内部审计项目、内部审计组织方式'两统筹'，进一步提升内部审计成果质量和层次"。

2. 现实需求

2020 年年初，突如其来的新冠肺炎疫情一定程度上影响了我国各行各业。1 月 29 日，审计署党组应对新型冠状病毒感染肺炎疫情防控工作领导小组召开会议，会议指出要认真落实"两统筹"要求，充分利用信息化手段，加大非现场数据分析力度，突出重点，精准延伸，努力完成审计任务。面对疫情，审计人员如何解决防疫与复工的双重任务的问题是摆在所有审计人员面前的考题。当时，国家审计主要通过审计信息化等手段有效破解这一难题，向党和国家交出满意答卷。

当前，数智化、信息化正在深度改变社会，内部审计信息化工作得到有效推进，大数据审计、远程审计应用模式应运而生，实现了利用审计整改、被审计单位资料上传、审计证据确认等多种方式开展内部审计工作。

内部审计信息化发展历程

随着国家改革开放和信息技术的日益发展，会计信息化已经成熟，并以会计为核心，延伸到了单位经营管理的各个方面，信息化、数智化成为当下的主流趋势。信息化的发展为审计信息化的实现提供内在动力，发挥监督审查功能的内部审计工作必然要与审计对象的信息化程度相匹配，才能在审计效率和效果上得到保障。

内部审计信息化建设，重点是在信息化环境基础上，运用信息化技术方法开展内部审计工作，搭建一套内部审计信息系统。本小节以内部审计信息系统研发、应用阶段为基础介绍。审计信息化发展历程可以分为以下三个阶段。

1. 第一阶段——审计软件单机应用

20 世纪 80 年代开始，数据库技术开始快速发展，会计电算化蓬勃发展，用友、金蝶等专业的财务软件公司诞生。利用财务软件，许多企业的财务数据、部分业务数据开始存放在数据库中，这为数据共享和数据利用提供了条件。

内部审计信息化建设初期，大多人使用单机版审计软件。这一阶段重点解决审计人员查看财务电子账的需求，以财务收支审计为主，审计软件包括数据采集转换、审计通知书、审计方案、财务分析、编制审计工作底稿、审计报告等功能。当时，审计人员学习多种不同的财务软件。不同品牌财务软件导入审计软件后，查询操作界面一致，提高了工作效率。

单机审计软件适用于企业内部审计人员较少的单位。早期一些单位没有单独设立审计部门，审计部门与财务部门合并管理。审计软件可协助审计人员检查企业财务数据是否真实，监督企业经营管理是否存在漏洞，以及查证企业经营合法性，但对于企业内部控制情况和治理建设，却不能给出科学、合理的评价和建议。

2. 第二阶段——审计信息化集成平台应用

20 世纪 90 年代中后期开始，企业信息化由会计电算化时代进入企业资源计划（ERP，Enterprise Resource Planning）时代。ERP 信息系统中，不仅有财务会计模块，还接入了生产制造、供应链、人力资源管理、客户关系管理等业务模块。其他业务系统同时也在不断建设中，如预算管理系统、物资管理系统、营销管理系统、绩效考核系统、工程项目管理系统、档案管理系统、企业办公自动化（Office Automation，OA）系统等。

企业管理信息系统向平台化、集成化方向发展。相应的，审计对象范围越来越广、审计类型越来越丰富、审计工具和审计方法也越来越成熟。审计信息化由单机作业软件走向平台应用，此阶段重点是"审计信息化集成平台"综合应用建设。平台包括决策支持系统、审计管理系统、现场审计系统、数据分析系统、监控预警、远程协同审计工作平台、工程审计系统、内控评价系统等，形成一体化应用模式。

同时各企事业单位非常重视审计人才队伍及审计信息化的建设，审计工作从单一财务审计转向业务系统审计、风险导向审计，内部审计工作转向风险方法及控制、业务流程监督、企业风险监控。

一体化平台支持集团或政府机关集中部署、多级部署，可分可合。审计部门领导通过数据的自动归集掌控全局；通过数据接口获取被审计单位财务数据、业务数据；实现审计信息集中管理，包括审计计划、审计项目、审计成果、审计人才库、审计事项库、案例库、财务及业务数据集中管理等；实现多场景应用，在某些无法联网的场景下，也支持单机离线作业，离线作业数据在联网状态下支持回传到审计管理系统中，充分满足离线与在线的审计应用需求。

同时国产化应用也在该阶段呈现，随着国家审计安全策略要求的提高，审计信息系统支持国产化部署，如麒麟操作系统、东方通中间件、达梦数据库、华为国产鲲鹏系列、国产360浏览器等。

3. 第三阶段——数智化审计应用

从21世纪开始，以移动通信、互联网、物联网、大数据、云计算、人工智能等代表的新一代信息技术快速发展，审计信息化开始进入数智化审计阶段，此阶段具有以下几个特点。

在**系统架构**层面，内部审计信息系统架构由单体架构转向微服务架构，易于集成，快速扩展、高效交付。

在**部署方式**上，内部审计信息系统新增支持 Docker、Kubernetes 的容器化部署，支持私有云、公有云、混合云环境，解决弹性扩展、服务高可用等问题。

在**数据**层面，从少量的样本数据转变为海量的全体数据；从企业内部数据转变为与企业相关的全体内外部数据，包括工商行政、行业动态、政策法规、网络舆情等；从单一的结构化数据转变为结构化与非结构化数据兼顾，包括音频、视频、文本等。

在**审计应用**上，内部审计的各个阶段，包括审计计划、审计实施、审计终结、审计整改和资源管理与成果共享，这些都与信息技术充分融合。审计人员运用大数据、数据挖掘、云计算、人工智能、OCR（Optical Character Recognition，光学字符识别）、ASR（Automatic Speech Recognition，自动语音识别技术）、NLP（Natural Language Processing，自然语言处理）等技术手段，完成风险识别、证据收集、线索查找、实施审计过程、形成审计报告、辅助审计决策等工作。

数智审计应用阶段国产化已成为大趋势。随着我国在世界上地位的迅速提升，近年来发生的针对我国的技术限制甚至技术禁运案例越来越多。随着国家审计安全策略要求的提高，国产化、自主可控已经成为大趋势，国家和信息企业已经在紧锣密鼓地开发新技术、新产品。用友审计公司研发的审友 A7——审计信息化集成平台满足国产化部署，已适配国产芯片（鲲鹏、飞腾、龙芯、海光等），国产操作系统（中标麒麟、银河麒麟、统信 UOS 等），国产数据库（达梦、人大金仓等），国产中间件（东方通、金蝶 Apusic、宝蓝德 BES 等），国产浏览器（360 安全浏览器、UOS 浏览器、奇安信可信浏览器等）。

4. 审友 A7——审计信息化集成平台简介

审友 A7——审计信息化集成平台由北京用友审计软件有限公司研发

的，适用于行政事业单位、中央企业、保险行业、地方企业、教育行业等机构。该平台支持审计各级领导包括决策层、管理层、作业层工作的全流程信息化；支持内部审计部门、被审计单位、中介机构、外部监督部门（国家审计、纪检巡视）等多方线上协同工作；审计要素全面信息化、远程化，可支持审计人员现场或远程完成审计工作。

下面将结合审友 A7——审计信息化集成平台介绍内部审计信息化建设。

内部审计信息化集成平台的应用

审计信息化集成平台的整体架构

审友 A7——审计信息化集成平台主要包括：**决策支持系统、审计管理系统、现场审计系统、远程协同审计工作平台、数据分析系统、审友云、工程审计系统、内控评价系统、系统管理**九大核心子系统，各子系统互联互通，通过信息化平台的支撑，可实现审计各阶段工作的标准化、流程化、可视化。本章主要结合审计管理系统、现场审计系统、远程协同审计工作平台、决策支持系统、系统管理进行介绍，该平台的总体功能架构见图 8-1。

图 8-1　审友 A7——审计信息化集成平台的总体功能架构

审计管理系统的应用

　　审计管理系统既是为履行审计管理职能的领导或主管提供的综合管理协同平台，也是为审计人员提供的知识共享平台。它可实现多组织、多层级审计工作管理，对公司总部及各级单位开展审计工作所必需的审计知识、审计资源等信息进行统一管理，达到资源共享、及时更新的目的；实现集中、及时掌握公司全部审计工作计划、审计项目进度及审计报告成果的管理要求；实现对全部审计工作流程的管理，包括计划管理、项目管理、档案管理、整改跟踪等环节。它通过对审计资源、审计对象、审计标准、审计知识进行全面管理，为审计计划制定、审计项目实施提供有力支撑保障，为审计人员提升自我能力、水平提供知识共享平台。审计管理系统首页如图 8-2 所示。

图 8-2　审计管理系统首页

一、计划管理和项目管理模块的应用

1. 计划管理

（1）各部分作用

计划管理是以审计组织为基础的审计任务规划，是审计项目管理作业的前提。该模块支持多组织、多层级的集团化计划管理，同时支持计划收集层层上报，计划审批通过后，层层下发给具体的审计单位。

该模块分为年度计划制订、年度计划执行、年度计划查看、年度计划调整、计划甘特图、我的排程。

年度计划制订、年度计划执行用于制订并下发年度审计计划，系统通过参数"是否启用年度计划填报"来控制年度计划中是否能够同步各单位收集的审计项目，和下发年度计划中审计项目。

年度计划查看列表默认显示登录用户所在部门的年度计划信息，通过查询条件的组合可查看数据权限范围内的年度计划。

年度计划调整支持根据业务需要增加临时项目，支持对项目计划的增、删、改操作，以适应计划的变化和计划实施人员的变化。年度计划的制订及调整，能够按照用户自定义的审批流程提报相关领导批准并发布。

计划甘特图可用图形直观展现计划执行情况，对于逾期启动或延期完成的项目可用红色醒目显示，并显示延期天数，为领导决策提供支持。

我的排程方便审计人员查看本人的计划排程信息。

（2）主要功能的界面

年度计划是审计计划管理的基础，年度计划的内容包括年度计划的基本属性信息和审计项目计划信息。基本属性信息编辑完成后，才能进行审计项目计划信息的维护。计划管理员依据计划收集结果，制定本级及下级单位的年度计划，此时，需要填写年度计划基本信息和明细项目计划信息。年度计划制定界面如图 8-3 所示。

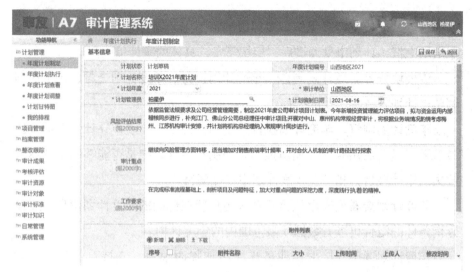

图 8-3　年度计划制定

计划甘特图可以用图形直观展现本年项目计划执行情况。对于逾期启动或延期完成的项目可用红色醒目显示，并显示延期天数。为领导决策提供支持。计划甘特图的界面如图 8-4 所示。

图 8-4　计划甘特图

2. 项目管理

（1）各部分的作用

项目管理模块可实现对审计项目的全面管控，可对审计项目的执行情况进行全程监控和管理，可用于掌握本单位审计部门及下属单位审计部门的审计项目实施情况，及审计人员工作状况，便于领导及时掌握一线审计工作动态。

项目管理模块主要包括**项目启动、项目进度概览、项目进度查看、项目进度填报、离线项目归档、外部监督项目、历史项目补录**等，为领导决策以及全面掌控审计项目情况提供保障。

（2）主要功能的界面

审计项目的启动来源于年度计划中的项目计划。**项目启动**主要包括对项目组长、项目主审的确定。项目启动后，项目组长或项目主审才可以进行项目的相关准备工作，如创建审计方案、成立项目组等。项目启动的界面如图 8-5 所示。

图 8-5 项目启动

二、审计资源和审计对象管理的应用

1. 审计资源

审计资源管理包括审计人员、审计机构、中介机构等审计资源的管理功能，实现了对审计资源的整合和共享，以便审计人员对审计资源进行综合管理、统一调配、资源配置分析。

通过审计人员库的**审计人员信息**功能可以查看本级及下级单位审计人员基本信息，包括姓名、工号、性别、职位、所属单位等，如图 8-6 所示。通过审计机构库模块的审计机构查看，能够查看各级审计部门的基本信息、在审项目信息、历史项目信息。

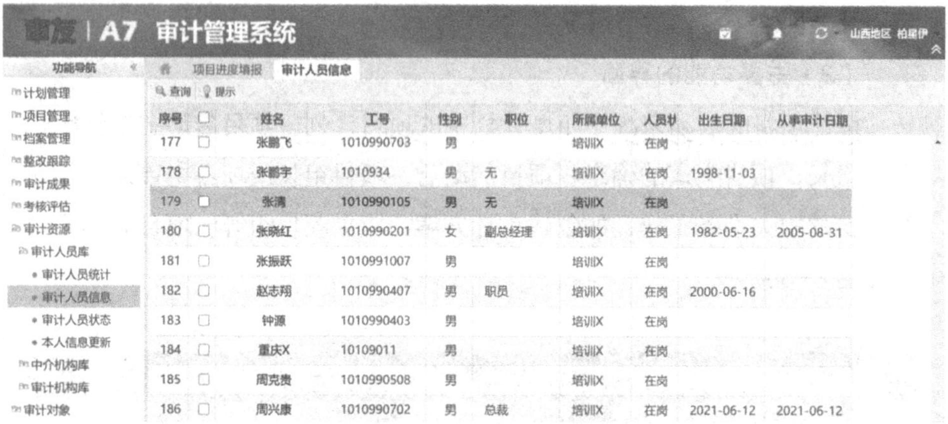

图 8-6　审计人员信息

2. 审计对象

此模块能对审计对象的相关信息进行集中统一管理，方便对审计对象信息的及时获取及了解，包括**未审单位检索、经济责任人查看**等。

此模块根据审计项目开展情况进行信息更新，不断充实、完善审计对象信息，形成丰富的审计对象信息资源库，为后续的审计工作有效、持续开展提供审计对象信息准备。审计对象信息的全面管理，也可为审计计划的制订提供翔实、可靠的被审计单位基础信息。

审前关注点查看功能，可以按照被审计单位树展现各个被审计单位的审前关注点。审前关注点的数据来源有两方面：一是将以前年度审计发现的问题录入系统中；二是将大数据审计系统的数据发送至审前关注点。其界面如图 8-7 所示。

图 8-7　审前关注点查看

三、审计标准和审计知识管理的应用

1. 审计标准

审计标准模块是将审计项目开展所使用的可标准化的工作程序、业务规范、业务标准、文书模板等内置系统，为规范审计人员的工作提供指导。审计管理系统的其他模块可调用、引用该模块信息。后续可以提供标准化的、可统计分析的审计过程成果和审计结果成果，为以后的工作总结和工作汇报提供便利条件。

审计标准模块包括**审计事项库、审计方案库、文书模板库、问题分类库、审计对象资料**等。

根据审计指引可定期维护审计事项库。系统支持按照组织机构的业务板块、管理层级等维护标准的审计事项库，供审计方案模板或现场审计调用。审计事项支持多级事项管理，支持对审计事项进行详细描述。审计事项库的**审计事项查看**界面如图 8-8 所示。

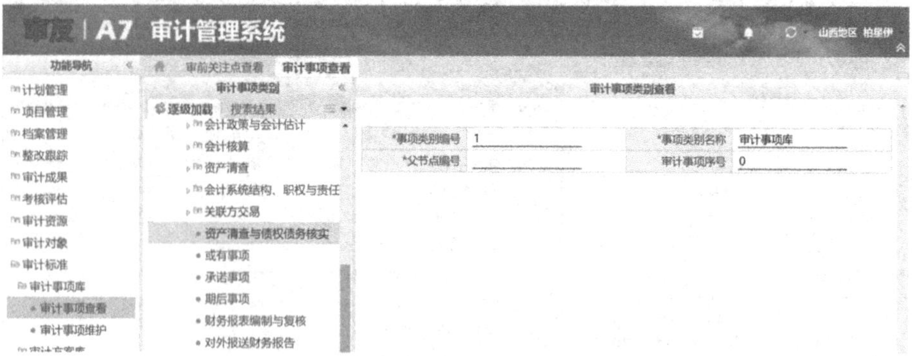

图 8-8　审计事项查看

审计方案是为了实现审计管理机构对各级审计人员开展审计工作流程业务环节的指导和规范操作的目的而形成的。根据审计管理要求对审计业务流程操作的相关业务规范，系统建立了专门用于指引审计工作开展的审计方案库。

审计方案库主要用于对项目实施方案进行集中管理，包括方案的新增、删除、修改等。系统预制的审计方案按照不同的审计项目类别创建，以便审计项目调用。特定类别的审计项目只能调用该类别对应的审计方案。

审计方案查看的界面如图 8-9 所示。

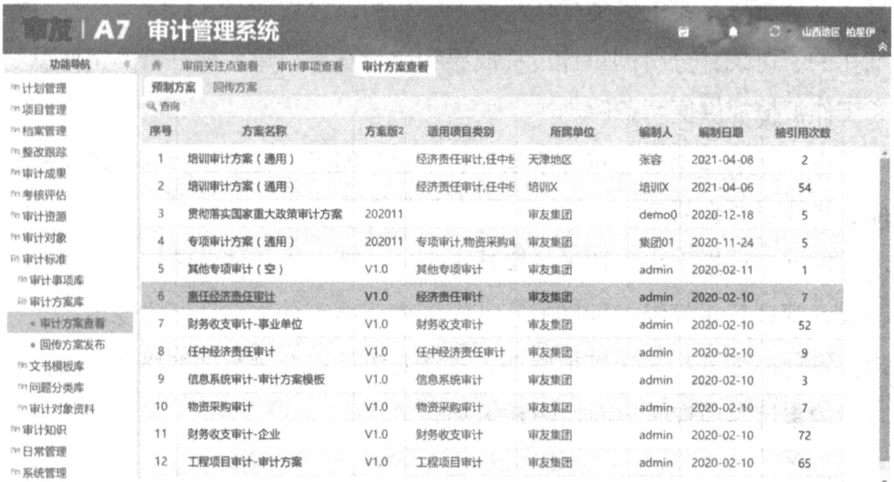

图 8-9　审计方案查看

根据审计项目类型，审计人员可以设置不同的文书模板。文书模板是审计人员开展审计业务的工作指引。每个类别的审计项目都有对应的审计文书模板库，即项目档案目录。

在实际开展业务过程中，审计人员可以下载模板，编辑审计文书。文书模板同时又像一个容器，把各个阶段的审计文书自动归集整理，便于审计项目归档和相关审计文书查找。文书模块是每个项目的档案归纳箱或审计文书目录。

2. 审计知识

审计知识模块为审计人员提供审计知识共享的平台，供审计人员查阅和学习，满足审计人员的基本审计业务知识需求。审计知识模块主要包括法规制度库、审计案例库。同时，它可以对单位内部制订的法律政策分类管理。

法规制度库可维护法律法规、审计准则、国际和国内标准等信息，可按照需要进行分类管理，可按多个条件进行检索。它以数据库形式存储，在权限范围内，具有灵活查询检索功能，能够按时间、名称、关键字等各种单项和组合条件查询，可以全文检索查询，可以在编制审计底稿过程中随时引用（可以引用已经失效的法规制度，以支持对以前年度的审计）。

法规制度查看的界面如图 8-10 所示。

图 8-10　法规制度查看

穿透实务核心，进阶数智应用，精益审计管理

由路径"**审计知识—法规制度库—法规制度分类维护**"，用户可进入法规制度分类维护的操作界面。除了外部的各种法规制度，用户也可以增加企业内部审计制度分类。

各机构系统管理员可在被赋予维护权限的审计依据分类下维护法规制度，可维护和发布本机构维护的法规制度。可以维护的字段包括名称、发文单位、具体规定等，待全部维护好之后，选择发布即可。图8-11中法规制度维护界面维护的是企业内部审计制度的内容。

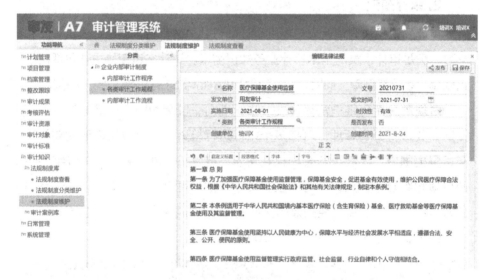

图 8-11　法规制度维护

审计案例也是审计知识中的一种，它可以供系统内的人员进行查看和借鉴。可将收集整理的审计案例录入系统，进行集中分类存放，供所有审计人员查阅、检索所需的审计案例。审计案例维护的界面如图8-12所示。

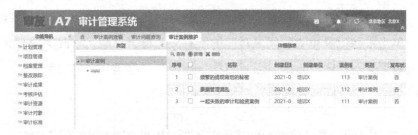

图 8-12　审计案例维护

四、整改跟踪和审计成果管理的应用

1. 整改跟踪

整改跟踪专岗负责人可将审计问题分配给具体人员进行后续跟踪，可设置整改进度反馈频率和提醒时间，可设置专人进行关闭问题操作。**整改跟踪**的依据是设置的整改问题。被审计单位用户进行整改登记时能够上传整改报告，系统支持对问题多次反馈，直到整改问题关闭。

有菜单权限的用户可选择将问题分配给整改反馈人员、业务部门跟踪人员、审计部门跟踪人员，被分配人员按要求反馈和跟踪处理问题。同时，用户可设定整改进度反馈频率，系统按照设置时间向整改反馈人员发送消息提醒。

整改跟踪设置的界面如图 8-13 所示。

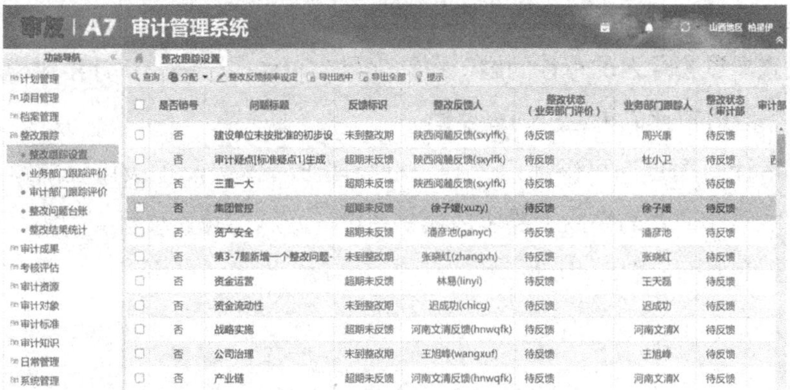

图 8-13　整改跟踪设置

　　整改问题台账用于查看数据权限范围内的所有项目的整改问题跟踪情况，单击跟踪记录可查看问题对应的所有跟踪检查结果。整改问题台账可以查看到问题标题、年度、项目名称、是否销号等信息，是对所有整改问题的总结。整改问题台账的界面如图 8-14 所示。

图 8-14　整改问题台账

2. 审计成果

　　审计成果模块用于对审计项目的审计成果进行汇总统计，包括对审计问题、审计项目、审计成效、审计报告的统计。系统内的人员可以通过此模块查看过去录入的审计问题、审计项目、审计报告等。审计结果模块体现了系统对审计成果运用的重要性。

　　审计问题查询可供部门领导、总经理查看本级及下级单位的审计问题，能够查询到的字段主要包括项目名称、问题标题、项目类别等。审计问题查询界面如图 8-15 所示。

图 8-15　审计问题查询

通过路径**"审计成果—审计项目查询"**，用户可以进入审计项目查询的操作界面。系统默认展现登录用户所在单位本级及下级当前年度所有审计项目，用户可以查询到项目编号、项目名称、项目类别、被审计单位等信息。审计项目查询的界面如图 8-16 所示。

图 8-16　审计项目查询

五、中介机构管理的应用

单位一般会外聘中介机构辅助完成审计项目。针对众多中介机构，如何挑选、如何管理、如何考核，是尤为重要的工作。系统具有中介机构维护、中介机构考评功能。在中介机构库模块中，用户可以对中介机构库进行管理。

中介机构维护的界面如图 8-17 所示，此时可以看到系统内维护的所有中介机构，并且可以查询、新增、删除、导入信息等。

图 8-17　中介机构维护

通过中介机构库的中介机构查看功能，用户能够查看各中介机构的基本信息，包括中介机构名称、中介机构分类、服务次数、平均分、等级等。当审计项目需要借助外部中介机构来完成时，中介机构库就成为决策人员挑选中介机构的来源，服务次数、平均分、等级等可以作为挑选中介机构的依据。

各单位使用中介机构后，可在一定时间内填写中介机构使用反馈，对中介机构进行评价。评分项维护可维护定制中介机构评价的打分项，在中介机构使用反馈时，直接调用此处维护的中介机构评分项。它包括工作能力、配合程度、职业道德等内容，也可以根据实际需要对评分项做修改。在中介机构年度考核模块的**中介机构评价项维护**中，用户可以设定考核评价项的内容以及标准满分等。设定的模板用于项目结束之后对中介机构进行评价打分。

中介机构评价项维护的界面如图 8-18 所示，用户可以新增、删除任意评价项内容。

图 8-18　中介机构评价项维护

现场审计系统的应用

现场审计系统集审计作业与数据分析于一身，提供了强大的数据分析、数据挖掘功能，如账簿查询、科目分析、财务报表分析等。这些功能全方位覆盖了对被审计单位财务数据的分析，能帮助审计人员发现异常的财务数据。一方面，实现了对被审计对象的全面核查；另一方面，借助计算机技术实现了审计重点自动筛选；同时，通过预警指标和分析模型的不断完善，能够促成审计疑点的过程化发现。从而提高审计部门的工作效率，降低审计风险，优化审计成效。审计过程中发现的审计问题也能与审计管理系统互联互通，以进行后续的整改跟踪。

现场审计系统如图 8-19 所示。

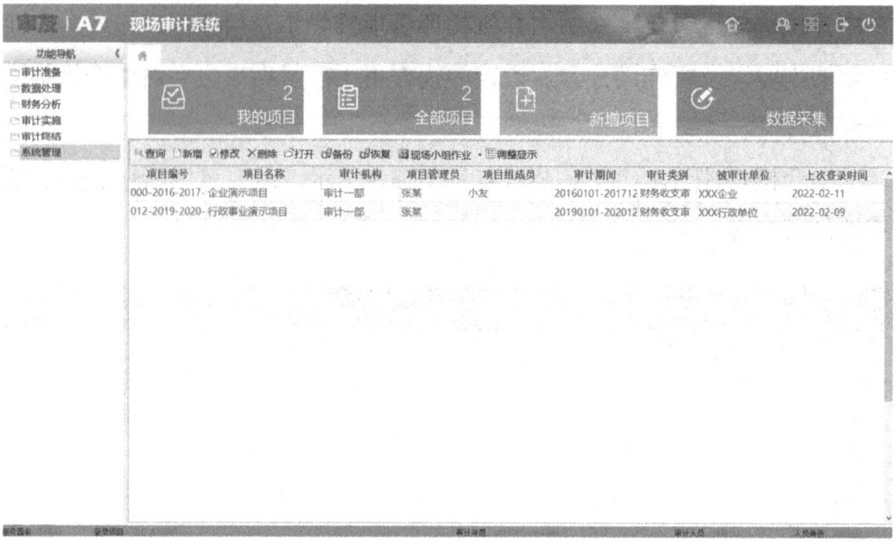

图 8-19 现场审计系统

一、审计准备阶段的应用

审计准备是指由项目组长或主审处理的一系列需在项目实施（或进场）前完成的工作，是审计实施的前导阶段的工作。用户可对审计项目组成员进行管理，添加成员时可以参考人才信息及人才状态；可以对审计项目所需要的财务数据进行采集，供后续查账取证时使用。系统自动从审计方案库选择与项目类型相匹配的审计方案，可以维护审计事项、所需资料及其对应的审计程序，并且能够按照审计事项进行审计分工。审计准备模块包括**审计通知、调查了解、调查问卷、审计方案、成员信息、审计分工**等功能，其中部分功能如下。

1. 审计通知

审计项目组在开展审计工作前，根据年度计划或领导、被审计单位要求等成立项目组对被审计单位进行审计。在项目进场前下发审计通知书。

审计通知的内容主要包括审计单位、被审计单位名称、审计内容、审计组组长及其他成员名单和被审计单位配合审计工作的要求。同时，还应当向被审计单位告知审计组的审计纪律要求。审计通知书由审计主审或审计组长来编制。录入审计通知信息，可以以附件形式输出到系统外。

审计通知功能的界面如图 8-20 所示。

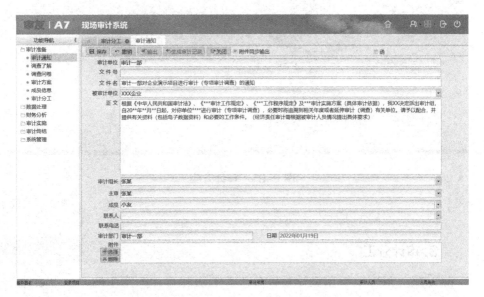

图 8-20   审计通知

2. 审计方案

审计项目组在开展审计工作前，系统根据当前项目的审计类型以及实际的业务需要，自行创建审计方案，并添加相应的审计事项，增加审计事项有四个来源，分别是手工增加、事项库引用、调查了解引用、调查问卷引用。

审计方案界面如图 8-21 所示。

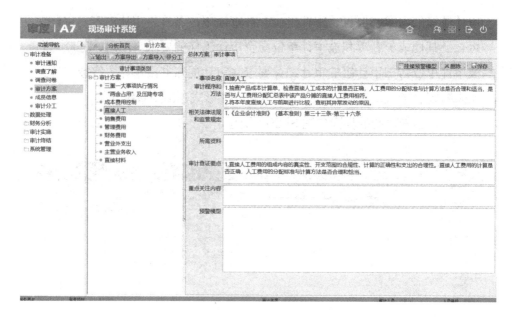

图 8-21　审计方案

3. 审计分工

系统可按审计事项进行审计分工。通过将审计方案中的审计事项分配给审计人员，以便在小组作业时引导审计人员工作的始终。即审计人员从项目管理员（组长）处下载审计项目时，其中的方案内容仅是分配给自己的方案事项而非全部审计事项，同理审计人员依据这些归属自己的审计事项记录相关审计底稿并提交工作成果。具体操作时，可以在界面中勾选一个事项后分配执行人，也可以选择多个审计事项进行批量分工，以实现对多个事项分配给同一个人。

审计分工界面如图 8-22 所示。

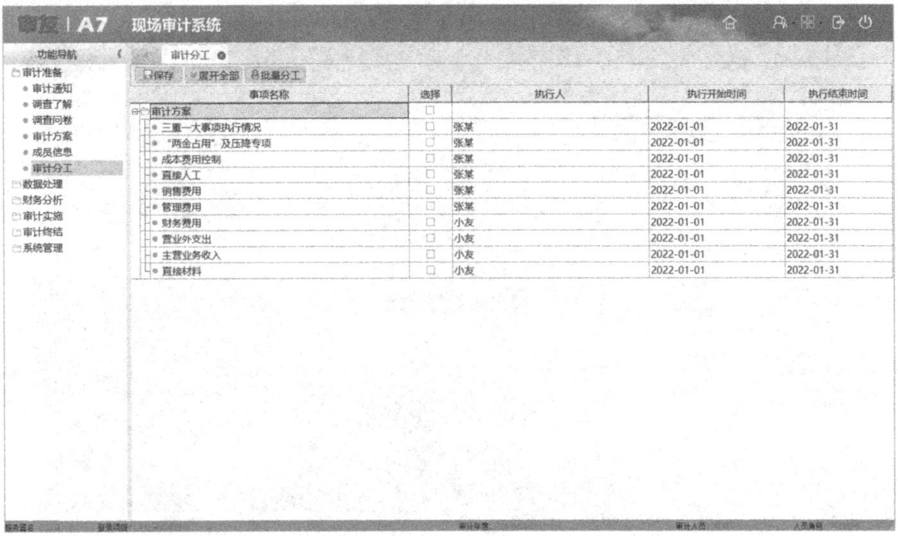

图 8-22　审计分工

4. 数据采集

数据采集运行**数据采集工具**采集数据，主要采集财务数据。系统所使用的数据采集工具叫作"数据搬运工"，是一款可以独立于主系统使用的数据采集工具。实际操作时，用户需要先将数据搬运工导出到 U 盘或硬盘里，数据采集工具需要在被审计单位的安装财务软件的计算机上运行，与被采集数据的数据库连接，按照既定的采集模板，识别并提取相关数据，保存为"AUD"格式的加密数据文件。

数据采集工具首页如图 8-23 所示，数据搬运工包含 377 个软件接口，支持采集市面上 565 个软件版本的数据，覆盖面非常广泛。

图 8-23　数据采集工具首页

数据采集也支持多种方式，不仅能够实现连接财务数据库进行直接采集，如图 8-24 所示。也可通过远程连接被审单位财务数据库进行采集，或者是根据被审单位所提供的财务数据备份文件，在数据搬运工上进行恢复使用。

图 8-24　数据采集

二、审计实施阶段的应用

在审计实施阶段，审计项目组根据审计业务特点和审计标准流程要求，利用审计实施工具进行审计实施工作，系统提供流程指引、账簿查阅、数据分析、模板下载、底稿及证据归集等功能。项目组成员在审计方案的指引下按照分工开展审计工作，可以撰写审计底稿和问题等作业成果，便于随时记录审计过程和成果。

1. 财务分析

财务分析模块是审计作业系统中的一大亮点，此模块包括两部分，即**阅账中心**和**科目分析**。在阅账中心中，用户可以查阅到科目余额表、多维总账、明细账、日记账等，并且可以按照实际工作需要，有针对性地查询某一年或某一月的数据，可以灵活设置查询条件。而科目分析则是可以对财务数据进行趋势、结构、对比等分析，然后通过图表和数据的方式体现出来。

科目余额表查询功能支持查询某个单位一个年度或多个年度的一个、多个或全部科目信息，包括发生额和余额。其界面如图 8-25 所示。

图 8-25　科目余额表查询

明细账查询功能支持按照年度、月份查询出这段时间内所有的关于某个科目的凭证。图 8-26 中是查询到了现金的明细账。

图 8-26 明细账查询

关于辅助核算，有时一个会计科目会同时记录多个辅助项目（多个维度核算）。**辅助账查询**是自定义某个或某些项目及相关的某个或某些会计科目组合查询条件进行的所需内容的查询。其中单位、年度、月份期间的设置：单位是单选、年度可单选或多选，月份默认为所选起始年度的 1 月至终止年度的 12 月。其他操作包括选择项目和选择科目，需要说明的是，例如选择项目，选择完项目，再选择所选项目相关联的会计科目，即弹出科目的窗口展现的仅是与所选择项目相关的会计科目。

交叉辅助账查询界面如图 8-27 所示。

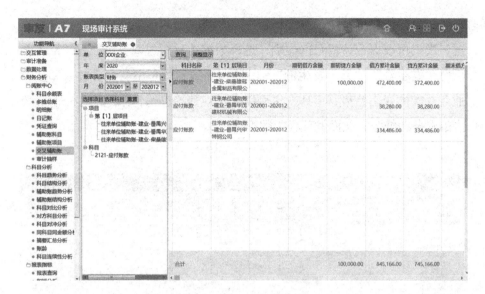

图 8-27　交叉辅助账查询

凭证查询条件包括单位、年度、月份期间、科目、对方科目、金额范围、摘要条件等方面。除单位和年度外，其他条件均是可选择的，可选择一个或多个。凭证查询的界面如图 8-28 所示。

图 8-28　凭证查询

　　科目趋势分析可展示选定科目在一个或多个年度期间内的数据变化情况，用户可根据会计科目的类别，选择数据的分析选项，可以是"期末余额""发生额""累计发生额"。图 8-29 展示的是主营业务收入和主营业务成本的变化趋势，审计人员可以通过观察趋势图，来追踪某一时间段内的财务明细账，从而发现异常数据。

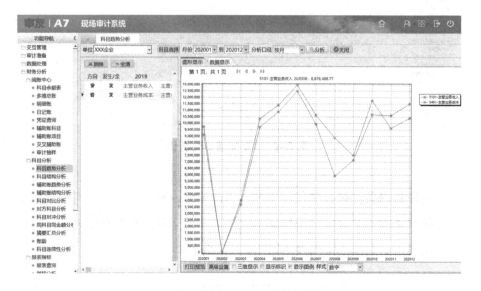

图 8-29　科目趋势分析

　　以上所有查账和分析结果都可以通过右键导出，发送到底稿、证据、取证单中。

2. 审计疑点

　　审计疑点功能用于对准备阶段审前关注中"已分配"的关注点以及审计实施过程中发现的疑点进行管理，项目组成员均可对疑点进行增加、修改、查看、处理等操作。

　　审计疑点查看的界面如图 8-30 所示。审计人员要对所有审计疑点做进一步证实，若证实为无问题，则对疑点进行处理操作，单击"消除疑点"按钮，录入无问题原因。处理后疑点状态由"未处理"变成"已处理无问题"。

图 8-30 审计疑点查看

3. 取证记录

项目组成员在审计过程中，可直接录入审计取证记录，也可由疑点生成审计**取证记录**，在登记审计底稿时，将其作为审计证据，关联到审计底稿中。

取证记录界面如图 8-31 所示。

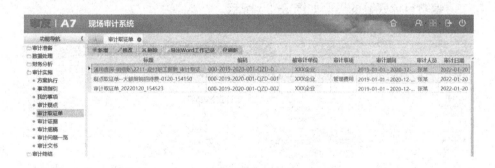

图 8-31 取证记录

4. 审计底稿

审计底稿是审计人员的工作记录单。可按照实施方案中的审计事项编制审计底稿，可对底稿进行新增、修改、查看、导入、导出等操作。

审计底稿的界面如图 8-32 所示。

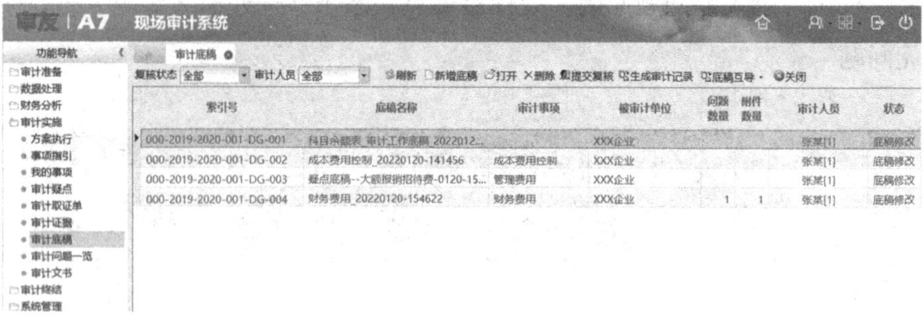

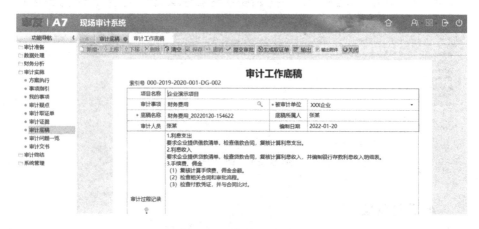

图 8-32　审计底稿

项目组成员可按照审计分工开展审计工作。**编辑审计底稿**时，选择审计事项，底稿名称可由末级审计事项名称自动带入，带入后均可再编辑。用户可在底稿中直接添加审计问题，使底稿编制更简化、便捷。审计底稿中的问题支持引用审计法规制度库中的法律法规，并支持法规的附件全文检索和引用，即支持法规附件在线直接查看、直接复制、添加至问题，该功能简化了操作。

编辑审计底稿的界面如图 8-33 所示。

图 8-33　编辑审计底稿

三、审计终结阶段的应用

审计终结阶段主要根据实施阶段的审计底稿，形成审计报告。

形成**审计报告**是审计终结阶段的重要工作。审计报告最多可分为四个版本：初稿、征求意见稿、修订稿、定稿。报告版本可在**"系统管理—基础信息设置"**中维护。其中初稿是通过系统匹配的当前项目类型模板和内置公式自动生成的。审计报告征求意见稿、修订稿、定稿等可在最近一个版本报告基础上产生。用户可以依据审计项目质量控制要求设置审计报告审批流程，来控制审计报告的质量。

审计报告界面如图 8-34 所示。

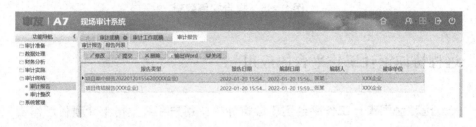

图 8-34　审计报告

可以在审计管理系统中的审计标准中，对审计报告的文书模板进行维护，这样就可以在审计终结阶段的审计报告功能中，直接在原有模板上编辑审计报告，省去了逐字逐句编辑的麻烦。

报告初稿编辑界面如图 8-35 所示。

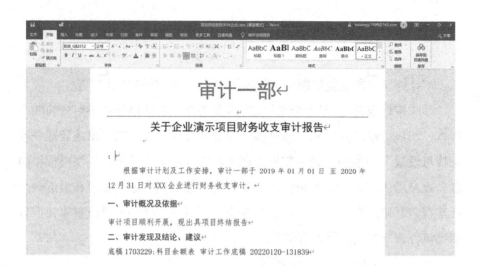

图 8-35　报告初稿编辑

远程协同审计工作平台的应用

远程协同审计工作平台用于被审计单位用户在线上传审计项目所需资料、问题整改反馈、更新单位基本信息、上传单位资料、上传离线采集数据，方便被审计单位用户远程配合、支持审计工作的开展。

远程协同审计工作平台首页如图 8-36 所示。

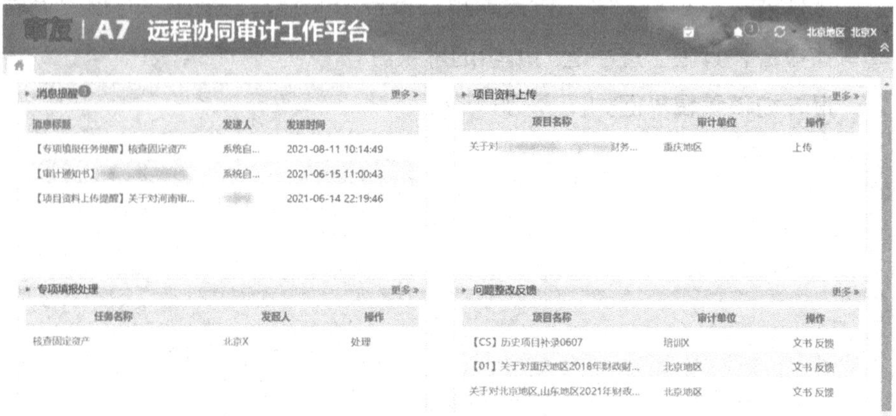

图 8-36　远程协同审计工作平台首页

1. 项目资料上传

被审计单位用户按照审计项目需要，依据项目资料清单及资料模板上传审计项目所需资料。

项目资料上传界面如图 8-37 所示。

图 8-37　项目资料上传

2. 问题整改反馈

被审计单位用户对本单位审计项目可多次、持续反馈整改措施，上传整改资料。

问题整改反馈界面如图 8-38 所示。

图 8-38　问题整改反馈

决策支持系统的应用

决策支持系统是各级审计领导和审计业务主管的辅助决策支持工作平台。它支持通过图表的方式，直观统计分析审计领导关注的信息。

决策支持系统根据系统日常操作和审计项目的信息积累，对审计成果进行分析汇总。系统预置大量查询、统计分析功能，可以对审计成果、审计资源进行综合查询、多维统计分析，可提高审计成果的再利用频率，便于对内部审计发现问题进行分析研究，甄别典型性、普遍性、倾向性问题，有助于及时分析研究，制订和完善相关管理制度，建立健全内部控制措施。它的作用有：为审计领导或单位管理人员构建集团管控地图，可对单位风险进行全面的把握；对审计机构工作的开展情况进行全面的反映，为合理制订年度审计计划提供依据；对审计整改进行关注和跟踪，为领导决策提供有力支持并能对审计工作进行管控。

决策支持系统首页如图 8-39 所示。

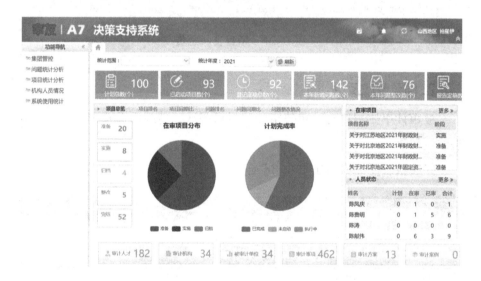

图 8-39　决策支持系统首页

1. 问题统计分析

问题统计分析模块可按照被审计单位所在城市，从发现问题总数和涉及金额两个维度，统计本级及下级机构开展的审计项目发现的整改问题的分布情况。

问题整改统计可按照审计单位、被审计单位、一级项目类别、末级项目类别、问题一级分类、问题点、问题定性等维度对问题整改情况进行汇总统计及图形展现。问题整改统计如图 8-40 所示。

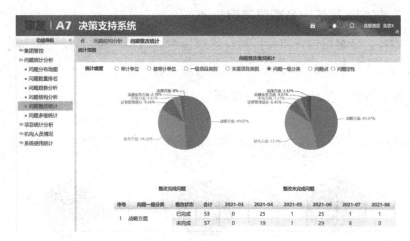

图 8-40　问题整改统计

2. 项目统计分析

项目分布地图可按照被审计单位所在城市，统计本级及下级机构开展的审计项目的分布情况。用户可以直观清晰地看到项目在全国范围内的分布情况。

项目数量排名可按照审计单位、被审计单位、一级项目类别和末级项目类别，从不同维度对审计计划执行阶段的情况进行汇总统计及图形展现。项目数量排名如图 8-41 所示。

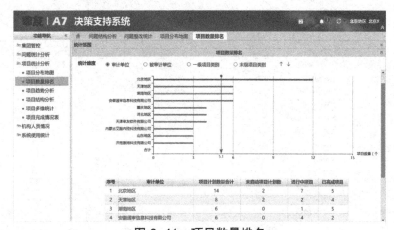

图 8-41　项目数量排名

3. 机构人员情况及系统使用统计

审计人才多维统计可按照统计维度设置的条件，灵活显示统计图，从而实现从不同维度和不同颗粒度对本级及下级单位审计人才的汇总统计分析。审计人才多维统计如图 8-42 所示。

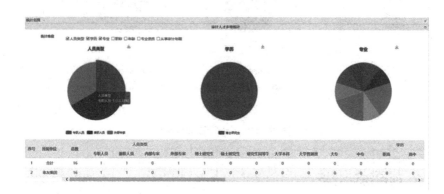

图 8-42　审计人才多维统计

审计对象被审情况能够自动统计被审计单位上次审计期间结束、未审期间、被审次数，显示被审计单位的审计情况，为确定审计范围提供一定参考。其界面如图 8-43 所示。

	被审计单位	所属审计单位	上次审计期间结束	未审期间（年）	被审次数（审计项目数）
1	审友集团	审友集团	2018-12-31	1年	26
2	华东公司	华东公司	2017-12-31	2年	15
3	中南公司	中南公司	2009-12-31	10年	8
4	上海分公司	华东公司	2016-12-31	3年	7
5	华东公司（本部）	华东公司	2019-12-31	0年	5
6	中南公司（本部）	中南公司	2014-12-24	5年	4
7	浙江分公司	华东公司	2018-01-31	2年	3
8	江苏分公司	华东公司	2020-01-31	0年	2
9	上海广告实业有限公司	上海公司	2018-12-31	1年	2
10	河南广告实业有限公司	河南公司	2022-12-29	-3年	1
11	河南分公司	中南公司	2010-12-31	9年	1
12	湖南分公司	中南公司			1
13	总公司韩亮斌	总公司韩亮斌	2019-12-31	0年	1
14	江苏网络信息中心	江苏公司	2014-12-31	5年	1
15	江苏科技咨询中心	江苏公司			1
16	湖北网络信息中心	湖北公司			0

图 8-43　审计对象被审情况

决策者还可以通过**用户在线时长**和用户使用情况这两个功能，来查看审计人员使用系统的情况。这两个功能支持从正面反映审计人员工作的频率等。

用户在线时长统计如图 8-44 所示。

序号	用户账号	用户姓名	所属单位	在线时间（分）
1	bjjj	北京基建	北京基建处	9942
2	xnadmin	西南管理员	西南公司	99
3	qhjj	青海基建	青海基建处	979
4	cqjj	重庆基建	重庆基建处	934
5	ln01	辽宁01	辽宁公司	91
6	gzjj2	贵州基建2	贵州基建处	88
7	zn01	中南01	中南公司	8
8	gzsj	贵州审计	贵州审计处	783
9	bj01	北京01	北京公司	770
10	hdadmin	华东管理员	华东公司	7
11	admin	admin	审友集团	6951
12	test123	test123	安徽中信评估事务所有限责任公司	67
13	qh01	青海01	青海公司	656
14	xbadmin	西北管理员	西北公司	627
15	cq01	重庆01	重庆公司	61
16	yiying	yiying	审友集团	60

图 8-44 用户在线时长统计

系统管理的应用

1. 基础信息维护

基础信息维护是系统初始化设置必须完成的部分，为以后各模块基础数据调用做准备。在权限控制下，用户能以系统管理员身份或经其授权的人员身份登录，对组织机构、系统用户等业务信息进行配置。

（1）组织机构管理

组织机构管理按照单位审计部门建制情况，设置系统组织结构，同时记录组织机构的基本信息。下级审计部门可以设置为公司，也可以设置为部门。

组织机构管理界面如图 8-45 所示。

图 8-45   组织机构管理

（2）系统用户管理

系统用户管理可以对系统用户进行管理，管理内容包括用户信息、启用状态等。其界面如图 8-46 所示。

图 8-46   系统用户管理

2. 权限管理

（1）应用角色管理

应用角色分为**管理角色、角色模板和业务角色**三种。

系统设置 admin 为系统管理用户，由 admin 创建角色模板和管理角色。拥有管理角色权限的用户选择角色模板，创建业务角色。只有被创建的业务角色才能赋予具体的系统用户。

应用角色管理界面如图 8-47 所示。

图 8-47 应用角色管理

（2）用户权限设置

可以通过**用户权限设置**模块对系统用户进行授权。具体授权方式是：先对应用角色授权，然后再将一组应用角色授权给某一系统用户，这样系统用户便具有了这组应用角色所对应的所有权限。

用户权限设置界面如图 8-48 所示。

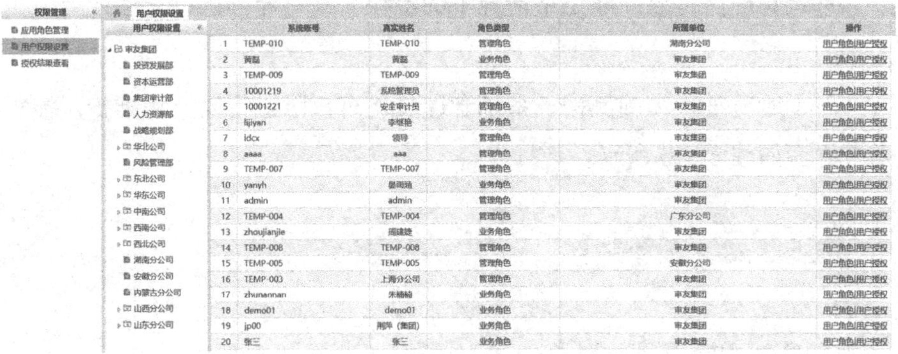

图 8-48 用户权限设置

3. 流程管理

（1）审批流程设置

未发布流程用于归集尚未发布的工作流程，用户可以对未发布流程进行修改、设计、发布、删除。

已发布流程用于记录已经发布的工作流程，用户可以对其进行查看、群组设置、适用单位设置，也可以将其置于"失效"状态，同时还可以用其监控正在执行或者已经执行完成的流程，并对流程进行管理或者人工干预。审批流程设置界面如图 8-49 所示。

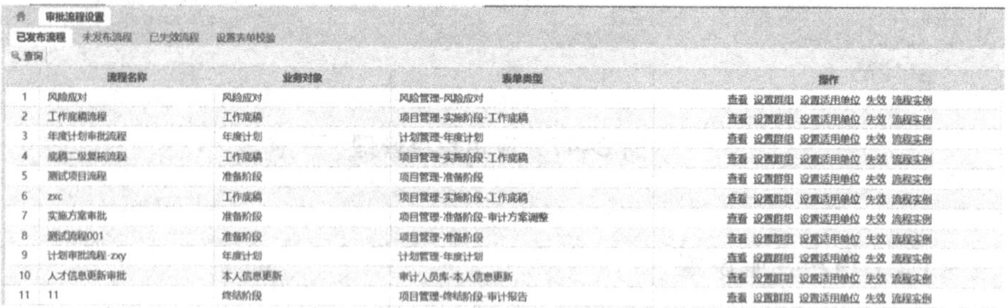

图 8-49　审批流程设置

（2）流程监控

系统管理员可监控非正常情况下的流程，并对流程进行管理或者人工干预。

对于所有进行中的流程，系统管理员均有权限进行监控和维护。流程监控界面如图 8-50 所示。

图 8-50　流程监控

8.3
内部审计信息化人才建设

内部审计信息化人才建设的现实效应

1. 人才建设能够有效控制舞弊行为

内部审计在社会经济中发挥越来越重要的作用，审计人员的自身修养受到全社会的普遍关注。我们应当看到内部审计队伍中还存在信念动摇、效率不高、纪律松懈、法制观念淡薄等现象。事实表明，审计干部如果不加强自身修养，就很有可能迷失方向，甚至走向违法犯罪的道路。因此，加强审计人员自身修养，有利于内部审计队伍建设。而内部审计信息化则可以使信息透明，资源共享，审计底稿、证据随时可查，降低审计人员舞弊的可能性。

2. 人才建设能够提高审计人员业务水平

首先，很多审计人员知识面不宽，虽然他们基本上都能较熟练地掌握会计、审计等专业知识及部分常用的经济法规，但懂得法律、工程、经济学、信息化等领域知识的人很少。其次，他们的知识深度不够，国际准则及国际惯例等知识较为贫乏，对于会计学界的新问题、新动向了解不多，知识的融会贯通能力较弱。而内部审计信息化在应用的过程中，结合云资源共享平台等，使审计案例、审计法规可以提供给审计人员学习。学习可以拓宽审计人员知识面，提高他们的审计业务水平。

3. 人才建设能够弥补传统审计方法的不足

与传统审计方法比较，审计信息化是一场革命，是一项系统工程。内部审计机构需要拥有并维持一支既熟悉审计业务又熟悉信息技术的高素质人才队伍。审计信息化建设之初，这支队伍应在继承发扬既有审计理论审计控制标准与方法的同时，转变思维方式和思想观念，积极探索、推动内部审计信息化工作；审计信息化初具规模或基本实现后，这支队伍应在信息化审计实践中持续提升自身业务能力，同时持续提高审计信息系统的建设水平。审计人员应力求在审计方法上有所创新，以适应不断发展的社会现状，提高审计水平和审计质量。

内部审计信息化人才建设的培养重点

2008 年初，审计署时任审计长刘家义同志在全国审计工作会议上提出，审计机关要培养"查核问题的能手、分析研究的强手、计算机应用的高手和精通管理的行家里手"。因此，我们需要在专业知识基础上拓宽知识口径，扩展知识范围，加强审计干部队伍建设，培养专家型、复合型、领军型审计人才，这样才能适应日趋复杂的审计工作需要。与此同时，由于我国财务管理活动的信息化及财务数据的电子化，传统的审计方法和手段已经远远不能满足现阶段的发展要求，取而代之的将是全新的审计方式方法和手段。为适应发展，我们必须应用科学化的方法和手段，培养和造就一大批掌握信息技术的高素质审计人才。内部审计信息化人才建设的途径有以下几种。

1. 提高审计人员对信息化建设重要性的认识

单位员工尤其是管理层应提高对审计信息化存在意义的认识，克服学习与构建信息系统的阻力，全面而准确地理解信息系统审计的重要性、紧迫性，为推进单位审计信息化建设奠定基础。建议审计机构会同有关部门定期开展审计信息化专题会议，普及审计信息化建设的相关知识，汇报审计工作进展，同时加大激励力度，鼓励审计人员了解信息化建设。

2. 加强审计人员审计信息化培训

审计是一门综合性、政策性和应用性很强的科学。在信息化条件下，审计人员对计算机数据的审计，一般不直接使用被审计单位的计算机信息系统进行查询、检查，而是将被审计单位的有关数据导入审计人员的计算机系统中，利用审计软件进行查询、分析，这对数据库方面的知识和技术运用有较高要求。因此针对信息化建设工作，审计人员除应具有会计、审计、法律和所审计业务的专门知识外，还应具备一定的计算机信息系统方面的知识，这样才能胜任工作。那么，加强审计信息化方面的培训工作就显得尤为重要。

首先，加大培训力度。一些审计人员很有可能跟不上电子信息化发展的脚步，对于计算机、大数据等知识一知半解，无法较好地利用审计信息化平台。所以，为了能够让审计人员获得这方面的知识技能，审计机构可以邀请一些专门做审计信息化产品的公司对审计人员进行深入培训，从产品的设计理念，再到操作流程，通过手把手式培训，让审计人员能用、会用、爱用审计信息化平台，从而提高工作效率。

其次，联合高校力量培养内部审计人才。审计机构可以推出一些关于内部审计信息化的课程或专业。例如某些高校有计算机审计这样的将审计与信息化相结合的复合型专业，可以让学生在学习审计知识的同时，明白怎么利用信息化提高工作水平和效率。并且某些学校会开设内部审计信息化课程，例如中央财经大学，就安装了用友审计软件，给学生安排了专门的上机课程，使学生了解系统、学习系统，培养自身的信息化审计实操能力。

随着单位经营业务的多样性与复杂性，内部审计环境也不断发生变化，内部审计的方法、技术不断创新。因此单位应鼓励审计人员积极参加部门组织的各类培训，拓展知识面。企业可以邀请专家授课，如审计理论、审计实务、审计法规的最新动态和发展前景，委派部分人员参加有关部门组织的培训和考察活动，及时更新内部审计人员的知识结构，增强专业胜任能力。

3. 审计人员应当增强全面发展意识

为了成为复合型审计人才，内部审计人员除了要具备较高的专业知识水平和思想道德水平，还要努力提升自身的综合能力，应具备以下三点。

第一，较强的心理素质。要做好审计工作，内部审计人员需要具备较强的心理素质，坚持原则，不卑不亢。

第二，良好的沟通能力。在审计工作中，内部审计人员需要与外界进行沟通，了解情况。这就需要审计人员拥有良好的沟通能力，掌握审计情况，通过沟通来确定审计重点，了解实际情况。

第三，灵活的协调能力。面对审计工作中复杂的问题时，内部审计人员要在出现困难时找出问题的根源，在解决问题时有协调能力，不要激化矛盾，并合理应对审计风险。

强化内部审计信息化人才建设的途径

1. 改善审计人才结构不合理状况

一方面，通过加强学习不断优化审计干部队伍结构。相关部门可通过引导审计人员树立全员学习、终身学习和全程学习的思想观念，把个人自学与团队学习结合起来，把学习与审计文化建设结合起来，通过学习不断优化干部队伍结构，不断提高审计队伍的政治素质、业务素质和职业道德素质，不断提升审计队伍的实战能力。

另一方面，通过完善培训制度，盘活存量。培训工作要注意以下两点。一要提高培训的针对性、实效性，按照"缺什么补什么"的原则，紧扣工作实际，重点突出，力争学用结合，提高培训实效。二要突出重点，培养骨干，以点带面。在做好全员计算机基本技能普及培训的基础上，重点加强审计业务骨干计算机中高级培训，将其逐步培养和锻炼成为推进计算机审计工作的"排头兵"。

2. 配备充足的复合型人才

由于内部审计已发展为以风险控制为导向的审计，<u>审计对象的多元化要求内部审计机构在配置审计人员时，充分考虑审计人员的数量、专业配置，并与之承担的审计任务适应。</u>另外，内部审计机构在招聘内部审计人员人员时要把好关，尽量选择复合型人才。内部审计机构严格执行内部审计人员任职资格标准，落实内部审计人员资格认证制度，促使内部审计人员具备必要素质并达到应有水平；改善内部审计人员结构，加强内部审计人员的培训和交流，自觉地进行后续教育。

3. 集结各方力量加强审计信息化宣传

①建议审计署和中国内部审计协会定期发布一些关于审计信息化的学习资源和课程，并做好学习这些课程的宣传工作，吸引社会各领域的审计人员积极主动学习，并且可以开设一些有关审计信息化的职业资格考试，对通过考试的人颁发证书等。

②单位审计部门可通过内部网络、审计简报等多种方式扩大内部审计信息化方面的宣传，可通过审计案例让领导和其他同志认识到，加快审计信息化建设是推进单位高质量发展的必然选择。

③审计机构经过积极努力，取得单位领导和相关部门对信息化审计工作的重视和支持，创立有效机制，不断增强审计队伍力量，缓解审计任务繁重与审计力量不足的矛盾。

④审计信息化服务企业应当积极做好审计信息化产品宣传工作，让审计人员意识到，只有积极主动地学习审计信息化知识，才能跟得上审计信息化潮流，才能提升工作效率，不然将被数智化审计时代淘汰。

内部审计信息化人员考评及应用

单位内部审计人员队伍的不断壮大对及时掌握审计人员最新的信息与动态，以及加快建立内部审计人员考评机制，都提出了新要求。

1. 内部审计人员信息管理

各审计人员可在审计信息系统中在线自行进行**本人信息更新**，包括本人基本信息、教育经历、工作履历等。维护好的审计人员信息将会同步更新至系统全局，便于有相应功能权限的管理员及时掌握企业内部全体审计人员的信息及动态，对内部审计人员信息集中管理。

本人信息更新界面见图 8-51。

图 8-51　本人信息更新

2. 内部审计人员考评管理

根据审计项目的完成情况，以及项目成员在项目中的表现，由项目负责人对项目成员进行打分评价，审计领导对项目负责人进行打分评价，由此实现对内部审计人员的层层管理。每次的评价结果在系统形成记录，也能激励内部审计人员不断提升自我的专业水平和审计信息化能力。

评价项目组员界面见图 8-52。

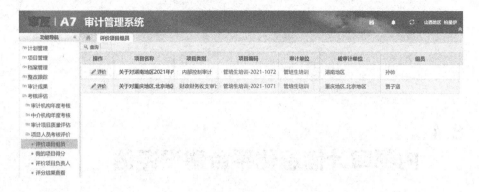

图 8-52　评价项目组员

8.4
内部审计信息化平台建设评估

硬件基础与业务需求评估

1. 硬件基础

审计信息化的建设与单位信息化整体建设密不可分，审计信息化建设前，相关信息部门首先需要对内部的硬件基础条件进行相应评估，以便在产品方案及供应商选择时更好地进行适配比较，节约建设成本，推动建设进程。以下为用友审计主要子系统相关技术参数及运行环境要求，供大家参考。

（1）系统技术参数

审友 A7——审计信息化集成平台技术及架构参数见表 8-1。

表 8-1　审友 A7——审计信息化集成平台技术及架构参数

系统	技术架构	备注
审友 A7——审计信息化集成平台	开发语言：Java 前端：Easyui，ECharts，JQuery 后端：Struts，Hibernate，Spring，CXF，Servlet2.x	根据客户实际需要，可能需要本地安装金格控件和 Office

（2）服务器运行环境

数据库服务器：为整个系统提供数据存储服务的关键部分，在性能以及安全方面要求较高。数据库服务器参数见表 8-2。

表 8-2 数据库服务器参数

项目	配置
操作系统	Windows Server 2008 以上版本 Linux CentOS 6，Ubuntu Server 14，Debian 8 以上版本 银河麒麟操作系统 V4
数据库系统	Oracle 11g 及以上版本，Mariadb 10 及以上版本，MySQL，达梦数据库 V7
其他	数据备份设备

应用 / 文件服务器：应用 / 文件服务器负责系统的访问服务以及中间逻辑运算处理，需要较好的硬件配置。应用 / 文件服务器配置参数见表 8-3。

表 8-3 应用 / 文件服务器配置参数

项目	配置
操作系统	Windows Server 2008 以上版本 Linux CentOS 6，Ubuntu Server 14，Debian 8 以上版本
应用服务	JDK1.7+ Tomcat1.7+ 东方通 V6.1，WebLogic 11g 等

具体服务器配置要求，需根据具体用户具体情况、在线用户数、数据量等信息确定，服务器配置建议见表 8-4。

表 8-4　服务器配置建议

| 在线用户数 | 数据库服务器 | | 应用服务器 | |
	配置	数量	配置	数量
0~50	CPU：Xeon 3.2GH 内存：32GB 存储：1TB	1	与应用服务共用一台服务器	0
50~200	CPU：Xeon 3.2GH 内存：32GB 存储：1TB	1	CPU：Xeon 3.2GH 内存：16GB 存储：512GB	1

（3）客户端运行环境

客户端运行环境见表 8-5。

表 8-5　客户端运行环境

组件	要求
处理器	4 核或以上
内存	4GB 或以上
操作系统	Windows 桌面系统
浏览器	IE11.0.9 及以上 谷歌 Chrome 48 及以上 Firefox 44 及以上 360 极速浏览器 8.5 及以上
办公软件	Microsoft Office 2010 及以上，推荐 64 位版本 WPS 2016 专业版及以上
显示适配器	最低要求：1366×768 推荐：1440×900
硬盘	审计管理系统、现场审计系统、决策支持系统等浏览器 / 服务器类系统对客户端硬盘空间无要求

2. 业务需求评估

审计信息化建设需要信息部门的支持与帮助，更需要业务部门的全程参与。选型前，业务部门也需要根据自身业务需求进行相应的评估，对预期的建设规模、使用范围、集成程度，以及日常工作中的业务痛点等，都可以有个大致目标，具体建设过程中再与厂商深入沟通、不断完善。图8-53为用友审计为客户进行审计信息化建设时，进行调研的部分静态资料收集目录，供大家参考。

序号	资料名称	资料说明	温馨提示	提供时间*	提供人	提供说明
		调研资料清单			**客户填写**	
2	系统用户	使用审计管理系统的用户名称、账号等基本信息				
3	系统基础信息-项目管理	审计管理系统项目管理模块运行引用到的基础信息				
4	系统基础信息-其他	审计管理系统各功能模块运行引用到的基础信息				
5	审计项目类别	适用的审计项目类别信息				
6	审计文书	项目准备、实施、终结各阶段关键任务及常用审计文书模板				
7	审计人员	维护各审计单位的审计人才基本信息				
8	经济责任人	审计项目需要使用的经济责任人基本信息				
9	审计事项库	构成审计实施方案的审计事项，每个事项包括相关法规、审计程序和方法	需客户提前梳理分析			
10	审计方案库	不同类型审计项目进行审计实施的指导方案，在审计实施阶段需要开展的审计事项	需客户提前梳理分析			
11	审计问题库	用于维护统一、标准的问题分类及规范的问题点描述，方便进行问题统计分析	需客户提前梳理分析			
12	审批流程	各业务环节的审批流程环节描述	需客户提前梳理分析			
13	被审计单位资料模板	提供审计所需的被审计单位资料名称及模板资料				
14	角色权限	各业务角色和管理角色的菜单操作权限设置				
15	问题地图区间设置	按问题个数和问题金额设置地图显示颜色				

图 8-53 调研资料收集目录

产品方案及供应商选择评估

审计信息化市场经过多年发展及沉淀，许多供应商都已具有较为成熟的标准产品。考虑到现实可行性，目前审计信息化建设主要通过直接采购标准产品来实现。这种方式不仅可以快速应用厂商经验，易于把控项目周期、成本，而且更新迭代的兼容性也更好。选择提供审计信息化服务的供应商时，可从以下几个方面考量。

1. 看实力

一个实力雄厚、业绩持续增长的合作伙伴才能够提供深入、持续的审计信息化服务。企业应看投标单位的实缴资本、审计报告、社保缴纳人数，评估其是否具备持续服务能力。

2. 看安全

一个系统安全可靠、国产自主可控的合作伙伴才能够提供安全的、可控的审计信息化服务。企业应看投标单位是否有外资背景，是否有国产认证证书，评估其是否存在系统安全隐患。

3. 看技术

一个技术先进、研发实力雄厚的合作伙伴才能够提供先进的、可靠的审计信息化服务。企业应看投标产品能否支持各种主流服务器、操作系统、数据库、中间件，是否具备跨平台部署、云部署的能力，是否适配国产化软件，有没有数据采集转换的核心技术，评估其是否具备雄厚研发实力。

4. 看产品

一个产品丰富多样、持续发版升级的合作伙伴才能够提供丰富的、持续的审计信息化服务。企业应看投标单位的产品线是否齐全，有没有离线作业系统、大数据及风险导向审计系统，提供的产品是否在不断迭代升级、发版上市，评估其是否具备满足各种审计信息化需求的能力。

5. 看经验

一个项目经验丰富、典型案例众多的合作伙伴才能够提供专业的、可信的审计信息化服务。企业应看投标单位的保险行业案例及其他行业建设案例是否众多，有多少建设合同、验收报告，并回访案例的真实性和实际效果，评估其是否具备成功实施交付能力。

审计信息系统的实施

审计信息系统的实施非常重要，其实施效果好坏与系统应用的成败息息相关。实施审计信息系统，不但要满足各种各样的要求，更要改变单位中原有的一切不合理的因素，包括人们的思维方式和行为方式。要使审计信息系统的实施和运行管理获得成功，除了领导重视、具备相应的技术和物质条件外，还需要有正确的实施方法。

北京用友审计软件有限公司以实施方法论为基础，结合审计信息系统的特点，针对业务与产品成熟度高、流程标准化程度高、案例丰富的项目，制订了自身产品交付的敏捷实施方法论，通过整合实施工作，缩短实施路径，应用最佳实践，引导客户深度参与，以达到项目快速交付、快速见效的目的。**定制化开发项目**的标准产品项目实施阶段分为项目启动、系统建设、上线切换、系统试运行、项目终验 5 个阶段，见图8-54。

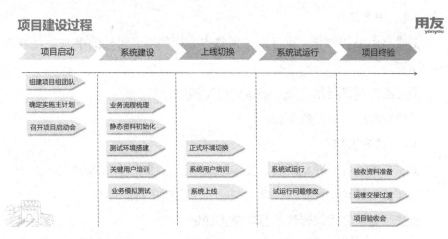

图 8-54 定制化开发项目的标准产品项目实施阶段

1. 项目启动

在双方项目组确认完项目实施主计划后，应将项目的目标、工作方式、时间安排等相关信息，在甲方内部的中、高层以及部门业务骨干中进行传达。召开项目启动会是一次非常好的传达机会，让甲方决策层向中、高层的管理人员传递实施信息化建设项目的决心，为日后开展相关工作扫除障碍。因此，项目启动会召开的成功与否，在一定程度上决定了这个项目实施的难度和效果。其主要流程见图8-55。

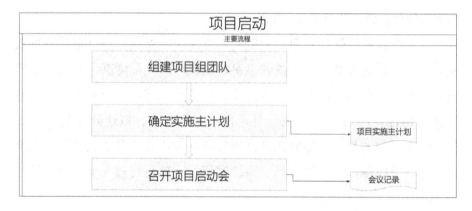

图 8-55　项目启动阶段主要流程

（1）甲方工作

①成立由主管领导、审计部、信息中心相关部门组成的甲方项目组并明确职责。

②与乙方项目经理沟通、确认项目实施主计划。

③准备与组织项目启动会。

（2）乙方工作

①成立由项目经理、研发、实施组成的乙方项目组并明确职责。

②准备项目启动会资料，项目核心人员出席项目启动会。

③按照要求完成并确认项目实施主计划。

2. 系统建设

系统建设阶段初步完成业务流程梳理、静态资料表（组织机构、人员信息、审计工作模板等）的收集整理工作，同时完成测试系统应用及审计系统软件安装（操作系统、数据库、中间件等安装调试）和系统初始化资料录入。再通过关键用户培训，引导关键用户结合实际业务进行业务模拟测试。其主要流程见图 8-56。

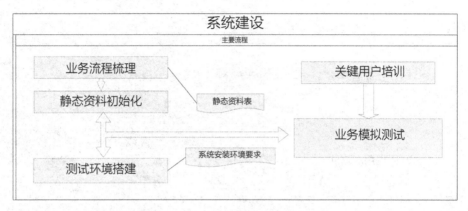

图 8-56 系统建设阶段主要流程

（1）甲方工作

①根据业务管理和用友方系统静态数据要求进行整理（包括组织机构、人员信息等内容）。

②按产品安装环境要求，提供硬件、数据库、操作系统、办公软件等环境。

③准备场地并组织关键用户进行关键用户培训。

④结合实际业务进行业务模拟测试。

（2）乙方工作

①提供系统环境准备要求，并对实施环境进行确认，安装部署测试环境。

②讲解标准产品及分享案例，并与甲方关键用户一起讨论业务，通过产品演示指导用户填写静态资料表。

③依据前期调研工作，录入静态数据，进行系统初始化。

④完成关键用户培训，与甲方一起完成业务模拟测试工作。

3. 上线切换

上线切换阶段主要完成正式环境切换、系统用户培训、系统上线等工作。其主要流程见图 8-57。

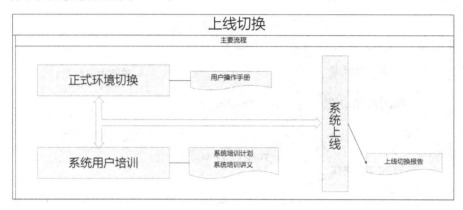

图 8-57 上线切换阶段主要流程

（1）甲方工作

①按系统环境准备要求，提供正式环境并保证安装环境正常。

②召集培训人员，准备培训环境。

③上线报告确认盖章。

（2）乙方工作

①完成正式环境部署，完成用户操作手册、系统运维手册编写。

②准备系统培训计划、系统培训讲义，完成系统用户培训工作。

③准备项目上线切换报告。

4. 系统试运行

系统试运行阶段的目标是选择若干人员、单位，进行上线后的试运行，进一步测试系统在验收前的各种功能和性能指标。试运行期间不仅要检验系统的技术环境，也要通过业务数据加载，来评估系统在实际应用中能否顺畅运行、日常业务处理是否达到设计的要求且科学合理、用户体验是否良好等。其主要流程见图 8-58。

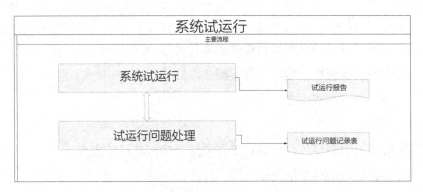

图 8-58　系统试运行阶段主要流程

（1）甲方工作

按实际业务，应用系统开展工作，熟练应用系统。

（2）乙方工作

①指导甲方用户使用系统。

②对试运行阶段产生的系统问题进行缺陷修复、问题处理。

5. 项目终验

项目终验阶段主要进行项目工作总结，乙方提供科学、完整、符合甲方实际、符合要求的系统文档，提交甲方审定后进行系统验收，并举行项目验收会，以确认项目实施工作完成，同时平稳进行运维工作交接。双方签订项目验收报告完成项目最终验收。其主要流程见图 8-59。

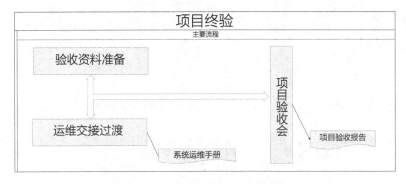

图 8-59　项目终验阶段主要流程

（1）甲方工作

①关键领导及用户方项目组参加项目验收会。

②接收验收资料，确认项目实施工作完成。

③签订项目验收报告。

（2）乙方工作

①准备验收资料，进行项目工作总结，举行项目验收会。

②平稳进行运维工作交接。

③签订项目验收报告。

8.5　本章思考和探索

①目前内部审计信息化发展方向是什么？有什么新技术？

②有关国产产品及技术供应商有哪些？包括芯片、操作系统、数据库、中间件、浏览器。

③审友 A7——审计信息化集成平台包括哪些子系统？各子系统的主要功能是什么？

④目前内部审计信息化人才建设存在的问题有哪些？可以通过哪些方式解决？

⑤内部审计信息化选型过程中，哪些内容需要关注？

⑥简述内部审计信息化建设 5 个阶段。

第 9 章

内部审计部门的管理

增加价值，是内部审计永恒的主题。

——时现

9.1 内部审计制度建设

随着党和国家对内部审计工作的日益重视，各单位内部审计工作任务越来越繁重，很多单位内部审计部门的工作方式从单纯自己审计转变为自己审计与委托专业机构审计相结合。强化内部审计制度体系建设、夯实内部审计部门的管理基础、加强以委托审计工作质量为重点的审计质量管理与风险防控工作，显得尤其必要。

什么是内部审计制度

1. 制度的概念

据《辞海》① 解释，制度有三种含义：一是在一定历史条件下形成的政治、经济、文化等方面的体系，二是要求大家共同遵守的办事规程或行动准则，三是规格、格局。在此，我们要讲的制度，主要指第二种含义，也就是说，制度是一系列办事规定流程和行动准则的总称。从长期角度看，它也是政治、经济、文化等方面形成的一种规范体系。

---

① 夏征农，陈至立.辞海［M］.6版.上海：上海辞书出版社，2010：5114.

2. 制度的格式

（1）标题

制度标题主要有两种构成形式：一种是以适用对象和文种构成，如《审计保密制度》《审计档案管理制度》；另一种是以单位名称、适用对象、文种构成，如《××大学资产管理制度》《××市××局财务管理制度》。

（2）正文

制度正文有多种写法，主要可以概括为三种情况：引言、条文、结语式，通篇条文式和多层条文式。

①引言条文、结语式：先写一段引言，主要用来阐述制订制度的根据、目的、意义、适用范围等，然后将有关规定一一分条列出，最后再写一段结语，强调执行中的注意事项。

②通篇条文式：将全部内容都列入条文，包括开头部分的根据、目的、意义、适用范围，主体部分的种种规定，结尾部分的执行要求等，逐条表达，形式整齐。

③多层条文式：这种写法适用于内容复杂、篇幅较长的制度，特点是将全文分为多层次，篇下分项、项下分条、条下分款。

（3）制发单位和日期

制发单位和日期位置一般在正文之下，可参照公文落款的位置。

3. 规章制度的相关要求

（1）体式的规范性

规章制度在一定范围具有法定效力，因此在体式上较其他事务文书，用语简洁、平易、严密，更具有规范性。

（2）内容的严密性

规章制度需要人们遵守其特定范围的事项，因此其内容应有预见性、科学性，就其整体，必须通盘考虑，使其内容具有严密性，否则无法遵守或执行。

（3）制订制度程序的严谨性

制度的制订必须以有关法律、法令、政策为依据。制度的草拟、初审、再审、会签、审定，须依据本单位的制度出台程序规范操作。

4. 内部审计制度概述

内部审计制度是一个单位或组织涉及内部审计的工作规定、工作程序、工作方法、岗位职责、质量管理、职业道德、人员教育培训、审计结果运用等方面的内部审计工作规范的总称。开展好单位内部审计工作，需要体系健全、运行有效的内部审计制度支撑。

下面主要从内部审计基本制度、内部审计具体制度两个角度，来谈内部审计制度建设。

内部审计基本制度的制订依据和采取的主要形式

1. 内部审计基本制度的制订依据

①《审计署关于内部审计工作的规定》（审计署令第11号）第四条规定："单位应当依照有关法律法规、本规定和内部审计职业规范，结合本单位实际情况，建立健全内部审计制度，明确内部审计工作的领导体制、职责权限、人员配备、经费保障、审计结果运用和责任追究等。"

②《第1101号——内部审计基本准则》第二十六条规定："内部审计机构应当根据内部审计准则及相关规定，结合本组织的实际情况制订**内部审计工作手册**，指导内部审计人员的工作。"

③《第2301号内部审计具体准则——内部审计机构的管理》第六条第一款规定："内部审计机构应当制订内部审计章程，对内部审计的目标、职责和权限进行规范，并报经董事会或者最高管理层批准。"

2. 内部审计基本制度采取的主要形式

（1）内部审计章程

《第 2301 号内部审计具体准则——内部审计机构的管理》第六条第二款规定："**内部审计章程**应当包括下列主要内容：（一）内部审计目标；（二）内部审计机构的职责和权限；（三）内部审计范围；（四）内部审计标准；（五）其他需要明确的事项。"

就是说，内部审计章程具体要对下列主要内容进行规定。

①本单位对内部审计的授权原则和内部审计目标。

②内部审计部门（或专职内部审计人员）设置的级别和领导体制、审计工作报告对象。有设置总审计师的单位，应对总审计师的设置和职责权限等，作出明确规定。

③内部审计范围和内部审计标准，以及内部审计基本程序等。

④内部审计部门的职责权限、人员编制配备和教育培训安排，以及内部审计经费保障等。

⑤内部审计的审计结果运用和责任追究工作机制。

⑥其他需要包括的内容。

当前，各部门、各单位的事业发展面临新形势，组织架构、职能定位和理念作用等都发生了重大变化，内部审计作为单位治理的必要组成部分，必须作出适当调整，才能满足单位治理的需要。为真正发挥审计监督的职能作用，《第 2301 号内部审计具体准则——内部审计机构的管理》明确规定，内部审计机构应当制订**内部审计章程**，对内部审计的目标、职责和权限进行规范。它构成单位治理体系的重要组成部分。现在，部分企业或金融机构出台了自己的内部审计章程。

（2）内部审计工作规定

当然，也应当看到，仍有一部分单位通过**内部审计工作规定**，以规定内部审计目标、内部审计机构的设置、内部审计职责和权限、内部审计范围和内部审计标准、内部审计基本程序等。

目前很多单位采取**内部审计工作规定**形式，其原因主要有以下几点。

①要求制订**内部审计章程**的依据是《**第2301号内部审计具体准则——内部审计机构的管理**》，它是中国内部审计协会发布的"具体准则"，级次太低。

②《**审计署关于内部审计工作的规定**》（审计署令第11号）第四条规定"建立健全内部审计制度"，没有制订内部审计章程的强制要求。

③**内部审计工作规定**作为单位内部审计基本制度的重要形式，在现阶段总体能够满足内部审计工作需要，所以，该制度形式在行政事业单位、企业普遍存在。

内部审计基本制度的发展方向

从强化单位治理的长远角度看，出台**内部审计章程**，仍是我国内部审计制度建设的发展方向。

原因主要有以下两点。

①《**国际内部审计专业实务框架**》[①] 提出，内部审计章程是"确定内部审计活动宗旨、权力和职责的正式书面文件，它确定了内部审计部门在组织内部的地位，授权内部审计部门接触与业务实施相关的记录、人员和实物资产，界定内部审计活动的范围"。这说明，内部审计章程规定了内部审计机构在单位内部的地位和职责、拥有的职权等最基本、最核心的事项，它是一个单位开展内部审计活动的"基本法"。

②内部审计章程的出台标志着一个单位内部审计工作法治化建设进入全新阶段，具有相对稳定性、权威性等特点，对内部审计工作的开展起到积极推进、全力保障的作用。

---

① 中审网校.《国际内部审计专业实务框架》精要解读［M］.北京：中国财政经济出版社，2017：35.

内部审计具体制度的建设

1. 内部审计主要工作程序制度建设

内部审计主要工作程序有审计准备、审计实施、审计报告、后续审计等阶段，每个环节都需要相关的制度来规范。内部审计主要工作程序的制度建设有三种方式。

①在单位的内部审计工作规定中，直接规定本单位的审计工作程序。

②单独制订审计工作规程或财务收支审计规程、科研经费审计规程、经济责任审计规程、绩效审计规程、建设工程审计规程等专门审计工作流程。

③在内部审计章程或内部审计工作手册中，规定内部审计工作程序和流程等内容。

目前，采取第一种方式的单位较多，建议根据本单位自身实际，优先采取第二种方式，逐步过渡到第三种方式。

2. 内部审计特定工作内容的制度建设

关于内部审计特定工作内容的制度建设，目前主要有以下 9 个方面。

①预算执行与决算审计制度、财务收支审计制度。

②科研经费审计制度、科研经费预决算审签制度。

③物资管理审计制度、固定资产审计制度、物资采购审计制度。

④建设工程审计制度、建设工程全过程跟踪审计制度、建设管理审计制度、工程审计质量控制办法。

⑤经济责任审计制度、领导干部经济责任审计联席会议制度。

⑥绩效审计（经济效益审计）制度。

⑦计算机审计制度。

⑧合同审计制度。

⑨内部控制审计制度。

以上是关于内部审计特定工作内容制度建设的建议（不一定全面），建议根据本单位实际，按照"成熟一个，出台一个"的原则实施。

3. 内部审计其他工作制度

除了审计工作程序、审计工作内容外的制度，内部审计其他工作制度还包括以下内容。

①委托社会审计管理制度。

②审计整改工作制度、落实审计意见实施办法、经济责任审计结果运用办法、审计整改报告和跟踪检查实施办法。

③审计档案管理办法。

④审计人员职业道德规范。

以上制度办法（不一定全面），在内部审计管理工作中处于重要地位，建议将其作为内部审计制度建设的重点事项推进。

四点建议推进内部审计制度建设

1. 建设原则

按照**"整体规划、分步推进"**的原则，认真做好内部审计制度整体谋划，根据单位实际，分步推进内部审计制度建设。

2. 充分调研

在出台一项制度前，充分开展调查研究工作（包括到与工作相近的行业或单位进行调研），总结以前工作的经验与不足，找准、弄清制度出台的核心和目标，要关注提出的制度措施能否解决前面存在的问题。

3. 吃透精神

要出台一项制度，事前必须吃透审计署令第 11 号文件、中国内部审计协会的准则规范和上级主管部门有关内部审计的政策精神，将其精神与单位实际结合。在制度草拟中，如有结合上级精神提出的本单位细化措施或规定，必须事先向单位分管领导汇报，征得同意后再推进后续程序，并且在本单位审核该制度的相关决策场合，予以重点说明。

4.严格程序

严格依照程序，拟好制度初稿，在单位内部征求相关部门的意见。如有必要，可以采取小型会议形式征求意见，形成会议纪要。对征求来的意见进行讨论，决定是否修改制度。

在充分听取单位分管领导意见的基础上，按单位相关决策程序审核制度。一般来说，重大、重要的审计制度须提请单位党组织审议批准，一般审计制度提交单位行政管理决策层审定。经过审议同意下发的内部审计制度，启动公文流转程序，提请相关部门会签（有必要时），报单位办公室审核，一般由单位分管领导审签发文，其中重要制度，由单位分管领导审签后，报单位主要行政领导审批。

9.2 审计档案管理

审计档案，是指内部审计机构和内部审计人员在审计项目实施过程中形成的、具有保存价值的历史记录。而审计档案工作，是指内部审计机构对应纳入审计档案的材料（以下简称"审计档案材料"）进行收集、整理、立卷、移交、保管和利用的活动。

《第 2301 号内部审计具体准则——内部审计机构的管理》第二十二条规定："内部审计机构应当建立审计项目档案管理制度，加强审计工作底稿的归档、保管、查询、复制、移交和销毁等环节的管理工作，妥善保存审计档案。"2016 年 2 月，中国内部审计协会发布《第 2308 号内部审计具体准则——审计档案工作》，它为内部审计档案工作提供了操作依据。

审计档案立卷归档的四项基本原则

1. 立卷原则

①按性质分类、按单元排列、按项目组立卷。
②按审计项目立卷，不同审计项目不得合并立卷。
③跨年度的审计项目，在审计终结的年度立卷。

2. 立卷责任原则

①坚持"谁审计、谁立卷"的原则，做到审结卷成、定期归档。

②内部审计项目负责人应当对审计档案的质量负主要责任。

3. 审计档案质量原则

①审计档案材料应当真实、完整、有效、规范。

②遵循档案材料的形成规律和特点，保持档案材料之间的有机联系，区分档案材料的重要程度，便于保管和利用。

4. 档案管理责任原则

建立审计档案工作管理制度，明确规定审计档案管理人员在档案装订、档案保管和档案借阅和收回等方面的要求和责任。

审计档案立卷文件的排列和顺序

根据《第 2308 号内部审计具体准则——审计档案工作》第三章"审计档案的范围与排列"的相关规定，叙述如下。

1. 审计档案材料分类

审计档案材料主要包括以下几类。

①立项类材料：审计委托书、审计通知书、审前调查记录、项目审计方案等。

②证明类材料：审计承诺书、审计工作底稿及相应的审计取证单、审计证据等。

③结论类材料：审计报告、审计报告征求意见单、被审计对象的反馈意见等。

④备查类材料：审计项目回访单、被审计对象整改反馈意见、与审计项目联系紧密且不属于前三类的其他材料等。

2. 审计档案材料的排列顺序

审计档案材料按下列四个板块的先后顺序排列。

①结论类材料，按逆审计程序，结合其重要程度予以排列。

②证明类材料，按与项目审计方案所列审计事项对应的顺序，结合其重要程度予以排列。

③立项类材料，按形成的时间顺序，结合其重要程度予以排列。

④备查类材料，按形成的时间顺序，结合其重要程度予以排列。

3. 审计档案内每组材料的排列要求

①正件在前，附件在后。

②定稿在前，修改稿在后。

③批复在前，请示在后。

④批示在前，报告在后。

⑤重要文件在前，次要文件在后。

⑥汇总性文件在前，原始性文件在后。

审计档案的其他四项管理要求

1. 纸质审计档案的装订要求

①拆除卷内材料上的金属物。

②破损和褪色的材料应当修补或复制。

③卷内材料装订部分过窄或有文字的，用纸加宽装订。

④卷内材料字迹难以辨认的，应附抄件加以说明。

⑤卷内材料一般不超过 200 页装订。

2. 电子审计档案的保管形式

对电子审计档案，应当采用符合国家标准的文件存储格式，确保能够长期有效读取。电子审计档案主要包括以下内容。

①用文字处理技术形成的文字型电子文件。

②用扫描仪、数码相机等设备获得的图像电子文件。

③用视频或多媒体设备获得的多媒体电子文件。

④用音频设备获得的声音电子文件。

⑤其他电子文件。

3. 审计档案的密级和保密期限

审计档案的密级和保密期限根据审计工作保密事项范围和有关部门保密事项范围合理确定。

4. 内部审计档案的使用与借阅

①借阅审计档案，一般限定在内部审计机构内部。

②内部审计机构以外或组织以外的单位查阅或者要求出具审计档案证明的，必须经内部审计机构负责人或者组织的主管领导批准，国家有关部门依法进行查阅的除外。

9.3 / 内部审计质量控制

2013 年 9 月，中国内部审计协会发布《**第 2306 号内部审计具体准则——内部审计质量控制**》，2014 年 1 月起施行，对内部审计质量控制作出相关规定。

如何理解内部审计质量控制

1. 质量、质量控制

质量[①]有两种含义：一是，量度物体惯性大小和引力作用强弱的物理量；二是，产品或工作的优劣程度。这里，指的是第二种含义。

质量控制[②]，又称质量管理，就是指为了最经济地生产适合使用者要求的高质量产品所采用的各种方法的体系。它包括三层含义：一是，质量控制是一个方法体系；二是，提供高质量产品或产出；三是，产品或产出既能满足最经济地生产（投入少），又能满足使用者要求（达到效果）。

2. 内部审计质量控制

《**第 2306 号内部审计具体准则——内部审计质量控制**》第二条指出，"内部审计质量控制是指内部审计机构为保证其审计质量符合内部审计准

---

①② 夏征农，陈至立. 辞海［M］.6 版. 上海：上海辞书出版社，2010：5118.

则的要求而制订和执行的制度、程序和方法"。内部审计质量控制分为内部审计机构质量控制和内部审计项目质量控制。内部审计质量控制一般包括内部审计督导、内部自我质量控制与外部评价三个方面。

（1）内部审计机构质量控制

需要考虑下列因素：内部审计机构的组织形式及授权状况；内部审计人员的素质与专业结构；内部审计业务的范围与特点；成本效益原则的要求等。

（2）内部审计项目质量控制

应当考虑下列因素：审计项目的性质及复杂程度；参与项目审计的内部审计人员的专业胜任能力等。

加强内部审计质量控制的重要性

1. 内部审计质量控制是提高内部审计质量的保证

加强内部审计质量控制，不断提高内部审计工作质量，才能真正实现内部审计的目标。质量控制工作可以控制或消除一些影响内部审计质量提高的不良因素，以达到提高内部审计质量的目的。

2. 内部审计质量控制是提高内部审计工作绩效的需要

内部审计绩效体现在以较小的审计投入取得较大的审计效果，在较短的时间内取得满意的审计效果。内部审计质量控制以不断提高内部审计绩效（即提高内部审计效率，实现审计预期效果）为目标。

3. 内部审计质量控制是内部审计不断发展和完善的需要

发展和完善单位内部审计，必须不断提高其质量，加强其质量控制，二者是相辅相成、不可分割的。内部审计质量控制对防范审计风险、保证审计工作效果、促进审计人员提升职业水平和业务能力、充分发挥内部审计的功能作用，有着重要的现实意义。

影响内部审计质量的主要因素

1. 内部审计任务繁重与内部审计人员短缺、素质不太高的矛盾越来越尖锐

当前，单位内部经济责任审计对象众多，国家政策法规要求全覆盖，加上财务收支审计、绩效审计、建设工程管理审计、内控审计、科研经费审计等，内部审计任务日益繁重，要求高。大部分内部审计机构人员队伍建设有待加强，整体素质不能完全满足内部审计工作需要。这就需要单位内部整体规划，相关部门同心协力，有步骤地推出管理措施，尽快提升内部审计人员综合素质，较好地解决或缓解上述矛盾。

2. 部分内部审计机构人员少，造成审计质量复核监督机制不太健全

目前，部分内部审计机构人员配备少，有的就一到两人，不能形成基本的审计质量复核机制。有时候一个人要承担审计项目开始发通知书、审前调查、审计实施、审计报告和审计整改推进等全过程操作，没有第三方监督和把关，审计质量很难得到有效保证。

3. 委托社会中介机构审计、聘请外部专家的工作量越来越大，部分内部审计机构监管外来力量审计工作质量的有效工作机制尚未完全建立

为克服审计人员紧张的困难，很多单位采取了委托社会中介机构审计或聘请外部专家的工作方式。在工作过程中，有些内部审计机构没有完全建立监管外来力量审计质量的有效工作机制，对委托审计的具体进程漠不关心，只等审计结束收取报告，对聘请的外部专家也关注不多。这样操作容易出现审计质量问题。

2021 年 2 月，《中央审计委员会办公室 审计署关于进一步规范经济责任审计工作有关事项的通知》（中审办发〔2021〕5 号）在"三、加强

对外聘人员参与经济责任审计项目的组织管理"规定："外聘人员不能担任审计组（含审计小组）组长、主审"。文件还规定："各部门、各单位内部管理领导干部经济责任审计工作参照本通知要求执行"。上述规定目前在较多单位内部审计工作中没有完全执行到位。

4. 一些内部审计机构关注单位整体经济安全（主要是财务风险）的意识、能力不强

党的十八届三中全会决定成立国家安全委员会，整个社会越来越重视包括政治安全、经济安全、军事安全、信息安全等在内的国家安全问题，各地区、各部门、各单位都应做到"守土有责"。内部审计机构作为单位内部的专责监督部门，有必要关注单位整体经济安全。但是，一些内部审计机构没有强化监督意识，个人能力不太强，没有全面关注单位财务整体状况，没有关注存在的单位运营重大风险（如重大财务资金支付风险），可能导致单位出现整体层面经济安全风险。

5. 部分内部审计机构不注意加强与单位内部相关部门的沟通，不利于内部审计职能的发挥

内部审计的最大优势在于"内"，也就是熟悉单位情况。但是，有的内部审计机构片面认识审计独立性，以为自己不知道单位有关情况就没有审计责任，其实不是这样的。他们不注意加强与单位内部相关部门的沟通，审计机构获取信息的"相对孤立性"，不利于内部审计职能的发挥。

6. 部分内部审计机构事务性工作多，没有采取有力措施推进内部审计事业整体发展，没有着力推进中长期规划

当前，党和国家对内部审计的政策要求高，内部审计的工作任务重。但是，部分内部审计机构因审计工作中事务性工作多，没有提高政治站位，对本单位内部审计工作整体发展没有进行深入思考，没有采取有效措施推进内部审计的制度建设和中长期规划，没有适时推进审计监督或评价的有效手段等。

提高内部审计质量、防范内部审计工作风险的主要措施

内部审计人员特别是机构负责人，应立足岗位职责，不回避矛盾，紧紧围绕"单位如何规避财务风险（维护经济安全）"这个核心，重点抓好以下工作。

1. 整体思考内部审计长远发展，认真编制年度审计项目计划

计划和规划是做好工作的第一步。为此，要切实根据党和国家、上级部门关于内部审计工作的政策规定精神，紧密结合单位实际，提出中长期审计工作规划设想，报单位分管领导审核后，提请单位决策层审议，通过的中长期审计工作规划作为近几年审计工作年度计划编制的依据。

每年下半年要编制下一年度的内部审计工作计划，结合单位内部审计工作实际和人员资源现状等因素，就下年度审计工作的重点、安排项目数量、需要配置的审计资源数量（包括引进的外部审计资源）、审计项目完成的初步时间安排等，提出年度审计计划（建议），报单位分管领导审核批准。

2. 坚持以灵活多样的成果形式及时报告给单位管理层

内部审计因为身处单位内部，能够在第一时间了解到单位有关情况。为此，应围绕规避财务风险（维护经济安全）这个核心，针对重要、紧急等情况，建议以灵活多样的成果形式（如审计建议函，甚至单位内网邮件等），向单位领导和相关部门报告，提请注意和关注，发挥内部审计的警示和提醒作用。

为此，要进一步加强内部审计机构与董事会、本单位党组织或者最高管理层的联系，内部审计机构要接受其领导，向其报告工作。日常工作中，内部审计机构还应当与其就关注的领域、内部审计活动满足单位信息需求的程度、内部审计的新趋势和最佳实务、内部审计与外部审计之间的协调等事项，进行汇报和沟通。

3. 坚持审计职业谨慎

职业谨慎是审计职业人员在执行审计工作和撰写审计报告时，必须保持的职业人员应有的严谨心态和言行。内部审计人员在选择审计项目、实施审计项目、报告审计项目成果和审计后续整改等审计工作全过程，应秉承严谨的心态，实施相关行为。

选择审计项目时，选择力所能及的项目；对上级安排的项目，自身力量或水平不够时，及时提出引进外力，开展审计或咨询等工作；实施审计项目时，充分考虑审计过程中的各种风险和隐患，及时排摸，对审计风险大的问题多抽查具体样本，认真审查每个样本，以消除或减少审计风险对审计工作质量的影响；报告审计项目成果时，下大力气做好审计工作成果整理，写好审计报告，严格把控审计报告措辞，避免审计报告措辞不谨慎、不到位带来的风险；审计后续整改时，注意审计整改的及时性、整改措施的有效性和到位率，整改不到位的，要了解到尚未（完全）整改的具体原因。

按照"**程序完整、证据有效、事实清楚、标准恰当、分析客观、结论公正、建议可行、档案完整、过程合规**"的标准，对内部审计全过程进行评价和监控。

4. 全面加强委托审计监控，用好外聘专家资源，切实提升外部资源审计质量

①建立健全委托审计管理制度，加强本单位委托审计制度建设。

②建立委托审计全过程监控体系，具体包括项目委托、审计组组成、审前调查、项目审计实施方案、审计访谈、审计证据收集、审计报告草拟、审计报告审定、审计报告报送等，内部审计机构都要介入，严格依据内部审计准则规范要求，对社会中介机构工作提出要求，不留死角。

③在特定资产评估、工程项目评估、产品或者服务质量问题、信息技术问题、衍生金融工具问题、舞弊及安全问题、法律问题、风险管理问题等专业领域，内部审计机构可以利用外部专家服务。聘请外部专家时，应

当对外部专家的独立性、客观性（如是否存在重大利益关系、是否存在密切的私人关系、是否存在专业相关性、是否正在或者即将为组织提供其他服务等）进行评价；应当对外部专家专业胜任能力进行评价，考虑其专业资格、专业经验与声望等；在利用外部专家服务前，内部审计机构应当与外部专家签订书面协议；内部审计机构在利用外部专家服务结果作为审计证据时，应当评价其相关性、可靠性和充分性。

④对于经济责任审计的两项特别要求如下。a.审计组的组成，建议采取内部审计机构人员担任组长、社会中介机构人员担任副组长和审计组成员的方式。b.对社会中介机构出具的经济责任审计报告，建议单位内部审计机构进行审核，报单位分管领导审批，涉及重大问题，应报单位经济责任审计领导小组审定。经审定的经济责任审计报告定稿，由单位内部审计机构草拟，以单位名义发布。

5. 利用好内控评价和监督成果

推进单位内控，现在各单位加强内部管理的重要基础工作，按照上级政策规定要求，每年度要开展对内控体系运行的评价和监督。内控体系运行**评价和监督报告应指出单位内控体系的运行现状**，存在哪些需要警示和改进的问题。作为单位内控体系运行评价和监督的责任部门，内部审计机构要利用好这些工作成果，在以后的审计工作中加以重点关注，将其**作为审计重点**，从中深度挖掘单位内控体系运行暴露出的隐患或问题，为单位事业发展保驾护航。

6. 在坚持审计独立性前提下，加强与单位内部相关部门的沟通联系

《审计署关于内部审计工作的规定》（审计署令第11号）第五条第二款规定："内部审计机构和内部审计人员不得参与可能影响独立、客观履行审计职责的工作。"内部审计机构要根据上述规定精神，秉承审计独立精神。我们对上述规定的理解是：需要履行审计职责的工作人员，不能

参与咨询、决策等管理活动，否则有悖独立性。

在坚持审计独立性的前提下，充分发挥内部审计身处单位内部、最先了解单位情况的工作优势，加强与单位内部相关部门的沟通联系，及时获得单位运行过程和运行结果的信息，利用内部审计专业手段进行分析判断，对于需要警示的情况，及时向单位领导和有关方面提出改进建议。

9.4
审计业务外包管理

目前，内部审计机构人员普遍较少，很多内部审计机构采取委托社会中介机构（业务外包）的形式，引进社会力量开展内部审计工作。开展内部审计机构审计业务外包的政策依据有两方面。一是，**《审计署关于内部审计工作的规定》**（审计署令第 11 号）第八条规定："除涉密事项外，可以根据内部审计工作需要向社会购买审计服务，并对采用的审计结果负责。"二是，2019 年 6 月中国内部审计协会发布施行的**《第 2309 号内部审计具体准则——内部审计业务外包管理》**，适用于组织及其内部审计机构将业务委托给本组织外部具有一定资质的中介机构的情况。内部审计引进社会中介机构力量后，将有力支撑内部审计机构履行工作职能，立足现有人力资源，推进内部审计工作全覆盖，内部审计机构的角色将实现从"做审计"到"管审计"的转变。

内部审计机构审计业务外包的范围和形式

1. 内部审计业务外包的范围

根据《第 2309 号内部审计具体准则——内部审计业务外包管理》的规定，除涉密事项外，内部审计机构可以根据具体情况，考虑到内部审计机构现有的资源无法满足工作目标要求、内部审计人员缺乏特定的专业知识或技能、聘请中介机构符合成本效益原则等因素，对内部审计业务实施外包。

2. 内部审计业务外包的形式

内部审计业务外包通常包括**业务全部外包和业务部分外包**两种形式。

①业务全部外包，是指内部审计机构将一个或多个审计项目委托中介机构实施，并由中介机构编制审计项目的审计报告。

②业务部分外包，是指一个审计项目中，内部审计机构将部分业务委托给中介机构实施，内部审计机构根据情况利用中介机构的业务成果，编制审计项目的审计报告。

社会中介机构选聘的相关要求及模板

根据《第 2309 号内部审计具体准则——内部审计业务外包管理》的规定，内部审计机构应根据外包业务的要求，通过一定的方式，按照一定的标准，遴选一定数量的中介机构，建立中介机构备选库。

1. 选择社会中介机构的基本要求

内部审计机构确定纳入备选库的中介机构时，应当重点考虑以下条件。

①依法设立，合法经营，无违法、违规记录。

②具备国家承认的相应专业资质。

③从业人员具备相应的专业胜任能力。

④拥有良好的职业声誉。

2. 社会中介机构选聘应完成的政府采购步骤

目前，按照政府采购法律法规制度的相关规定，社会中介机构提供的审计服务，需要纳入公开招标、邀请招标、询价、定向谈判的范围（具体按照当地政府采购工作要求执行）。为加强内部监督机制，建议采取下列步骤。

①拟定社会中介机构招标（询价等）公告。

②当地政府采购中心或单位采购部门负责发表招标（询价等）公告。

③投标（接受询价等）单位回应，政府采购中心或单位采购部门收集投标标书。

④对于招投标，由政府采购中心组织专家对投标单位进行评标，评标结果报政府采购中心。对于询价和其他采取形式，由单位采购部门组织评议；会同内部审计机构根据选择社会中介机构的基本要求，结合各项目实际确定询价评议指标体系，确定询价评议结果报单位采购部门。其他采购形式按照相关规定执行。单位采购部门对结果进行审核。

⑤政府采购中心或单位采购部门通知评标（评议）结果。

⑥本单位与中标单位签订委托审计合同。

3. 审计业务外包合同应包括的主要内容

《第 2309 号内部审计具体准则——内部审计业务外包管理》第十三条规定，组织应当与选择确定的中介机构签订书面的业务外包合同（业务约定书），主要内容应当包括：工作目标；工作内容；工作质量要求；成果形式和提交时间；报酬及支付方式；双方的权利与义务；违约责任和争议解决方式；保密事项；双方的签字盖章。

目前，在政府采购网提供的合同是格式条款，符合合同基本要素的内容齐全，但有关内部审计专业要求较少，内容相对简单，不能完全满足内部审计工作的实际需要。根据《第 2309 号内部审计具体准则——内部审计业务外包管理》第十四条"如业务外包过程中涉及主合同之外其他特殊权利义务的，组织也可以与中介机构签订单独的补充协议进行约定"，为此，建议各单位再与接受委托的社会中介机构签订单独的补充协议。

以下是某单位经济责任审计委托社会中介机构审计补充协议的内容，仅供参考。

补充协议

甲方：××大学

乙方：××会计师事务所有限公司

本协议是双方于2021年×月×日签订合同编号为11N4250062132021××××的《关于其他专项审计的定点采购合同》（以下简称"原合同"）补充协议。为认真开展经济责任审计工作，加强委托审计业务指导，经友好协商，在原合同基础上补充内容如下。

一、本次委托经济责任审计项目由甲方人员担任组长，乙方人员担任副组长和审计人员。

二、甲方制订2021年经济责任审计工作方案，作为乙方编制审计实施方案的依据。

三、乙方应开展审前调查，认真编制经济责任审计项目的审计实施方案，报甲方备案。

四、每两周应召开审计项目进展情况沟通会（暑假期间视工作需要决定），乙方汇报审计项目进展、审计发现情况和下一步工作安排等。重要重大审计发现，乙方应及时向甲方报告。

五、审计报告沟通程序如下。

乙方草拟审计报告初稿—甲方审阅—按照规定征求被审计人员意见—乙方根据反馈意见作出是否修改及如何修改审计报告的意见—被审计人员反馈意见和乙方修改意见，报甲方审核—乙方出具审计报告—甲方依据乙方报告向被审计人员和相关方面出具学校审计报告。

六、乙方对甲方出具经济责任审计报告，对自己执业行为和审计报告质量负责。

七、甲方将加强经济责任审计过程和结果的监控，依据对经济责任审计的重要结论性判断，可要求乙方提供审计证据（复印件）材料，并进行审核，并对相关材料进行归档。

八、以上规定的经济责任审计项目的事项中，甲方由学校审计处负责联系，乙方由派出的审计人员承担相应职责。

九、乙方派出的专业人员应保守在执行审计工作中知悉的国家秘密、商业秘密和工作秘密。

十、本补充协议自签字之日起生效。本协议一式两份，双方各执一份。

十一、本协议生效后，即成为原合同不可分割的组成部分，与原合同具有同等法律效力。

甲方：××大学　　　　　　乙方：××会计师事务所有限公司
法人代表　　　　　　　　　法人代表
或授权代表：　　　　　　　或授权代表：
　　　　　　　　　　　　　2021 年 × 月 × 日

审计业务外包的全过程质量监控

因审计业务外包的大部分业务是委托审计，所以，下面主要以委托审计为例进行说明。

1. 强化委托审计制度建设

为加强对委托审计的全过程质量监控，需要按照上级部门政策文件制度精神，将委托审计整体工作纳入法治化、规范化的轨道，结合本单位实际，及时出台委托审计管理制度。以下为举例，仅供参考。

××大学委托社会中介机构审计管理办法

为规范学校委托审计工作，提高审计质量，防范审计风险，维护学校利益，根据《审计署关于内部审计工作的规定》（审计署令第 11号）、中国内部审计协会《第 2309 号内部审计具体准则——内部审计业务外包管理》和《教育系统内部审计工作规定》（中华人民共和国教育部令第 47 号）等上级制度规章以及《××大学内部审计工作规定》（××大审〔2020〕×××号）的有关规定，结合学校工作实际，特制订本办法。

第一章　总　则

第一条　本办法所称社会中介机构是指社会上依法设立的具有法人资格，具有相应专业资质，并能独立承担法律责任的会计、审计、工程咨询等领域的专业中介机构。

第二条　本办法所称委托社会中介机构审计（以下简称"委托审计"）是根据学校工作需要，委托社会中介机构实施的审计活动。其中包括会计师事务所、工程咨询公司等审计业务机构。

第三条　采取委托审计的工作类型。

（一）单位财务收支审计、预决算审计、财务报表审计等财务审计类项目。

（二）基建与大型维修工程管理审计、跟踪审计、工程结算审核、工程竣工决算审计等工程审计类项目。

（三）经济责任审计、科研项目审计、内部控制审计评价等专项审计类项目。

（四）其他需要采用委托审计的项目。需要采取委托审计形式的，由审计处提出意见，报分管校领导批准。

第四条　学校委托审计工作，除科研项目审计外，由审计处会同学校采购等部门办理。科研项目审计中委托社会中介机构，依据科研管理相关要求执行，委托结果报审计处备案。

第五条　委托的社会中介机构应具备下列条件。

（一）在××地区注册或具有分支机构。

（二）具有开展相关业务的资质资格（其中，从事建设咨询业务的社会中介机构应具有甲级工程审计资质，从事会计审计业务的社会中介机构应具有注册会计师协会考核确定的×级及以上的审计业务质量等级）。

（三）具有一定的权威性和良好的社会信誉。

（四）具有承担相应审计风险（含法律责任）的能力。

（五）依法维护学校权益，并保守秘密。

（六）历次从事委托审计工作质量符合要求、项目效果良好。

（七）需要具备的其他条件。

第六条 学校确定下列承担委托审计费用的原则。

（一）校企财务年报审计、中小维修工程造价审核、经济责任审计、内部控制评价审计等项目委托审计费用，由学校在年度预算中安排。

（二）基建与大型维修工程管理审计、工程跟踪审计、工程竣工决算审计等项目委托审计费用，按照财政部《基本建设项目成本管理规定》（财建〔2016〕504号）列入建设成本。

（三）被审计项目有专项经费（如科研项目）的，从项目经费中列支。

第二章 委托审计实施前的相关工作程序

第七条 需要实施委托审计的经济事项，由审计处代表学校与接受委托的社会中介机构签订委托审计协议。

根据审计工作需要，审计处可以与接受委托的社会中介机构签订委托审计补充协议。委托审计补充协议与委托审计协议具有同等法律效力。

第八条 为加强委托审计项目廉政建设，提高委托审计质量，保守学校工作秘密，接受委托的社会中介机构以及委托审计项目的直接负责人，应签订社会中介机构委托审计项目承诺书。

第三章 对委托审计实施过程中的监管

第九条 接受委托的社会中介机构应按照签订的委托审计协议履行义务，并享受相应权利。

第十条 审计实施过程中，社会中介机构应依据相关制度规定，开展审前调查、编制审计方案、收集审计证据和材料（数据）、出具审计报告等。审计报告在定稿前，应在规定时限内征求被审计单位意见。

第十一条 根据工作需要，审计处可采取听取社会中介机构的审计项目情况汇报、现场了解审计情况、审阅审计资料和重要审计证据材料、听取审计工作成果汇报等形式，对社会中介机构审计过程中的工作质量进行检查。

对重要的汇报审计工作会，应形成会议纪要，并备存。对重要审计资料和重要审计证据材料，审计处可要求社会中介机构提供复印件，并存档。

第十二条 委托审计项目结束后，社会中介机构应及时报送审计报告，审计处应与社会中介机构办理审计报告接收手续。

第四章 委托审计结束后的相关工作

第十三条 为检查社会中介机构审计工作质量，由审计处牵头，会同学校相关部门或单位，可采取聘请专家等方式，对社会中介机构审计工作质量进行评审。检查周期一般以三年为限。

第十四条 社会中介机构工作质量检查结果，作为委托社会中介机构资格准入评选的重要依据。

第十五条 审计处应建立委托审计档案。

第五章 附 则

第十六条 本办法适用于学校内部各单位、各部门。

第十七条 本办法由审计处负责解释。

第十八条 本办法自发布之日起施行。学校之前发布的文件规定与本规定不一致的，以本规定为准。

2. 签署社会中介机构委托审计项目承诺书

为加强委托审计过程的廉政建设，明确审计责任，提高审计工作质量，建议与社会审计机构签署社会中介机构委托审计项目承诺书。以下例子可供参考。

社会中介机构委托审计项目承诺书

为完成好审计业务，明确工作责任，我公司除与你单位签订协议外，特对审计过程涉及的相关事项承诺如下。

（一）我公司派出的专业人员具有相应执业能力，能够满足本次审计工作需要。

（二）我公司派出的专业人员在执行审计业务时，能够保持审计工作独立性，不存在对独立性可能造成损害的下列情形。

1.与被审计单位负责人或者有关主管人员有夫妻关系、直系血亲关系、三代以内旁系血亲以及近姻亲关系。

2.与被审计单位或者审计事项有直接经济利益关系。

3.对曾经管理或者直接办理过的相关业务进行审计。

4.可能损害独立性的其他情形。

（三）我公司派出的专业人员执行审计业务时，将合理运用职业判断，保持职业谨慎，对被审计单位可能存在的重要问题保持警觉，并审慎评价所获取审计证据的适当性和充分性，得出恰当的审计结论。

（四）我公司派出的专业人员执行审计业务时，将从下列方面保持与被审计单位的职业关系。

1.与被审计单位充分沟通并听取其意见。

2.客观公正作出审计结论，尊重并维护被审计单位的合法权益。

3.严格执行审计工作纪律。

4.保持良好的职业形象和信誉。

（五）我公司派出的专业人员将会保守其在执行审计业务中知悉的国家秘密、商业秘密和工作秘密。

（六）我公司派出的专业人员执行审计业务时，将会严格遵守审计工作廉政纪律的有关要求。

1.不准由被审计单位支付或补贴住宿费、餐费。

2.不准办理与审计工作无关的事项。如需使用被审计单位的交通工具等办公条件，请示学校审计处后才能使用。

3. 不准参加被审计单位安排的宴请、旅游、娱乐和联欢等活动。

4. 不准接受被审计单位的纪念品、礼品、礼金、消费卡和有价证券。

5. 不准在被审计单位报销任何因公因私费用。

6. 不准向被审计单位推销商品或介绍业务。

7. 不准利用审计职权或知晓的被审计单位的商业秘密和内部信息，为自己和他人谋利。

8. 不准向被审计单位提出任何与审计工作无关的其他要求。

（七）若我公司派出的专业人员出现以上第一项至第六项中存在的不好情形给你单位工作造成影响的，我公司将承担全部责任，愿意接受学校作出的所有处理决定，并承诺提前解除委托审计协议，退出下一轮社会中介机构资格准入评选。

　　专业人员签章　　　　　　社会中介机构（公章）

　　　　　　　　　　　　　社会中介机构法人代表（签章）

承诺时间：　　　　　　　　承诺时间：

3. 创建社会中介机构跟踪审计质量计算机监控平台

对于投资大、建设期长的工程项目，一般都会委托社会中介机构开展全过程跟踪审计。为此，建议依靠计算机技术，创建社会中介机构跟踪审计质量计算机监控平台，加强对社会中介机构参与跟踪审计执业行为的全程监控，降低跟踪审计风险，提高跟踪审计项目质量。

4. 建立委托审计项目台账

根据项目特点和社会中介机构的不同情况，编制**委托审计项目台账**，见表9-1。台账内容主要包括审计项目名称、社会中介机构名称、审计人员姓名、完成的主要事项、送审金额、所处审计阶段、审计报告完成日期、审计报告主要内容、支付审计费用、审计档案归档时间和内部审计机构联系人等。建立台账以随时掌握委托审计项目的总体进度。

表 9-1　委托审计项目台账

年	月	日	审计项目名称	社会中介机构名称	审计人员姓名	完成的主要事项	送审金额	所处审计阶段	审计报告完成日期	审计报告主要内容	支付审计费用	审计档案归档时间	内部审计机构联系人

5. 加强双方的信息沟通，强化内部审计机构的指导和监督

①为指导社会中介机构审计工作，内部审计机构应明确告知社会中介机构审计人员从事审计项目总体目标，积极引导社会中介机构人员制订审计项目实施方案，明确审计各阶段的基本要求和时间节点，为各阶段把握工作质量、促进跟踪审计工作规范化提供依据。

②内部审计机构要加强对社会中介机构参审项目的业务指导，做好与相关方面的沟通协调，积极支持社会中介机构开展相关工作，建立审计情况定期汇报机制，及时解决社会中介机构审计人员提出的问题和困难，督促社会中介机构审计人员按照委托协议的要求，履行相关职责。

③内部审计机构根据社会中介机构人员制订的审计项目实施方案的基本要求和时间节点，区分不同阶段，从审计实施方案的编制、审计工作重点和切入点的确定、审计的现场实施、社会中介机构审计人员与被审计单位的沟通协调、审计成果的反映等方面，进行监督检查，审核社会中介机构审计人员提交的工作过程记录和相关材料是否符合相关制度规范和委托审计合同要求，加强对社会中介机构审计人员审计情况的监控。

④按照《第 2309 号内部审计具体准则——内部审计业务外包管理》的规定，社会中介机构若存在未能全面、有效履行合同规定的义务，随意简化审计程序，审计程序不规范，审计报告严重失实，审计结论不准确，且拒绝进行重新审计或纠正的情形，或存在应披露而未披露的重大事项等重大错漏，违反职业道德，弄虚作假、串通作弊、泄露被审计单位秘密，擅自将受托审计业务委托给第三方，其他损害委托方或被审计单位的行为等情形，内部审计机构可以向单位提出终止合同、拒付或酌情扣减审计费用的建议。

6. 提升审计成果质量

对于社会中介机构提交的审计报告，内部审计机构应及时进行复核，对于报告中提出的社会中介机构发现的重要问题，将要求其提供所有关于该问题的审计证据和材料，审核审计证据与审计报告措辞的适当性、发现问题定性的准确性等内容，切实把握审计工作风险，提高跟踪审计工作质量。内部审计机构应指导社会中介机构按照审计档案管理的相关要求，认真做好审计档案整理归档工作。

审计业务外包工作质量考核

1. 准则的具体规定

根据《第 2309 号内部审计具体准则——内部审计业务外包管理》，内部审计机构应做好以下工作。

①内部审计机构对中介机构工作质量的评价，一般包括履行业务外包合同（业务约定书）承诺的情况、审计项目的质量、专业胜任能力和职业道德、归档资料的完整性等方面。

②内部审计机构可以采用定性、定量或者定性定量相结合的方式，对中介机构的工作质量进行评价。

③组织及其内部审计机构应当把对中介机构工作质量评价的结果，作

为建立中介机构备选库、选择和确定中介机构的重要参考。中介机构违背业务外包合同（业务约定书）的，内部审计机构应当根据评价结果，依照合同约定，向组织建议追究中介机构的违约责任。

2. 内部审计业务外包考核评价体系举例

为做好审计业务外包工作质量的考核评分工作，建议构建审计项目过程（事中）评分和审计项目结果（事后）评分相结合的工作机制。下面举例说明工作思路和评分比例，仅供参考。

质量考核评分尽可能做到以客观评分为主，并兼顾主观评分。质量考核评分可按照本单位或本项目实际，确定相应比例。本例中客观评分和主观评分之比为 6 ： 4。

（1）客观评分

内部审计机构应对社会中介机构审计人员在编制审计方案、撰写审计过程记录及审计工作情况月报、编制审计工作底稿、撰写审计报告等方面的及时性进行评分。上述四方面的评分权数建议按照一定比例予以安排，分别计分。客观评分见图 9-1。

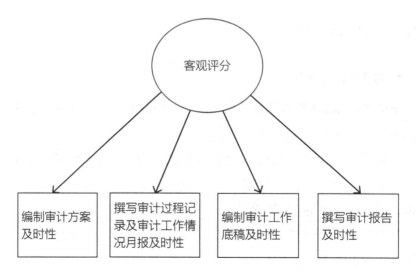

图 9-1　客观评分

（2）主观评分

主观评分主要针对审计项目过程中的审计信息报送成果、审计证据或资料收集、审计工作质量、审计成果运用以及信息沟通和审计资料归档等情况评分。建议按照一定权数进行评价，由内部审计机构对计分直接汇总。主观评分见图9-2。

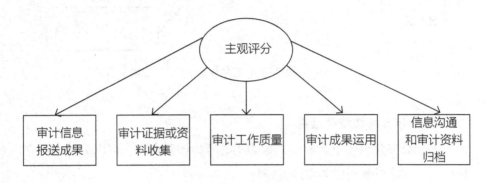

图 9-2　主观评分

（3）汇总评分

将客观评分与主观评分按照确定的组合比例进行汇总，得出该审计项目的总体评分。如果存在多个审计项目，在汇总每个社会中介机构完成的年度全部委托审计项目得分的基础上，计算该社会中介机构的年度审计项目的平均得分（总得分／项目数量），按照考核评价分数，划分优、良、中三个档次。其中，等级为"优"的社会中介机构比例建议不超过40%，等级为"良"的建议不超过40%，等级为"中"的建议不低于20%。汇总评分见图9-3。

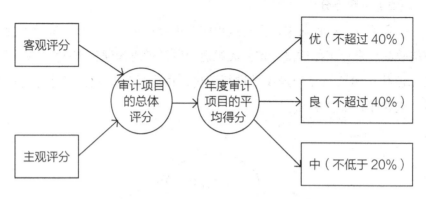

图 9-3　汇总评分

（4）审计考核结果运用

①社会中介机构审计项目质量的实时考核评分资料，可以为社会中介机构末位淘汰机制提供客观评价资料。

②根据社会中介机构审计绩效等级的考核评价结果，计算应当支付的审计绩效考核费用。

有两种经费预算安排方式，结合本单位实际确定。

a.建议在审计费用中（需要在审计合同中事先注明），留出部分金额（如10%~20%），按照考核结果支付费用。

b.在基本的审计费用外，另外安排经费预算，建议按照审计费用的5%~10%和绩效等级确定经费预算，按照考核结果支付费用。

9.5 本章思考和探索

①请结合单位实际，阐述当前本单位内部审计基本制度建设采取内部审计工作规定或采取内部审计章程的缘由，你准备如何推进本单位的内部审计基本制度建设？

②你认为，本单位的内部审计制度建设是否形成健全体系？每个制度是否已经结合上级制度规定精神和本单位实际进行及时调整和补充、更新？

③你认为，本单位审计档案管理是否健全、有效，还存在哪些需要改进的地方？

④结合本单位实际，分析当前内部审计质量控制的现状，近期应当加强哪些方面的工作。

⑤关于如何利用好内控评价和监督报告，思考本单位有哪些值得总结和推广的经验，或者存在哪些需要改进的地方。

⑥你认为，结合本单位实际，需要具体提出哪些方法和措施，进一步提升委托审计工作质量，防范委托审计风险。

丛书后记

从某种角度讲，内部审计诞生于经济，同时也服务于社会发展。一次偶然的机会，某位协会领导触动并激发了大家创作"内部审计工作法系列"丛书的热情，他说："你们应该把自己宝贵的工作经验与理论相结合，向内部审计实务工作者传递好这些内部审计先进的理念、技术与方法。"于是，在丛书编委会的统筹下，作者们开始辛勤调研、认真写作，并按照分工，有序地推进写作任务，经过无数个不眠之夜，终于使"内部审计工作法系列"丛书付梓，可谓天道酬勤，值得庆贺。

本套丛书筹备初期、编写期间以及出版过程中，诸多教授、学者和内部审计实务工作者对丛书提出了宝贵的意见并给予充分的肯定与鼓励。2021年5月19日，丛书主创人员在宁波召开了中期汇报会，其间，全国部分省市内部审计协会新老领导们一致认为"本套丛书是他们记忆中全国首套成体系的内部审计实务丛书，非常有意义"，这个评价激发了我们极大的创作热情。丛书出版过程中，特别感谢第十一届全国政协副主席、审计署原审计长、中国内部审计协会名誉会长李金华亲自审阅本丛书并作总序；感谢李如祥副会长、时现副校长、李若山教授对图书的高度评价，并为丛书作推荐序；感谢中国内部审计协会原副会长兼秘书长易仁萍老领导对本套丛书的精心指导与帮助；感谢王光远教授对本套丛书的关心与关注；感谢陈焕昌、范经华、尹维劼、许建军、王勤学、何小宝、徐善燧、陈德霖、许兰娅、翁一菲、陈建西、沈谦、吴晓荣、沈静波、缪智平、高垚、林朝军、毛剑锋、全国义、杨辉锋、薛岩、雷雪锋、罗四海、施曙夏等人在丛书调研与写作过程中给予的大力支持。

在本套丛书初稿形成，我们又组织专家进行多次的线上讨论，部分专家前辈提出建议：为给人以启示，传递正能量，希望在每章首页中插入以内部审计为主题的名言警句。在此，感谢中国内部审计协会新老领导、内部审计领域的专家学者为本书提供精辟而富有哲理的名言警句，感谢审计署内部审计指导监督司、北京市内部审计协会、湖南省内部审计协会、浙江省内部审计协会、山东省内部审计协会、福建省内部审计协会，成都市审计学会以及宁波市内部审计协会、上海铭垚信息科技有限公司、宁波南审审计研究院等单位的大力支持！

丛书的出版离不开人民邮电出版社全程地跟进服务，他们很专业、很敬业；离不开李越、林云忠委员组织协调，他们为丛书的调研与写作提供了有力的保障；更离不开袁小勇教授统筹丛书编写架构，统一丛书编写要求，统领丛书进度与审稿等，他为此投入了极大的精力并倾注了极大的心血。

时代在前进，理念在发展，本套丛书错漏之处在所难免，恳请读者批评指正，我们会再接再厉，希望有机会再为广大读者创作更为专业、系统的内部审计工作法系列实务丛书，为实务工作者增值，为企业增效，为社会增进！

丛书编委会

2022.5.16